MITTENDRIN

LERNLANDSCHAFTEN RELIGION

1

Herausgegeben von
IRIS BOSOLD UND
DR. WOLFGANG MICHALKE-LEICHT

Konzipiert und erarbeitet von
ULRICH BAADER, IRIS BOSOLD,
GERHARD EICHIN,
DR. WOLFGANG MICHALKE-LEICHT,
CORNELIA PATRZEK-RAABE,
DR. STEFAN SCHIPPERGES

KÖSEL SCHULBUCH

MITTENDRIN
LERNLANDSCHAFTEN RELIGION

Unterrichtswerk für den katholischen Religionsunterricht an Gymnasien

Herausgegeben von
Iris Bosold und Dr. Wolfgang Michalke-Leicht

MITTENDRIN 1
für die Jahrgangsstufen 5 und 6

Konzipiert und erarbeitet von
Ulrich Baader, Iris Bosold, Gerhard Eichin, Dr. Wolfgang Michalke-Leicht, Cornelia Patrzek-Raabe, Dr. Stefan Schipperges

Zugelassen als Lehrbuch für den katholischen Religionsunterricht am Gymnasium von den Diözesanbischöfen von Freiburg, Mainz (für den Bistumsanteil im Bundesland Baden-Württemberg) und Rottenburg-Stuttgart

Rechtschreibreformiert (2006)

Umschlag: Kaselow Design, München
Umschlagmotiv: © Panstock/Jupiter images
Satz: Kösel-Verlag, München
Notensatz: Christa Pfletschinger, München
Illustration: Reinhild Kassing, Kassel

www.cornelsen.de
www.oldenbourg.de

5. Auflage 2015, 1. Druck
Alle Drucke dieser Auflage sind inhaltlich unverändert und können im Unterricht nebeneinander verwendet werden.

Druck und Bindung: Kösel, Krugzell

ISBN 978-3-06-065378-2

PEFC
PEFC/04-31-1765

PEFC zertifiziert
Dieses Produkt stammt aus nachhaltig bewirtschafteten Wäldern und kontrollierten Quellen.
www.pefc.de

Liebe Schülerin, lieber Schüler,

wir Menschen sind Forscher. Wir wollen unsere Welt kennenlernen und unser Leben verstehen. Immer sind wir auf der Suche. Wir probieren vieles aus und gehen auf neuen Wegen. So gelangen wir in neue Städte, Länder und Landschaften. Was gibt es da nicht alles zu entdecken! Wir lernen Menschen aus anderen Kulturen kennen, die fremde Sprachen sprechen, die nicht so leben wie wir und die sich manchmal ganz anders verhalten, als wir es gewohnt sind. Das ist gar nicht so einfach zu verstehen. Hier müssen und können wir lernen. Und wenn uns das gelingt, dann kommen wir voran. So ist unsere Welt vielfältig, bunt und auch rätselhaft – und wir sind MITTENDRIN.

Mit deinem eigenen Leben ist das nicht anders. Auch da gibt es vieles, was unbekannt und neu ist. Ganz gleich, ob es um die für dich neue Schule geht oder um deine Mitschülerinnen und Mitschüler. Mit ihnen zusammen bist du in der Schule neu angekommen. Das wird sicher spannend, wo doch jede und jeder von euch eine eigene Sicht der Dinge hat. Lasst euch überraschen und macht euch gemeinsam auf den Weg. Lernt voneinander und miteinander. Ihr seid schon MITTENDRIN.

Wenn es um unser Leben geht, dann spielt immer auch der Glaube an Gott eine Rolle. Wir geben uns nicht zufrieden mit dem oberflächlichen Augenschein. Wir wollen wissen, was hinter den Dingen ist. Wir wollen den Dingen auf den Grund gehen. Vor allem geht es uns um die großen Fragen: Woher kommen wir? Wohin gehen wir? Wozu leben wir? Was ist der Sinn von allem? Die Bibel ist uns eine gute Reisebegleiterin, wenn wir uns auf den Weg machen, diesen Fragen nachzugehen. Viele Menschen haben darin ihre Erfahrungen mit dem Suchen und Fragen aufgeschrieben. Von ihnen können wir lernen – MITTENDRIN im Leben.

Die Welt, unser Leben und unser Glaube – sie alle sind wie Landschaften, in denen wir uns bewegen. Es gibt Höhen und Tiefen, es gibt lange und kurze Wege, es gibt verborgene Winkel und sichtbare Wegmarken. Du selbst bewegst dich MITTENDRIN.

Dein Religionsbuch ist genau dafür gemacht. Es enthält zwölf Lernlandschaften, die es zu entdecken gilt. Bevor du dich auf die Reise machst, bietet dir das Buch zu jeder Lernlandschaft einen *Reiseprospekt*, der dir einen Überblick gibt, was dich dort erwartet. Jede dieser Lernlandschaften ist in verschiedene *Ausflüge* unterteilt, auf jeder Doppelseite einer. Hier kannst du dich immer in der Richtung bewegen, die dich interessiert. Die Doppelseiten am Ende einer jeden Lernlandschaft heißen *Souvenirseite*. Denn wenn jemand eine Reise macht, dann kann er etwas erzählen und bringt manchmal auch Souvenirs mit. Alle die Dinge, die du auf deiner Reise durch die Lernlandschaft gelernt hast, werden hier zusammengetragen.

Bisher warst du in der Grundschule unterwegs. Dort hast du wichtige Fähigkeiten erworben und kannst nun am Gymnasium weitergehen. Manches wird dir vertraut sein, vieles andere dagegen ist ganz neu. Lernen geschieht immer mit allen Sinnen, die uns zur Verfügung stehen: mit dem Hören, dem Sehen, dem Bewegen. An sieben Stellen im Buch findest du besondere *Lerngänge*, die durch ein kleines Symbol (Auge, Ohr, Mund, Wirbel, Hände, Maske, Bauklötze) gekennzeichnet sind und dir neue Wege zeigen, wie du lernen kannst. Probiere sie aus, meistens am besten zusammen mit deinen Mitschülerinnen und Mitschülern.

Am Ende des Buches findest du ein *Lexikon*. In diesem sind wichtige Begriffe erklärt. Was dir auf deinen Reisen durch die Lernlandschaften fremd und unbekannt erscheint, kannst du dort nachlesen. Zusätzlich gibt es noch ein Verzeichnis aller Künstlerinnen und Künstler, deren Werke in diesem Buch abgebildet sind.

MITTENDRIN – so haben wir unser Religionsbuch genannt. Wir wünschen dir und allen in deiner Lerngruppe, dass es für euch gute Anregungen zum Lernen enthält, mitten im Leben, mitten im Glauben, mitten in der Welt.

Iris Bosold, Dr. Wolfgang Michalke-Leicht,
Ulrich Baader, Gerhard Eichin,
Cornelia Patrzek-Raabe, Dr. Stefan Schipperges

Inhalt

GUT ANKOMMEN 6

Das bin ich ... 8
Die anderen und ich ... 10

STAUNEN UND FRAGEN 12

Auf Entdeckungsreise gehen ... 14
Ich staune ... 16
Warum bin ich? ... 18
Ich frage mich ... 20
Ich denke ... 22
Der Weg nach innen ... 24
Miteinander philosophieren ... 26

MENSCHEN SUCHEN GOTT 28

Mein Bild von Gott ... 30
Biblische Bildworte ... 32
Die große Frage ... 34
Das große Geheimnis ... 36
Gott gibt sich zu erkennen ... 38
Gott – wie ein Vater ... 40
Gott ist ansprechbar ... 42

Lerngang Beten: Geste und Haltung ... 43

Warum beten? ... 44
Finissage ... 46

KEINER LEBT ALLEIN 48

Meine Familie ... 50
Miteinander ist es besser ... 52
Miteinander essen ... 54
Miteinander lernen ... 56
Miteinander leben ... 58
Gottes Weisungen ... 60
Das wichtigste Gebot ... 62
Sich verstehen ... 64

Lerngang Begegnen: Menschen wahrnehmen ... 64

Nachgeben oder sich durchsetzen ... 66
Gemeinsam handeln ... 68

JESUS KOMMT AUS NAZARET 70

Wo Jesus herkommt ... 72
Land und Leute ... 74
Jesus begegnet Menschen ... 76
Jesus heilt Menschen ... 78
Jesus lehrt den Willen Gottes ... 80

Lerngang Darstellen: Standbild ... 81

Jesus stirbt ... 82
Jesus als Vorbild ... 84

WIE ALLES BEGANN 86

Wer ist Petrus? ... 88

Lerngang Sehen: Bilder entdecken ... 88

Pfingsten ... 90
Was der Geist bewirkt ... 92
Am Wendepunkt ... 94
Zweierlei Christen? ... 96
Die Reisen des Paulus ... 98
In Rom ... 100
Von Nero zu Konstantin ... 102
Gesprächsrunde: Wie alles begann ... 104

FESTE FEIERN 106

Alles hat seine Zeit ... 108
Zeit zum Feiern ... 110

Lerngang Gestalten: Farbe und Form ... 111

Warten auf Weihnachten ... 112
Die Zeit steht still ... 114
Die Leidenszeit Jesu ... 116
Eine neue Zeit beginnt ... 118
Sonntag Ruhetag ... 120
Verschiedene Jahreskreise ... 122

KEINER GLAUBT ALLEIN 124

Die Grundaufgaben der Kirche ... 126
Leben in Gemeinschaft ... 128
Brot des Lebens ... 130
Gott bezeugen in Wort und Tat ... 132
Katholisch – evangelisch ... 134
Einheit in Vielfalt ... 136
Pfarrgemeinden stellen sich vor ... 138

ERFAHRUNGEN MIT GOTT – DIE BIBEL 140

Gottes Wort begleitet Menschen ... 142
Gottes Wort schafft Vertrauen ... 144

Lerngang Hören: Ruhe und Stille ... 145

Gottes Wort macht frei ... 146
Gottes Wort – mächtiger als Könige ... 148
Gottes Wort gibt Hoffnung ... 150
Gottes Wort kommt in die Welt ... 152
Gottes Wort geht um die Welt ... 154
Gottes Wort wird zum Buch ... 156

JUDENTUM 158

Bei uns zu Hause ... 160
Leben im Bund mit Gott ... 162
Ins Herz geschrieben ... 164
Mit Gott im Gespräch ... 166
Sabbat in der Familie ... 168
Mit Gott durch das Jahr ... 170
Juden und Christen begegnen sich ... 172

ERLESEN: DIE SCHÖPFUNG 174

Wunderbar ist unsere Welt ... 176
»Alle Hunde können sprechen ...« ... 178
Die Welt wird erschaffen ... 180
Frau und Mann – Gottes Ebenbild ... 182
Unsere wunderbare Welt ist gefährdet ... 184
Adieu, Hund! ... 186

GOTT GEHT MIT – DAS BUCH TOBIT 188

Plakataktion ... 190
Eine Geschichte von und mit Gott ... 192
Tobit lebt seinen Glauben ... 194
Tobits Ratschläge ... 196
Die Bibel spricht in Bildern ... 198

Lerngang Sprechen: Bild und Vergleich ... 199

Unterwegs mit Gott ... 200
Zu Gott beten ... 202

LEXIKON 204

KUNSTLEXIKON 214

TEXT- UND BILDNACHWEIS 215

Das ist mein neues Klassenzimmer. So sah es jedenfalls aus, als wir kurz vor den Sommerferien schon einmal einen Blick in unser zukünftiges Klassenzimmer werfen durften. Während der Sommerferien habe ich mir oft vorgestellt, wie es wohl im neuen Schuljahr darin sein würde – dann hoffentlich schön eingerichtet.
Heute ist mein erster Schultag. Vor lauter Aufregung bin ich schon um fünf Uhr aufgewacht. Bis der Wecker dann endlich klingelte, ist mir einiges durch den Kopf gegangen:
Wie sollte eigentlich ein Klassenzimmer aussehen, in dem ich mich mit meinen Klassenkameradinnen und -kameraden wohlfühlen kann?
Jetzt bekomme ich noch viele neue Fächer. Was wird sich an meinen Vorlieben ändern?
Einige Kinder kenne ich ja schon aus der Grundschule. Werde ich in der neuen Klasse schnell Kontakt finden und neue Freundinnen und Freunde kennenlernen?

■ **Fragen? Fragen!** Beantwortet in Kleingruppen die im Text stehenden Fragen, die auch euch bewegen. Ergänzt sie um weitere eigene Fragen. Gestaltet in der Gruppe euer »Traumklassenzimmer« als Zeichnung oder Collage.

GUT ANKOMMEN

Wappen

Das hier gezeigte Wappen gehört einer Schule, dem Kolleg St. Blasien im Schwarzwald. Die Schule wird von Jesuiten geleitet. Der Jesuitenorden wurde von Ignatius von Loyola (1491-1556) gegründet. Die schräg laufenden roten Pfähle auf goldenem Grund sind die Farben Aragons. Aus diesem ehemaligen spanischen Königreich stammt Ignatius. Im oberen rechten Feld finden wir eine Darstellung von zwei einander zugewandten Wölfen, die einen Kessel an einer langen Kette halten, die sogenannten »Kesselwölfe«. Sie sind ein Kennzeichen des Rittergeschlechtes der von Loyola. Das untere Feld zeigt einen nach rechts springenden goldenen Hirsch im blauen Feld; darunter schließlich der Wahlspruch »*Credere et agere*« (Glauben und handeln).

Ein Wappen ist ein Zeichen in Form eines Schildes für eine Person bzw. eine Personengruppe, wie z. B. für

- eine bedeutende Einzelperson;
- eine Familie;
- eine Institution (z. B. eine Schule);
- eine Gebietskörperschaft, z. B. eine Stadt, ein Landkreis oder ein Bundesland.

Die Wissenschaft, die sich mit Wappen, ihrer Geschichte und ihrer Bedeutung beschäftigt, nennt man Heraldik. Meistens gibt es zu den einzelnen Wappen eine Entstehungsgeschichte, die erklärt, warum ein Wappentier, ein Symbol oder bestimmte Farben gewählt wurden. So steht z. B. der Löwe als »König der Tiere« oft in einem Königswappen (zur Farbsymbolik vgl. S. 111). Oft steht unter dem Wappen ein Merkspruch, ein Motto.

■ **Mein Wappen.** Wie jeder Mensch bist auch du eine wichtige und einmalige Person! Deshalb entwirf dein eigenes Wappen und schreibe deinen Wahlspruch, das Lebensmotto, darunter. Du kannst dein Wappen in ein, zwei, drei oder vier Felder aufteilen.
Was gehört in dein Wappen? Etwas, das ganz typisch für dich ist: dein Lieblingsessen, deine Hobbys, dein Lieblingstier, dein Lieblingsfach.
Wenn du fertig bist, erkläre dein Wappen deiner Banknachbarin oder deinem Banknachbarn. Sie oder er soll dich dann anhand deines Wappens vorstellen.
Male dein Wappen schön aus. Dann kann es das Titelblatt für dein Religionsheft werden. Aber bevor du es aufklebst, solltet ihr noch gemeinsam eine Wappengalerie in eurer Klasse gestalten und alle Wappen aufhängen.

ICH
BIN
SO
WUNDERBAR
GEMACHT

SO BIN
ICH
WUNDERBAR
GEMACHT

SO
GEMACHT
BIN ICH
WUNDERBAR

SO BIN ICH
ICH BIN SO

Ein Gedicht über mich. Schon vor etwa 3000 Jahren hat sich ein weiser Mensch Gedanken darüber gemacht, dass wir alle einmalig, etwas ganz Besonderes sind. Seine Begeisterung und Freude hat er im Psalm 139 zum Ausdruck gebracht. Aus diesem Psalm stammt die erste Strophe des oben abgedruckten Gedichtes. Die anderen Strophen bestehen aus den umgestellten Wörtern der ersten Strophe.
Schreibe weitere Strophen aus den vorgegebenen Wörtern.
Vergleicht eure neuen Fassungen und diskutiert, ob sich die Bedeutung des Textes durch die Umstellung der Wörter ändert.

Lisa ist immer so still. Ihre Geschwister Anne und Felix sind viel lebhafter.

Meine Mutter

Lisa ist die beste Schwester, die man sich wünschen kann. Sie ist absolut ehrlich und verschwiegen. Ihr kann man alles anvertrauen.

Meine Schwester Anne

Lisa ist eine echte Leseratte! Was die alles weiß! Ich kann mich prima mit ihr über alles Mögliche unterhalten.

Meine Freundin Tanja

Lisa ist soooo langweilig! Sie interessiert sich für nichts, was »in« ist – weder für Popstars oder neue Hits noch für Fernsehserien.

Meine Klassenkameradin Miriam

Ich bin gestraft! Zwei ältere Schwestern! Vor allem Lisa geht mir auf den Geist! Immer spielt sie die Oberlehrerin und weiß alles besser. Aber sportlich ist sie 'ne echte Niete!

Mein Bruder Felix

■ **Ich.** Male dich selbst oder schreibe deinen Namen in die Mitte einer Heftseite. Dann füge verschiedene Sprechblasen um dich herum hinzu. Suche dir die Personen aus, die etwas von dir sagen (z. B. Eltern, Geschwister, Großeltern, Onkel und Tanten, Freundinnen und Freunde, Lehrpersonen, Trainer). Schreibe in die Sprechblasen, was sie von dir sagen. Wenn du dir unsicher bist, führe mit ihnen ein Interview und fülle dann die Sprechblasen aus.

Robert mag Regenschirme
Ihr sitzt im Stuhlkreis. Jede und jeder nennt den Vornamen und etwas, das er oder sie gerne mag. Vorname und Gegenstand müssen mit dem gleichen Buchstaben anfangen, also z. B.: »Ich bin Robert und mag Regenschirme« oder »Ich bin Andrea und mag Apfelkuchen.«

Detektivspiel
Ihr wisst es ja: Fingerabdrücke sind einmalig! Ihr braucht ein Stempelkissen und für jede und jeden zwei Kärtchen, etwa in Reisepass-Größe. Schreibe auf das eine Kärtchen deinen Namen und unterschreibe es schwungvoll. Schreibe auf das andere Kärtchen einige Hinweise zu deiner Person, z. B. Alter, Größe, Haarfarbe, Hobbys usw. Wichtig ist, dass du in Druckbuchstaben schreibst, damit man dich nicht sofort an deiner Schrift erkennt! Stemple jetzt deinen Daumenabdruck auf beide Kärtchen. Die Karte mit deinem Namen ist deine Ausweiskarte und bleibt bei dir. Sammelt die anderen Karten mit den Hinweisen zu eurer Person ein. Jede und jeder zieht nun verdeckt eine Karte und tauscht sofort, wenn es die eigene ist. Lies die Hinweise und suche die Person. Wenn du eine Vermutung hast, wer es sein könnte, gehe zu ihr hin. Lass dir wortlos die Ausweiskarte zeigen und vergleiche sorgfältig die beiden Fingerabdrücke. Wenn beide übereinstimmen, darfst du sie behalten, sonst musst du weitersuchen. Nachdem alle »fündig« geworden sind, stellt ihr euren »Fang« der ganzen Gruppe vor.

Datenverarbeitung
Ihr stellt euch im Kreis auf.
Eine oder einer leitet das Spiel.
Er oder sie fordert euch auf, euch nach verschiedenen Kriterien in den Kreis zu stellen.
So erfahrt ihr mehr voneinander. Kriterien können sein:
– Körpergröße (groß/klein);
– Schuhgröße;
– Zahl der Geschwister;
– Alter;
– Geburtsmonat;
– Haarlänge;
– Entfernung des Wohnorts bis zur Schule;
– …

■ **Kennenlernspiele.** Deine neue Schule kennst du jetzt schon viel besser – und im Schulhaus verlaufen wirst du dich sicher nicht mehr. Kennst du schon alle Mitschülerinnen und Mitschüler aus deiner Religionsgruppe? Wenn du dir noch nicht ganz sicher bist – schließlich seht ihr euch ja nur an zwei Stunden in der Woche – dann spielt doch in eurer Gruppe eines der vorgeschlagenen Spiele auf dieser Seite. Danach fällt es dir sicher leichter, alle Namen zu merken.

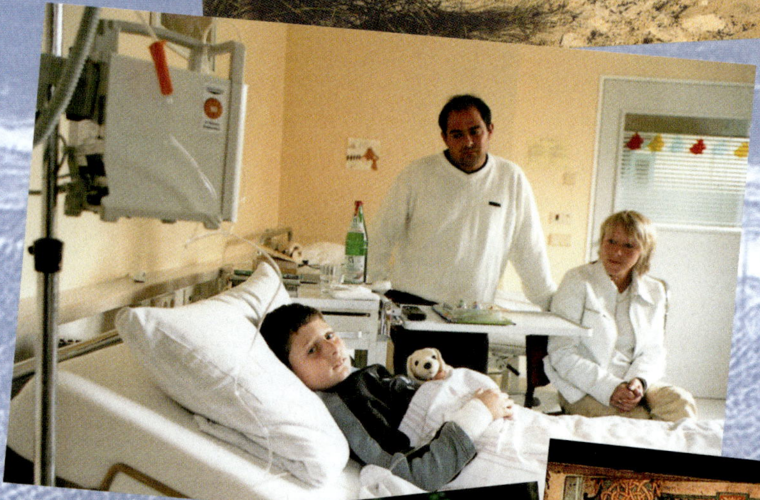

STAUNEN

■ **Bilder betrachten.** Wenn du dir für die Bilder auf dieser Seite ein bisschen Zeit nimmst, gehen dir sicherlich manche Fragen, geht dir vielleicht auch manches Staunen durch den Kopf. Formuliere zu den Bildern, die dich besonders ansprechen, entweder eine Frage oder eine Aussage, die dein Staunen ausdrückt.

UND FRAGEN

Staune

dass du bist
erlebe die welt
als wunder
jedes blatt hat sein
geheimnis
jeder grashalm bleibt
ein rätsel

verlerne das staunen nicht
wenn man dir eintrichtert
wie normal und
einfach alles ist

Günter Ullmann

■ **Ein Gedicht.** Du hast sicher auch schon einmal über eine »Kleinigkeit« gestaunt. Suche dir ein Motiv, über das du gestaunt hast, und schreibe dein eigenes »Staunengedicht« darüber. Vielleicht willst du es auch zeichnerisch gestalten.

Unsere Erde

Eigentlich ist unsere Erde im Vergleich zum Universum nur ein Staubkorn, und doch leben auf diesem Planeten Milliarden von Menschen, Tieren und Pflanzen. Wenn du dir das Bild auf dieser Doppelseite ansiehst und dir dabei überlegst, wie klein und winzig unsere Erde ist, werden dir sicherlich einige Dinge einfallen, die dich zum **Staunen** bringen. Vielleicht die Tatsache, dass so ein kleiner Planet wie die Erde in unserem riesigen Universum existieren kann. Es ist doch erstaunlich, dass es ausgerechnet dieser Planet ist, der die Bedingungen für ein Leben ermöglicht. Erstaunlich ist es auch, dass die Erde uns Menschen hervorbrachte. Oder nicht?

Zum Staunen gehören die **Fragen**. Das Staunen ist der Beginn des Fragens, wie du sicherlich inzwischen entdeckt hast. Mit dem Staunen werden wir wach für die großen Fragen unseres Lebens. Mit dem Staunen begeben wir uns auf eine Entdeckungsreise, bei der oft die Fragen, die wir stellen, mehr über uns sagen, als die **Antworten**, die wir finden.

■ **Staunen – Fragen – Antworten.** Lege eine Tabelle mit drei Spalten an. Überlege dir, worüber du alles staunst, und trage diese Begriffe in die linke Spalte ein. Hast du das getan, gibst du dein Heft nach rechts weiter. Dein Nachbar bzw. deine Nachbarin überlegt sich zu deinem Staunen Fragen und trägt sie in der mittleren Spalte ein. Im dritten Schritt wird das Heft nochmals nach rechts gegeben. Der dritte Schüler bzw. die dritte Schülerin überlegt sich Antworten auf die gestellten Fragen.
Geht anschließend in einer Dreiergruppe zusammen und stellt euch die Ergebnisse gegenseitig vor.

Noch heute staune ich

Manche Erfahrungen des Lebens prägen sich tief ein und bleiben dem Menschen über Jahre, ja Jahrzehnte erhalten. Wenn ich gefragt werde, welches Erlebnis mich zum ersten Mal bewusst zum Staunen brachte, so steigen mir noch heute die Bilder meiner ersten Romreise aus dem Gedächtnis vor mein inneres Auge. Ich war gerade einmal sechs Jahre alt, als ich aus der Enge meiner Heimat im Schwarzwald zum ersten Mal mit meiner Familie nach Italien kam. Zu der Reise gehörte auch ein Besuch der »Ewigen Stadt«. Die Erzählungen meiner Eltern, die Fahrt ins Unbekannte – all dies hatte schon zuvor ein Gefühl in mir wachsen lassen, als wäre ich zu einer Entdeckungsreise in ein unbekanntes, fremdes Gebiet aufgebrochen. Dieses Gefühl verstärkte sich während der Fahrt: Die ungewohnten Speisen, die mir unverständliche Sprache, Dinge, die ich noch nie gesehen hatte, sie machten mich aufmerksam und wach für die Erlebnisse dieses Urlaubs.

■ **Der Petersdom.** Der Petersdom wird nicht nur jedes Jahr von vielen hunderttausend Touristen besucht, sondern hat für katholische Christen eine besondere Bedeutung. Der Patron der Kirche ist der Heilige Petrus. Informiere dich über ihn auf Seite 88 und 89. Mehr über ihn kannst du z. B. im Lexikon am Ende des Buches in Erfahrung bringen.

Unvergleichlich war jedoch das Eintauchen in eine der geschäftigsten Metropolen der Welt – Rom. Um mich und meine Familie herum schien das Leben unaufhörlich in höchster Lautstärke und Intensität zu pulsieren. Kein Eck, keine Straße – so mein Eindruck – schien nicht von Hunderten, ja Tausenden von Menschen belagert. Das Fremde, das zuvor so aufregend und anregend war, nahm in dieser Stadt fast bedrohliche Züge an.

Ein Tag war für den Besuch des Vatikans und des Petersdoms geplant. Nun hatte meine Familie schon zuvor viele Sehenswürdigkeiten besichtigt, darunter auch die eine oder andere Kirche. Doch wenn ich jetzt gefragt würde, welche Ziele dies gewesen waren, könnte ich es nicht mehr sagen. Anders der Besuch des Petersdoms: Vage erinnere ich mich an den mir damals schier endlos groß vorkommenden Platz vor der gewaltigen Kirche. Es war laut, Menschenmassen schoben sich über den Platz, querten den Weg, den wir nahmen, und versperrten mir die Sicht. Wir standen in einer Schlange, die sich vor dem Eingang von St. Peter gebildet hatte. Ich hatte Durst und wünschte mir sehnlich alles andere als den Besuch einer Kirche. Das Warten zog sich dahin. Wie lange wir gewartet hatten, weiß ich nicht mehr. Genau erinnere ich mich aber an den Moment, in dem ich das erste Mal den Petersdom betrat: Es war, als würden alle versinken und nur noch ich würde in diesem großen, wunderbaren Raum stehen. Ich hatte nie zuvor eine Kirche in dieser Größe gesehen. Nicht der Marmor war es, der mich beeindruckte: es war allein der riesige Raum mit seiner in den Himmel steigenden Kuppel, der mich staunen ließ. Irgendwann merkte ich, dass ich mitten in der Kirche stand, mein Vater mit mir redete und mich an seiner Hand hielt. Ich wusste aber nicht, wie ich vom Eingang hierher-

gekommen bin, geschweige, was um mich herum geschehen war. Ich staunte. Und nur langsam und widerwillig kehrte ich in das Jetzt zurück, dem ich für wenige Momente entrissen war. Der Weg vom Eingang

zur Mitte unter der Kuppel nimmt nur wenige Minuten in Anspruch, doch denke ich zurück, so scheinen mir diese Minuten noch heute zu Stunden gedehnt. Im gleichen Augenblick, in dem ich aus dem Staunen in die mich umringende Welt zurückkehrte, explodierten in meinem Kopf die Fragen: Wer hat dies gebaut? Wie geht so etwas? Warum wurde diese Kirche gebaut? Wie lange mag es gedauert haben? Wie alt ist die Kirche? – Es war unmöglich, all diese Fragen in einem einzigen Atemzug zu stellen. Selbst als sie ausgesprochen waren, nagte in mir das Gefühl, als seien da noch mehr Fragen, die noch keine Worte gefunden hatten. Manchmal warte ich noch heute auf die eine oder andere Frage, die mit einem Mal den Weg zur Sprache findet.

In meinem Leben habe ich noch oft über ganz unterschiedliche Dinge und Erlebnisse gestaunt. Dafür bin ich dankbar, denn mit jedem Staunen beginnen Fragen in mir zu erwachen, die mich anstoßen zu suchen, zu finden und weiterzufragen. Und mit jedem Staunen finde ich auch ein Stück des Staunens wieder, das ich in Rom im Petersdom erlebt habe. Jedes Staunen ist für mich die Rückkehr an den Ursprung des Fragens und der Beginn einer neuen aufregenden Reise ins Ungewisse.

■ **Was ist gemeint?** Erkläre den letzten Satz: »Jedes Staunen ist für mich die Rückkehr an den Ursprung des Fragens und der Beginn einer neuen aufregenden Reise ins Ungewisse.«

■ **Erzählen.** Nachdem du die Erzählung gelesen hast, erinnerst du dich vielleicht an ähnliche Erlebnisse. Verfasse eine Erzählung, in der du berichtest, wann und aus welchem Anlass du einmal gestaunt hast. Sprecht in eurer Klasse darüber, welche Anlässe und Gründe zum Staunen führen.

Zufall

Wenn statt mir jemand anderer
auf die Welt gekommen wär.
Vielleicht meine Schwester
oder mein Bruder
oder irgendein fremdes blödes Luder –
wie wär die Welt dann,
ohne mich?
Und wo wäre denn dann ich?
Und würd mich irgendwer vermissen?
Es tät ja keiner von mir wissen.
Statt mir wäre hier ein ganz anderes Kind,
würde bei meinen Eltern leben
und hätte mein ganzes Spielzeug im Spind.
Ja, sie hätten ihm sogar
meinen Namen gegeben!

Martin Auer

- **Zufall?** Diskutiert über das Gedicht von Martin Auer. Stimmt es wirklich, dass ich nur »Zufall« bin? Und welche Rolle hat mein Namen für mich? Was würdet ihr Martin Auer auf seine Fragen antworten?

Was wird sein, wenn ich nicht mehr bin?

»Neles Buch der großen Fragen« handelt von einem Mädchen namens Nele, das über die Geheimnisse des Lebens nachdenkt. Unter anderem setzt es sich auch mit dem Tod auseinander:

Als ich klein war, dachte ich: Jedes Mal, wenn ein Mensch stirbt, wird dafür irgendwo anders ein Mensch geboren, damit das Leben weitergeht auf unserer Erde.

Heute habe ich gelesen: In jeder Minute ist auf der ganzen Erde 260 Mal der Schrei eines neugeborenen Babys zu hören – ein Weltkonzert ohne sichtbaren Dirigenten!

Und in derselben Zeit schließen 101 Menschen ihre Augen für immer auf dieser Erde – sie sterben friedlich, gewaltsam, nach langer Krankheit oder einfach, weil ihre Zeit hier vorbei ist. Die meisten Babys werden mit Freude und Spannung erwartet. Die Toten lassen meistens traurige Menschen auf der Erde zurück.

Lange Zeit hätte ich gern ewig gelebt. Aber je mehr ich darüber nachdenke, umso mehr zweifle ich daran, ob ich dann glücklich sein könnte. Eigentlich hatte ich als kleines Kind recht. Das Leben bringt immer neues Leben hervor, das irgendwann an ein Ende kommt. Ohne ein Ende bräuchte es kein neues Leben zu geben und dann wäre das Leben gar kein Leben. Den Tod gibt es nur, weil es das Leben gibt – das Leben gibt es nur, weil es den Tod gibt. Wie kann ich verstehen, was Leben heißt, wenn ich gar nichts davon weiß, dass alles Leben einmal stirbt? ...

Alles, was es gibt, war vorher nicht da, hat irgendwann angefangen und wird einmal weg sein, nicht mehr bei uns. Was war vor dem Anfang und was wird nach dem Ende sein? Woher komme ich und wohin werde ich gehen? Mama meint, nur Gott hat keinen Anfang und kein Ende. Gott war vor der Zeit. Gott war immer schon DA und wird immer DA sein. Von diesem Geheimnis verrät schon der Name Gottes etwas. Der Name lautet JAHWE. In unsere Sprache übersetzt heißt das; Ich bin der ICH-BIN-DA und der ICH-WERDE-DA-SEIN-FÜR-DICH. Ein merkwürdiger Name, finde ich, eigentlich mehr ein Satz, fast schon eine Geschichte. Gott ist wohl der einzige, der sich selbst und die Zeit – was war, was ist und was sein wird – versteht. Wenn wir leben, wenn wir also da sind, ist Gott DA. Und auch wenn wir tot sind, wenn wir WEG sind von dieser Erde, ist Gott DA. Das sind beruhigende Gedanken.

Rainer Oberthür

■ **Neles Fragen.** Schreibe Nele einen Brief, in dem du berichtest, was du über Glück, Geburt, Unglück und Sterben denkst.

■ **Jung und alt.** Betrachte das Foto in Ruhe. Überlege dir, was sich die drei wohl zu erzählen haben. Was erleben die Jungen, was der Großvater? Schreibe ein erfundenes Gespräch zwischen Enkeln und Großvater.

Die schöne Lilly und ihre wunderbare Freundschaft mit Hieronymus

Sie wurde uns in einem Schuhkarton vor die Türe gestellt. Da war sie vier Wochen alt. Ein kleines Kätzchen, zitternd vor Angst und Kälte. Lilly, so nannten wir das grau melierte Wollknäuel, maunzte derart erbarmungswürdig, dass sie die Herzen ihrer künftigen Mitbewohner in nur wenigen Augenblicken eroberte.
Da war die vierundachtzigjährige Frau Schütz. Von ihr holte sich Lilly das Urvertrauen. Lilly liebte die Langsamkeit dieser alten Frau. Wenn die fast blinde Frau Schütz morgens mit ihrer Lupe die Tageszeitung buchstabierte, hüpfte Lilly grazil von Überschrift zu Überschrift und tippte mit ihren weißen Samtpfoten auf die einzelnen Wörter, so als wolle sie Frau Schütz beim Lesen behilflich sein. Anschließend frühstückte Frau Schütz und man darf sicher sein, dass Lilly an ihrem Tisch einen Ehrenplatz erhielt. Das Büfett für die kleine Lilly muss prachtvoll gewesen sein, denn in kürzester Zeit wurde aus dem struppigen Wollknäuel eine junge Katzendame mit einem Fell glänzend wie Seide.
Nach dem Frühstück schaltete Frau Schütz das Radio ein und hörte im Kulturprogramm die soundsovielte Fortsetzung einer Dichterlesung. So wurde Lilly schon sehr früh an Goethe, Hermann Hesse und Hölderlin herangeführt. Um zwölf Uhr mittags war Lilly stadtfein, eine Dame mit Sahnehäubchen, so nannte Frau Schütz den weißen Fleck zwischen Lillys Ohren. Nun spazierte Fräulein Lilly in die große, weite Welt der Gärten und tanzte wie eine Primaballerina durch das hohe Gras. Und weil ihre Katzenmutter 84 Jahre alt war, liebte Lilly alle Menschen und Kreaturen, die ein hohes Alter erreicht hatten.
Da war der schwarze Hieronymus, der verfügte schon über so viele Katzenjahre, dass er sich in seinem Körbchen müde aufs Altenteil gelegt hatte. Hieronymus wollte gerade seine letzten Wochen zählen und dann friedlich verschlummern, als Lilly ihm einen Strich durch seine Lebensrechnung machte. Eines Tages schlüpfte Lilly durch die Balkontüre in Hieronymus' Wohnzimmer und verzehrte von seinem Tellerchen die Hähnchenleber. Dann machte Lilly dem Katzenkerl schöne Augen, lockte ihn in den Garten, und Hieronymus erlebte seinen zweiten Frühling. Trotz seiner Leibesfülle kletterte er die Bäume empor, hüpfte von Ast zu Ast, kraftvoll wie in jungen Katertagen. Zwischen Lilly und Hieronymus begann eine wunderbare Freundschaft. In trauter Zweisamkeit spazierten die beiden über Wiesen und Blumenbeete, wahrscheinlich erzählte ihm Lilly von Goethe, Hesse und Hölderlin, bis sie den Garten von Herrn Schumann erreichten. Der hasste Katzen, weil sie alle Möbel zerkratzen, an der Butter lecken und Vögel fressen. Herr Schumann war 82 Jahre alt und schon deshalb ein natürlicher Freund von Lilly. Sie setzte sich zu seinen Füßen, zerrte an seinen Hosenbeinen und rieb ihre Ohren an seinen Händen, so lange, bis eines Tages diese Hände vorsichtig über Lillys Kopf streichelten. Seitdem wartete Herr Schumann täglich um dieselbe Zeit im Garten auf seine kleine Katzenfreundin, und heimliche Beobachter wissen zu berichten, dass er stets eine Rolle Zwirn in der Hosentasche mit sich führte, die er vor Lillys Nase wie einen Jo-Jo auf und ab rollte. Lange hatte man diesen alten Mann nicht mehr so herzhaft lachen gehört.
Das war Lilly. Mit Herrn Schumann jagte sie den Zwirn, mit der fast blinden Frau Schütz las sie die Zeitung, und dem alten Kater Hieronymus brachte sie die Jugend zurück. Sie alle haben Lilly überlebt. Lilly wurde im Alter von acht Monaten von einem Auto überfahren. Sie hatte keine Ahnung davon, wie gefährlich die Welt sein kann.

Doris Weber

- **Glück und Leid.** In der Geschichte liegen Glück und Leid ganz nahe beieinander. Stelle zusammen, wo Glück vorkommt und wo Leid. Hast du auch schon mal erlebt, dass Glück und Leid ganz eng beieinander stehen können? Wenn du willst, berichte darüber.

- **Erinnerungen.** Stelle dir vor, eine Tierzeitschrift will ein Interview über das Leben mit Katzen machen und befragt die Personen aus der Geschichte. Wie war es für sie, wenn Lilly in der Nähe war? Wie geht es ihnen, wenn sie an Lilly denken? Würden sie wieder eine Katze aufnehmen? Und warum? Schreibe ein solches Interview, indem du nach weiteren Fragen suchst und diese dann aus der Sicht der verschiedenen im Text genannten Personen, die Lilly kannten, beantwortest.

- **Wer bin ich?** Überlege, welche Denkanstöße das Bild auf der gegenüberliegenden Seite dir bei der Beantwortung dieser Frage gibt.

René Magritte, 1937

■ **Fragen über Fragen.** Notiere alle Fragen, die sich dir beim Betrachten des Bildes stellen. Versuche deine Fragen mit deiner Banknachbarin oder deinem Banknachbarn zu beantworten. Welche Frage ist euch dabei die wichtigste? Überlege dir, von welcher Position aus du als Betrachter das Bild siehst.

Ich denke

Ich denke
Ich denke
bevor ich aufstehe:
Ich bin ein Mensch
und bin im Bett
und das Bett ist im Zimmer
und das Zimmer im Haus
und das Haus ist am Weg
und der Weg in der Stadt
und die Stadt ist im Land
und das Land auf der Erde.

Und auf der Erde ist ein anderes Land
und im anderen Land eine andere Stadt
und in der Stadt ein anderer Weg
und am Weg ein anderes Haus
und im Haus ein anderes Zimmer
und im Zimmer ein anderes Bett
und im anderen Bett ist auch ein Mensch.

Bevor ich aufstehe
denke ich.

Hans Manz

■ **Meine Gedanken.** Welche Gedanken gehen dir im Moment durch den Kopf?
Male eine Kopfsilhouette in dein Heft und zeichne oder schreibe alle deine Gedanken hinein. Geht danach in kleinen Gruppen zusammen und versucht, eure Gedanken zu sortieren. Nach welchen Gesichtspunkten könntet ihr dabei vorgehen? Gebt jedem Gesichtspunkt eine Überschrift.
Überlegt euch einen Gedanken, den ihr gerne verschenken möchtet.

■ **Was du alles denken kannst.** Das, was in unseren Köpfen passiert, ist eine ganze Welt voller Geheimnisse. Suche dir eine Partnerin oder einen Partner, mit der oder dem du diese Welt teilen willst. Beantwortet die folgenden Fragen:
Denkst du immer oder nur manchmal?
Denkst du auch, während du schläfst?
Kannst du denken, ohne an jemanden oder etwas Bestimmtes zu denken?
Denkst du in Worten oder gar Sätzen?
Kannst du mehr als einen Gedanken zur selben Zeit haben?
Kann ein Gedanke wie ein Kuchen geteilt werden?
Können Gedanken schön sein?
Können Gedanken schön sein, sogar dann, wenn sie nicht wahr sind?
Wenn dein Körper so alt ist wie du selbst, sind deine Gedanken auch genauso alt?
Können dich andere Leute ihre Gedanken denken lassen?

Staunen, Fragen, Antworten – Philosophieren

Heute besteht Einigkeit darüber, dass jedes Kind philosophieren kann. Das Wort Philosophie kommt aus dem Griechischen. »Philos« heißt auf Deutsch »Freund« und »Sophia« »Weisheit«. Ein Philosoph ist also ein »Freund der Weisheit« und philosophieren heißt so viel wie »sich am Wissen freuen« oder auch »Lust am Wissen haben«.
Alles, was man als guter Philosoph, als gute Philosophin braucht, ist zunächst einmal Neugierde und die Fähigkeit, über das, was man da in seiner Neugier entdeckt hat, zu staunen. Schon für die großen Philosophen der Antike – Sokrates, Platon und Aristoteles – ist Staunen der Ursprung allen Philosophierens. Es zeigt uns, dass das, was wir bisher vielleicht als selbstverständlich betrachtet haben, doch viel ungewöhnlicher ist, als wir gedacht haben. Diese Erfahrung führt dann fast automatisch dazu, dass man sich und anderen Fragen stellt, die uns das Ungewöhnliche erklären sollen. Besonders die Warum-Fragen sind bei Philosophen beliebt.
Wenn jemand Fragen stellt, will er natürlich auch Antworten haben – also beginnt er über die Fragen nachzudenken. Dazu muss man zunächst einmal erklären, welche Antworten zu einer Frage passen könnten, und muss dann aber auch diese Antwort begründen. Damit man nicht zu schnell auf falschen oder halbrichtigen Antworten sitzen bleibt, ist es gut, wenn man selbst oder im Gespräch mit anderen diese Antworten immer wieder überprüft. Deshalb spielt auch das Zweifeln beim Philosophieren eine wichtige Rolle.

■ **»Ich denke, also bin ich.«** Dieser Satz des französischen Philosophen René Descartes (1596-1650) gehört zu den Grundaussagen der Philosophie. Überlege, warum.

Können Blumen glücklich sein?

Der Philosoph Hans-Ludwig Freese erzählt in seinen philosophischen Seminaren Kindern folgende Geschichte:

»Tante Gerties Blumen sind wieder glücklich«, berichtet Freddie.
»Blumen können nicht glücklich sein«, sagt Alice, finster in der Ecke sitzend, über eine Schale Cornflakes gebeugt. »Tante Gertie spricht über Blumen, als ob es Menschen wären. Aber in Wirklichkeit haben sie gar keine Gefühle. Sie können nicht durstig, traurig oder glücklich sein.«
»Ist das richtig, Mama?«, fragt Freddie einigermaßen enttäuscht.
»Du solltest darüber lieber mit deiner Tante Gertie sprechen«, sagt die Mutter, »sie weiß mehr über Blumen, als wir alle zusammen.«

■ **Können Blumen glücklich sein?**
Sprecht in der Klasse über das Problem, das Freddie und Alice bewegt. Was ist eure Meinung? Welche Gründe findet ihr für eure Ansichten?
Überlege dir, wie die Geschichte weitergehen könnte, und schreibe sie zu Ende.

Der Weg nach innen

Den wichtigen Dingen des Lebens kommen wir nicht nur im Denken und Philosophieren auf die Spur. Gerade dann, wenn unser Denken an Grenzen stößt, brauchen wir neue Zugänge. Einen ganz wichtigen Weg weist uns Teresa von Avila, eine Ordensfrau, die im 16. Jahrhundert in Spanien gelebt hat.
Teresas Weg ist der Weg nach innen: So wie sich die Schildkröte immer wieder in ihren Panzer zurückzieht, so können auch wir uns in uns selbst zurückziehen. In unserem Inneren finden wir dann oft einen ganz ruhigen und geschützten Raum, einen Raum der Stille und der Gelassenheit – und manchmal hören wir dann in unserem Inneren die Stimme Gottes, der uns seine ganz eigenen Antworten auf unsere großen Fragen gibt.

In meinem Haus,
da wohne ich,
da schlafe ich,
da esse ich.

Und wenn du willst,
dann öffne ich
die Tür
und lass dich ein.

■ **Schildkröten-Spruch.** Lest euch gegenseitig das Schildkröten-gedicht von Gina Ruck-Pauquèt vor. Ihr könnt die Verse auch nachspielen. Vielleicht fallen euch auch neue Strophen ein? Malt die Schildkröte in euer Heft und schreibt die Strophen auf den Panzer.

■ **Schildkrötenübung.** Willst du ausprobieren, wie es ist, wenn man sich ganz auf sich zurückzieht? Suche dir einen freien Platz am Boden. Wenn alle so weit sind, kann die Übung beginnen: Setze dich mit angewinkelten Knien auf den Boden. Umarme deine Knie und ruhe mit der Stirn auf den Knien. Atme ruhig und tief ... atme so langsam, wie es dir ohne Anstrengung möglich ist ... Lockere alle Muskeln deines Körpers bewusst ... dein Körper soll so entspannt sein, dass du ihn nicht mehr fühlst ... Stelle dir eine Schildkröte vor, die sich langsam und sanft einzieht, wie wenn sie von innen gezogen würde ... Lass dich genauso sanft nach innen ziehen ... Lass es dir gut gehen dort ...
Nimm dir nun Zeit und genieße es, ganz bei dir und in der Stille zu sein ... Achte auf deinen Atem ... Was hörst du noch ... von außen ... von innen?
Wenn du möchtest, kannst du jetzt langsam anfangen, deine Glieder und deinen Kopf zu strecken ... Lass dir Zeit dabei ... Dann kannst du dich zum Abschluss räkeln, gähnen und wieder ganz da sein.

■ **Zeichen der Stille.** Schildkröten können ganz lange ganz stillhalten. Du kannst dir eine Schildkröte bauen, die dir hilft, stille zu sein: Suche einen großen Stein (oben gewölbt und unten glatt) für den Panzer, vier schmale längliche Steine für die Beine und einen runden für den Kopf und klebe sie mit Steinkleber zu einem Schild-krötenkörper zusammen. Male ein schönes Muster auf den Panzer und Augen in den Kopf. Sie können offen oder geschlossen sein. Setze die Schildkröte an einen Platz in deinem Zimmer, wo du sie gut sehen kannst. Sie wird dich immer wieder daran erinnern, wie gut Stille manchmal tun kann.

In meinem Haus,
da lache ich,
da weine ich,
da träume ich.

Und wenn ich will,
dann schließe ich
die Tür
und bin allein.

Gina Ruck-Pauquèt

Die Schildkröte

Wenn die Gnade uns einlädt,
Gott im Inneren zu suchen,
soll man nicht denken,
man könne das mit dem Verstand machen
und sich bemühen,
sich Gott im eigenen Inneren zu denken.

Man schafft es auch nicht mit der Fantasie,
indem man sich ausmalt,
wie er in uns ist. Es ist anders:

Man hat das deutliche Gefühl,
als werde man sanft in das Innere
zurückgezogen.
Es ist wie bei einer Schildkröte,
wenn sie sich einzieht.

Teresa von Ávila

Das Leise hören. Ist das nicht ein Widerspruch, ein Lied darüber zu singen, wie man das Leise hören kann? Überlege dir, wie das Lied so gesungen werden kann, dass Text und Gesang übereinstimmen.

Ich will auf das Leise hören

T: © Wolfgang Longardt/M: Andreas Hantke

Werkzeugkiste für schlaue Denkerinnen und Denker

In der ganzen Lernlandschaft waren wir neugierig, haben gestaunt und uns Fragen gestellt – wir haben philosophiert! Neben der Neugierde und dem Staunen, dem Fragen und den Zweifeln braucht es zum Philosophieren aber auch eine genaue Vorgehensweise, damit die Gedanken nicht ins Chaos stürzen und damit eine gute philosophische Diskussion mit mehreren Beteiligten möglich ist. Der Kinderphilosoph Thomas Jackson hat dafür einige Vorschläge gemacht, die er die »Werkzeugkiste für schlaue Denker« nennt.
Um diese Werkzeuge anzuwenden, bedarf es schon einiger Übung – aber die Mühe lohnt sich!

Definition
Damit wir nicht aneinander vorbeireden, ist es oft hilfreich, genau zu erklären, was der Sprecher oder die Sprecherin mit einem Wort, das benutzt wird, genau meint. Wer das Werkzeug D zeigt, will eine Definition dessen, worüber gerade gesprochen wird.

Wie viel ist unendlich?

Warum bin ich nicht du?

Wo ist eigentlich die Mitte des Himmels?

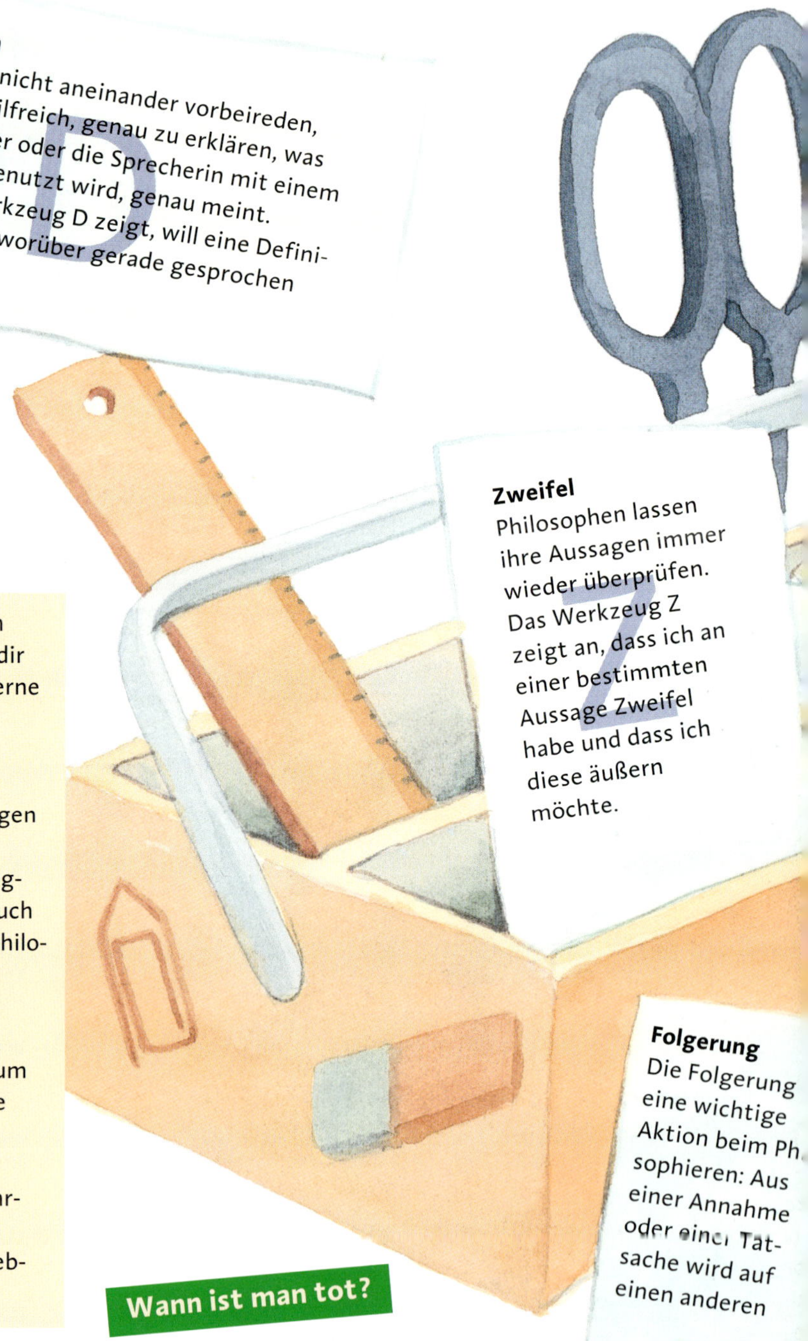

Zweifel
Philosophen lassen ihre Aussagen immer wieder überprüfen. Das Werkzeug Z zeigt an, dass ich an einer bestimmten Aussage Zweifel habe und dass ich diese äußern möchte.

- **Gemeinsam philosophieren.** Lauter philosophisch gewichtige Fragen auf dieser Seite – schaue sie dir genau an! Notiere weitere Fragen, über die du gerne nachdenken würdest, an der Tafel.
Setzt euch nun zu Gruppen zu je fünf bis sechs Personen zusammen und sucht gemeinsam eine Frage aus, mit der ihr euch ausführlich beschäftigen wollt.
Jetzt geht das Philosophieren los – die »Werkzeugkiste für schlaue Denkerinnen und Denker« soll euch dabei helfen, dass euer Gespräch in geordneten philosophischen Bahnen verläuft. Fertigt für jedes der sechs Werkzeuge eine Karte mit dem entsprechenden Anfangsbuchstaben an. Wer etwas sagt, muss überlegen, welches der sechs Werkzeuge zum Einsatz kommen soll, und hebt die entsprechende Karte hoch.
Oft empfiehlt es sich, mit einer Annahme (A) zu beginnen. Ihr dürft die Werkzeuge natürlich mehrmals benutzen.
Fasst am Ende der Gesprächsrunde wichtige Ergebnisse in einem Protokoll zusammen.

Folgerung
Die Folgerung eine wichtige Aktion beim Ph sophieren: Aus einer Annahme oder einer Tatsache wird auf einen anderen

Wann ist man tot?

Beispiel
Damit das Philosophieren nicht zu abstrakt wird, können wir mithilfe von Beispielen oder Gegenbeispielen unsere Meinungen veranschaulichen. Dazu zeigen wir das Werkzeug B, wenn wir die oder den anderen um ein Beispiel bitten wollen oder selbst ein Beispiel einbringen können.

Grund
Schlaue Denkerinnen und Denker geben sich nicht nur damit zufrieden, eine Meinung zu äußern; sie fragen danach, *warum* jemand zu dieser Ansicht kommt. Wer das Werkzeug G hochhält, will eine Meinung begründen.

Gibt es wirklich Engel?

Wie können die großen Bäume in meinen Kopf hineinkommen?

Warum glauben die Starken, dass sie immer recht haben?

Können Blumen glücklich sein?

Annahme
Zum Philosophieren gehört es, dass wir manchmal über Dinge spekulieren müssen, die wir nicht genau wissen können. Umso wichtiger ist es, dass wir solche Annahmen von Fakten unterscheiden. Wer das Werkzeug A zeigt, macht diese Unterscheidung deutlich.

Sachverhalt geschlossen. Nicht immer sind die Folgerungen zwingend – wer das Werkzeug F zeigt, will nicht nur die olgerung anzeigen, ondern auch verdeut- hen, wie zwingend ese ist.

Wo komme ich her? Wo gehe ich hin? Wie kann ich gut, glücklich und sinnvoll leben? Zu allen Zeiten haben Menschen sich diese Fragen gestellt. Antworten suchen und finden sie in den Religionen, in ihrer Hinwendung zu den Göttern bzw. zu Gott.
Aber sie finden nicht nur Antworten, sondern stellen auch weitere Fragen. Nicht wenige Menschen bezweifeln angesichts von Leid, Tod und Schmerz in der Welt, dass es Gott überhaupt gibt.
Über diese Fragen und Antworten wollen wir im folgenden Kapitel miteinander nachdenken.

Das Bild befragen. Der Maler Andrea Mantegna (1431-1506) hat das Bild auf der rechten Seite in die große Kuppel des *Palazzo Ducale* in Mantua gemalt. Von den Figuren in der Kuppel blicken einige auf den unten stehenden Betrachter, einige schauen nach oben in den Himmel.
Stelle dir vor, du stehst unter diesem Kuppelgemälde und betrachtest es von unten:
- Was und wen erkennst du?
- Welche Fragen stellst du den einzelnen Gestalten?

Überlege, warum der Maler in den nach oben offenen Himmel nur Wolken gemalt hat.

MENSCHEN

SUCHEN GOTT

- **Herzlich willkommen zu unserer Ausstellung!** Bitte setze dich in den Stuhlkreis. Dort wird die Ausstellung feierlich eröffnet. Eine solche Eröffnung nennt man »Vernissage«. Als »Ausstellungskatalog« legst du einen DIN-A4-Ordner an, auf den du vorne den Titel unserer Ausstellung schreibst. Alles, was du während der Ausstellungstage an Material bekommst und dir erarbeitest, heftest oder klebst du hier ein. So erhältst du Schritt für Schritt deinen ganz persönlichen Ausstellungskatalog!

Um Himmels willen! Alles leere Bilderrahmen! Und das soll eine Ausstellung sein?
Ja, das stimmt! Es ist ja ganz speziell deine Ausstellung und bevor wir uns anschauen, wie andere Menschen sich Gott vorstellen, sollst du und sollen deine Mitschülerinnen und Mitschüler überlegen, wie ihr euch Gott vorstellt.

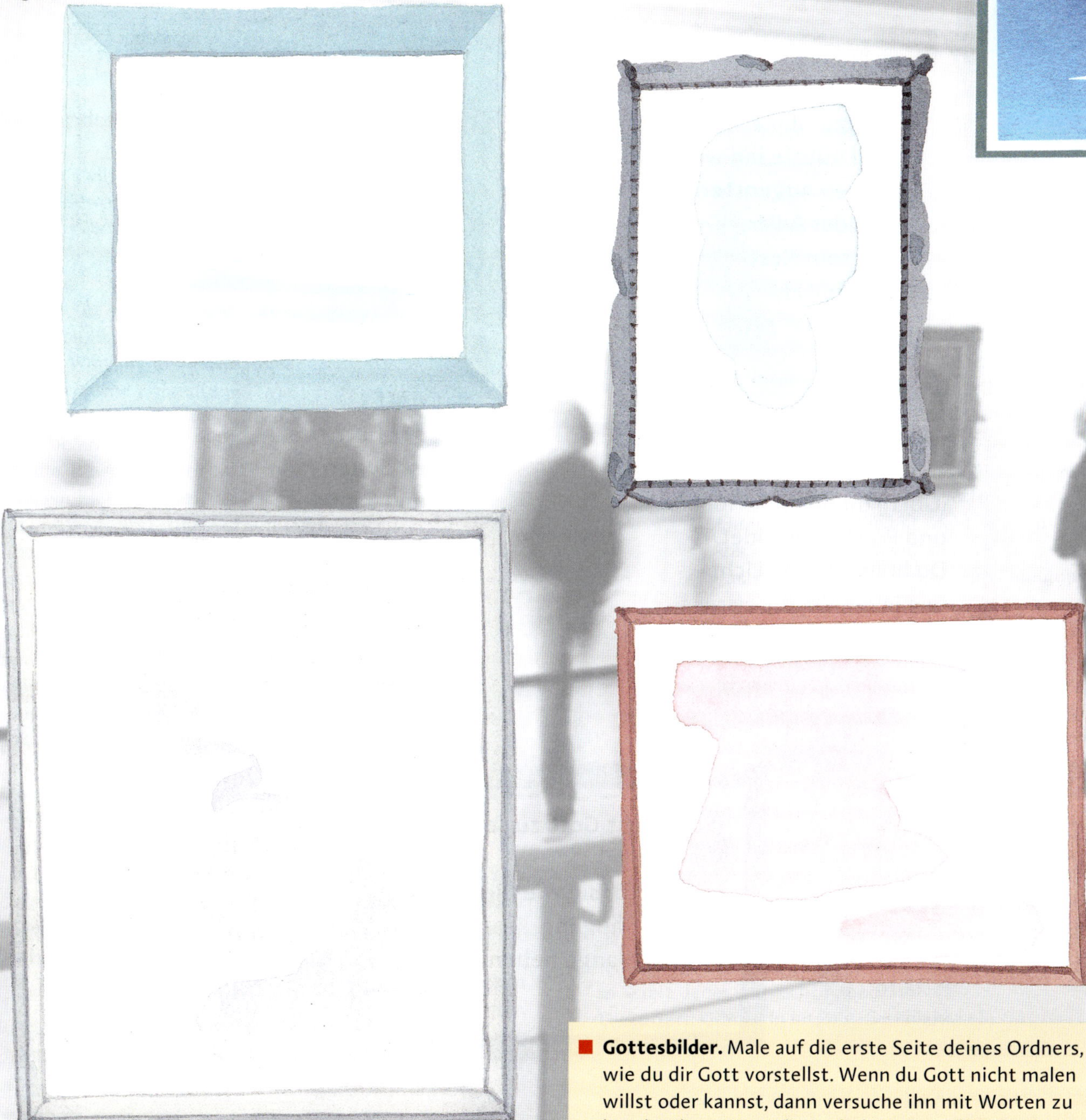

Übrigens werden die Ausstellungsräume hier und auf den folgenden Seiten zu Beginn immer kurz erläutert. Diese Erläuterungen sind mit gekennzeichnet.

■ **Gottesbilder.** Male auf die erste Seite deines Ordners, wie du dir Gott vorstellst. Wenn du Gott nicht malen willst oder kannst, dann versuche ihn mit Worten zu beschreiben. Wenn dir auch das schwerfällt, kannst du beschreiben, was Gott deiner Meinung nach nicht ist.

4

Immer wieder fragen wir Menschen uns, warum es so viel Unglück, Krankheit und Leid in der Welt gibt und wer dafür verantwortlich ist. Ist Gott an allem schuld? Es heißt doch, er wäre allwissend und allmächtig! Warum greift er nicht ein? Oder ist er gar nicht der »liebe Gott«, sondern oft zornig und unberechenbar?
Diese schwierige Frage, warum es völlig unverschuldetes Leid gibt, wo es von Gott doch heißt, er sei ein gütiger, lieber Vater und außerdem allwissend und allmächtig, nennt man die *Theodizeefrage*. Viele Menschen haben sich über diese Frage den Kopf zerbrochen, aber eine Antwort, die alle Menschen zufriedenstellt, ist schwer zu finden.

Warum lässt der gute Gott das Leiden zu?

Diese Frage stellt sich auch der zehnjährige Oskar in dem Buch »Oskar und die Dame in Rosa« von Éric-Emmanuel Schmitt. Oskar hat Leukämie und weiß, dass er nur noch kurze Zeit zu leben hat. Seine Eltern meiden das Thema. Nur seine Betreuerin im Krankenhaus, Oma Rosa, hat den Mut, mit Oskar über seine Fragen nachzudenken. Sie rät ihm, sich jeden verbleibenden Tag seines Lebens wie zehn Jahre vorzustellen. So durchlebt Oskar auf wundersame Weise ein ganzes Menschenleben: Pubertät, erste Liebe, Eifersucht und das Alter.
Über all dies und seine Gespräche mit Oma Rosa schreibt Oskar dem lieben Gott. Auf dieser Seite findest du einige Auszüge aus Oskars Briefen:

So, lieber Gott.
Nun habe ich Dir in meinem ersten Brief ein wenig von meinem Leben hier im Krankenhaus erzählt, wo man mich inzwischen für einen medizinischen Bremsklotz hält, und ich möchte Dich um eine Erklärung bitten: Werde ich wieder gesund?
Antworte mit Ja oder Nein. Ist doch nicht zu schwer? Ja oder Nein. Streich einfach die falsche Antwort durch.
Bis morgen, Küsschen, Oskar
PS: Ich habe keine Adresse von Dir. Was soll ich machen?

Als Oskars Freundin Peggy Blue, die er im Krankenhaus kennengelernt hat, in den OP zu einer lebensgefährlichen Herzoperation geschoben wird, sagt er zu Oma Rosa:
»Warum lässt dein lieber Gott zu, dass es Menschen gibt wie Peggy und mich, Oma Rosa?«
»Zum Glück hat er euch erschaffen, lieber Oskar, denn ohne euch wäre das Leben nur halb so schön.«
»Nein, Sie verstehen mich nicht. Warum lässt Gott es zu, dass man krank wird? Entweder ist er böse. Oder er ist eine Flasche.«
»Oskar, eine Krankheit ist wie der Tod. Das ist eine Tatsache und keine Strafe.«

(Rosa:) »Wollen wir nicht den lieben Gott besuchen?«
»Ach, haben Sie seine Adresse rausgekriegt?«
»Ich glaube, er ist in der Kapelle.«
Oma Rosa zog mich an, als würden wir zum Nordpol aufbrechen, sie nahm mich in die Arme und führte mich zu der Kapelle, die sich im Krankenhausgarten befindet, noch hinter den vereisten Grünflächen, na ja, Dir brauche ich ja nicht zu erklären, wo Dein Zuhause ist.
Ich habe natürlich einen Riesenschreck bekommen, als ich Dich dort hängen sah, als ich Dich in diesem Zustand gesehen habe, fast nackt, ganz mager an deinem Kreuz ... Das hat mich an mich selbst erinnert.
Ich war empört. Wär' ich der liebe Gott, wie Du, ich hätte mir das nicht gefallen lassen.
»Oma Rosa, im Ernst: ... Sie werden doch so einem nicht vertrauen!«
»Warum nicht, Oskar?« ... »Wem fühlst Du Dich näher? Einem Gott, der nichts fühlt, oder einem Gott, der Schmerzen hat?«
»Einem, der Schmerzen hat, natürlich. Aber wenn ich er wäre, wenn ich der liebe Gott wäre, wenn ich so wie er alle Möglichkeiten hätte, würde ich mich um die Schmerzen drücken.«

- **Fragen.** Schreibe in deinen Ausstellungsordner die Fragen, die Oskar Gott stellt.
  Auf Oskars und unsere Frage: Warum lässt der gute Gott das Leiden zu? findest du auf der rechten Seite mehrere Antwortversuche. Sprecht darüber.
  Schreibe dann Oskar einen Antwortbrief, der ihn vielleicht trösten könnte.

■ **Leid.** Was könnte dem Kind auf dem Bild zugestoßen sein? Was sagt das Bild über Leid aus? Nenne Beispiele für Leid, das eher Einzelne betrifft, und Beispiele für Leid, das ganze Menschengruppen ertragen mussten.
Sprecht über den Titel des Bildes »Leid macht stark«. Stimmt ihr ihm zu?

Gottfried Helnwein, 1974

» Gott ist gut und allmächtig. Alles, was geschieht, will er auch so. Das Leiden ist eine Strafe für Böses, was Menschen getan haben. Durch die Strafe sollen sich die Menschen bessern. «

» Was Menschen einander an Leid zufügen, dürfen wir Gott nicht vorwerfen. Gott lässt es zu, denn er gibt den Menschen die Freiheit, sich für Gutes oder Böses zu entscheiden. «

» Gott ist gut, aber seine Stärke ist anders als die Macht von Menschen. Wenn Menschen leiden, leidet er mit ihnen. Er ist immer auf der Seite derer, denen Leid und Unrecht geschieht. «

» Wir können Gott nicht verstehen und wir können das Leiden nicht ganz erklären. Wir wissen nicht, warum Gott das Leid zulässt. Wir müssen Gott danach fragen und uns auch bei ihm beklagen. «

5

Zu allen Zeiten und in allen Kulturen haben sich die Menschen nach Geborgenheit, Schutz und Segen für sich, ihre Familien, Stämme und Völker gesehnt und darauf vertraut, dass es unsichtbare Mächte gibt, die hierfür sorgen. Ebenso stellt sich jeder Mensch irgendwann die großen Fragen: Woher kommen wir? Warum gibt es uns? Wohin gehen wir nach unserem Tod? (In der Lernlandschaft »Staunen und Fragen« habt ihr euch vielleicht schon mit diesen Fragen befasst.) Jede Religion hat auf ganz unterschiedliche Weise versucht, auf diese Fragen Antworten zu geben. Der Ausstellungsraum 5 bietet als Beispiel einen kurzen Einblick in die Glaubenswelt der Indianer Nordamerikas. Die Texte zeigen, wie sehr die religiösen Vorstellungen mit der Natur verbunden sind, und erinnern uns Christen daran, dass auch wir zur Verantwortung für die Schöpfung aufgerufen sind (vgl. Lernlandschaft »Erlesen: Die Schöpfung«).

Religionen der Welt

Die Religionen von Naturvölkern trifft man in der heutigen Welt nur noch in letzten Spuren an, etwa bei den Eskimos, bei einigen Indianerstämmen Südamerikas, bei den Ureinwohnern Australiens oder bei verborgen lebenden Stämmen Asiens und Afrikas. Trotzdem ist die Bild- und Wortkraft der frühen Kulturen nicht spurlos verschwunden. Vieles von dem, was jene Zeiten von »Gott und der Welt« wussten, lebt in heutigen Anschauungen und Traditionen – meist unerkannt – weiter.

Die Religionen des Altertums waren Volksreligionen, beispielsweise die ägyptische, die griechische und die römische Religion. Diese Religionen überschritten nie die Grenze ihres eigenen Volkes – ganz im Gegensatz zu den großen Weltreligionen Judentum, Christentum, Islam und Buddhismus. Auch im Christentum gibt es ein stilles Wissen, das seine Wurzeln in früheren Jahrtausenden hat. In den Naturreligionen können wir vergessene Vorformen unseres religiösen Lebens und Denkens kennenlernen.

■ **Naturreligionen und Weltreligionen.** Im Text hast du viele Informationen über unterschiedliche Formen von Religion bekommen. Schreibe in deinen Ausstellungsordner einen Lexikonartikel mit dem Titel »Naturreligionen und Weltreligionen«. Achte darauf, dass dein Text gut verständlich ist. Gerne darfst du deinen Artikel auch illustrieren.

Indianische Gebete und Segenssprüche

Wenn Indianer beten, so finden wir bei verschiedenen Stämmen ganz unterschiedliche Benennungen für »Gott«: »Wakan Tanka«, »Manitou«, »Usen«, »Sila« – allerdings bündeln sich diese Namen immer wieder in dem einen Begriff »Großes Geheimnis«.

Mein Haus
Möge es wunderbar sein
von meinem Kopf bis zu meinen Füßen,
möge es wunderbar sein über mir, dort, wo ich liege,
überall um mich herum möge es wunderbar sein.
Da ich um mein Haus herumgehe,
möge es wunderbar sein, diese Bahn des Lichtes,
meiner Mutter Ahnherr, möge sie wunderbar sein.
Möge es wunderbar sein, mein Feuer,
möge es wunderbar sein für meine Kinder,
möge alles gut sein.
Möge es wunderbar sein
mit meiner Nahrung und mit ihrer.
Möge alle meine Habe gesegnet sein,
und möge sie wachsen. Alle meine Herden,
mögen sie wachsen.

Haus-Segensspruch der Navajo

Morgengebet
Dort in der Ferne erhebt sich die Sonne,
steigt die Leiter hinauf,
kommt hervor aus ihrer Stätte.
Mögen alle den Weg des Lebens vollenden.
Mögen die Kinder vom heiligen Hauch des Lebens atmen.
Mögen alle meine Kinder Nahrung haben,
damit sie den Weg ihres Lebens vollenden können.

Sia-Pueblo

Segensspruch
Möge das Große Geheimnis
dir seine auserwählten Gaben senden.
Mögen Vater Sonne und Mutter Mond
ihre mildesten Strahlen über dich ergießen.
Mögen die vier Winde des Himmels
sanft über dich dahinwehen und über die,
mit denen du dein Herz und dein Haus teilst.

Den Coahuila zugeschrieben

■ **Gebete vergleichen.** Lies dir die Gebete und Segenssprüche gut durch. Was erscheint dir fremd?
Vergleiche diese Texte mit Gebeten, die du kennst. Stelle Unterschiede und Gemeinsamkeiten in einer Tabelle gegenüber.
Welches Gottesbild steht hinter den jeweiligen Gebeten?
Schreibe zum Schluss deinen Lieblingstext aus diesem Ausstellungsraum in deinen Ausstellungsordner und schmücke ihn aus.

6

Der »Ausstellungsraum 6« erzählt von einer biblischen Gestalt, die ihr vielleicht schon kennt: Mose. Mose, ein Israelit, ist am Hofe des Pharao aufgewachsen, als sein Volk in Ägypten Frondienst leisten musste. Als Mose sah, wie hart und willkürlich die ägyptischen Aufseher gegen die Fronarbeiter vorgingen, erschlug er einen von ihnen. Dabei wurde er beobachtet und musste in ein fremdes Land, nach Midian, fliehen. Dort – so erzählt es die Bibel – hat sich Folgendes ereignet:

Der brennende Dornbusch

Einmal kam Mose mit seinen Schafen bis nahe an den Berg Sinai. Da sah er einen Dornstrauch, der lichterloh brannte. Er betrachtete den Strauch eine ganze Weile. »Wie ist das nur möglich?«, fragte sich Mose erstaunt. »Der Strauch brennt und doch verbrennt er nicht. Ich will hingehen und sehen, warum er nicht verbrennt.« Neugierig ging Mose auf den Strauch zu.
Plötzlich hörte Mose eine Stimme aus dem Feuer: »Mose!« Und Mose antwortete: »Hier bin ich!« – »Komm nicht näher!«, rief die Stimme. »Ziehe deine Schuhe aus, denn du stehst auf heiligem Land.« Und die Stimme sprach weiter: »Ich bin der Gott Abrahams, Isaaks und Jakobs.« Da schlug Mose die Hände vor sein Gesicht. Er wagte nicht aufzuschauen. Aber er hörte, wie Gott zu ihm sprach: »Mose, geh nach Ägypten zurück! Geh zum Pharao und sage ihm: ›Lass mein Volk Israel frei!‹ Denn ich habe gesehen, wie das Volk Israel unter den Ägyptern leidet. Ich habe ihr Klagen gehört. Ich leide mit ihnen und will sie retten und aus Ägypten hinausführen. Ich will sie nach Hause bringen, in das Land, wo Milch und Honig fließen. So geh nun hin und führe mein Volk aus Ägypten heraus.«
»Wer bin ich, dass ich zum Pharao gehen und Israel aus Ägypten führen kann?«, fragte Mose erschrocken. »Ich bin für dich da«, sprach Gott zu Mose. »Aber«, wandte Mose ein, »sie werden mir nicht glauben, wenn ich zu ihnen komme. Sie werden fragen: Was ist das für ein Gott, von dem du redest?« Da sprach Gott: »Ich-bin-da. Das ist mein Name. Ich bin der Gott eurer Väter, der Gott Abrahams, Isaaks und Jakobs. Geh zu den Israeliten und sage ihnen, dass dich der Ich-bin-da gesandt hat.«
Aber Mose zögerte noch. »Ach, Herr«, rief er. »Ich kann es nicht. Ich konnte noch nie gut vor anderen reden. Und jetzt erst recht nicht.« – »Ich werde dir sagen, was du reden sollst«, sprach Gott. »Nein, nein!«, antwortete Mose. »Nimm, wen du willst, aber mich nicht!« Aber Gott sprach: »Aaron, dein Bruder, wird dir helfen. Er wird mit dir zum Pharao gehen und für dich sprechen. Er ist schon unterwegs zu dir und kommt dir entgegen.« Und Mose hörte auf die Stimme Gottes und machte sich auf den Weg zurück nach Ägypten. *Nach Ex 3 und 4*

■ **Die Gottesbegegnung.** Teile die Geschichte in kleinere Kapitel ein und gib ihnen jeweils eine Überschrift: Was lässt sich aus deinen Überschriften über den Gott im Alten Testament sagen? Beginne deine Sätze mit: »Gott ist …« oder schreibe, was er tut. Beschreibe auch die Reaktion des Mose darauf.
Vergleiche nun das, was du über Gott geschrieben hast, mit dem Gottesbild der Indianer.

■ **Fragen an Gott.** Wenn du Mose wärst, welche Fragen würdest du Gott stellen? Sammelt eure Fragen an Gott an der Tafel.

Marc Chagall, o. J.

■ **Gottesname.** Schreibe »Jahwe«, den Namen Gottes, in deinen Ausstellungsordner und male ein dazu passendes Bild. Informiere dich im Lexikon, was »Jahwe« bedeutet.

■ **Bildbetrachtung.** Sieh dir das Bild auf dieser Seite gut an. Betrachte die verschiedenen Teile, aus denen dieses Bild besteht, ganz genau. Welche Geschehnisse stellen sie dar? Welche Farben sind charakteristisch?
Deute die Farbsymbolik des Bildes (vgl. S. 111).
Erkläre die Zusammenhänge zwischen Text und Bild.

7

Im »Ausstellungsraum 7« findest du ein Bild und zwei Texte. Sie veranschaulichen, was Jesus uns von Gott, seinem Vater, sagen wollte.

■ **Bildbetrachtung.** Das Bild von Max Slevogt ist durch den Bund des Buches in zwei Hälften geteilt. Teilt euch in Zweiergruppen auf, wobei jede und jeder für eine Bildhälfte verantwortlich ist:
Was ist dargestellt? Welche Farben fallen ins Auge? (Vgl. S. 111)
Achtet auf die Raumgestaltung, bei den Personen auf Körperhaltung, Gesichtsausdruck, auf ihre Hände. Formuliert abschließend eine Gedanken- oder Sprechblase für eure jeweiligen Personen.

■ **Bibeltext und Bild.** Vergleicht das Bild mit dem Bibeltext. Welche Szene hat der Künstler dargestellt? Seht ihr Unterschiede zum Text?

Das Gleichnis vom verlorenen Sohn

Weiter sagte Jesus: Ein Mann hatte zwei Söhne. Der jüngere von ihnen sagte zu seinem Vater: Vater, gib mir das Erbteil, das mir zusteht. Da teilte der Vater das Vermögen auf. Nach wenigen Tagen packte der jüngere Sohn alles zusammen und zog in ein fernes Land. Dort führte er ein zügelloses Leben und verschleuderte sein Vermögen.
Als er alles durchgebracht hatte, kam eine große Hungersnot über das Land und es ging ihm sehr schlecht. Da ging er zu einem Bürger des Landes und drängte sich ihm auf; der schickte ihn aufs Feld zum Schweinehüten. Er hätte gern seinen Hunger mit den Futterschoten gestillt, die die Schweine fraßen; aber niemand gab ihm davon.
Da ging er in sich und sagte: Wie viele Tagelöhner meines Vaters haben mehr als genug zu essen und ich komme hier vor Hunger um. Ich will aufbrechen und zu meinem Vater gehen und zu ihm sagen: Vater, ich habe mich gegen den Himmel und gegen dich versündigt. Ich bin nicht mehr wert, dein Sohn zu sein; mach mich zu einem deiner Tagelöhner.
Dann brach er auf und ging zu seinem Vater …

Lk 15,11-20

■ **Fortsetzung.** Stelle Vermutungen an, wie das »Gleichnis vom verlorenen Sohn« wohl ausgeht. Vergleiche sie mit dem tatsächlichen Ende des Gleichnisses in Lk 15,21-32.
Beschreibe jeweils in ein bis zwei Sätzen den Vater und seine beiden Söhne.
Ergänze: Wenn Gott so ist und handelt wie der Vater im Gleichnis, dann ist er ...

- Er ist uns nah und doch groß und erhaben.
- Er ist liebevoll und fürsorgend.
- Er hat Zeit für sein Kind und beschützt es.
- Er hat jederzeit ein offenes Ohr für die Probleme seines Kindes.
- ...

VATER UNSER IM HIMMEL
Geheiligt werde dein Name.
Dein Reich komme.
Dein Wille geschehe,
wie im Himmel, so auf Erden.
Unser tägliches Brot gib uns heute.
Und vergib uns unsere Schuld,
wie auch wir vergeben unsern Schuldigern.
Und führe uns nicht in Versuchung,
sondern erlöse uns von dem Bösen.
Denn dein ist das Reich
und die Kraft und die Herrlichkeit
in Ewigkeit.
Amen.

Das Vaterunser ist das Grundgebet der ganzen Christenheit. Es ist das Vermächtnis Jesu an alle, die an ihn glauben. In der Anrede »Abba« = »lieber Vater«, »lieber Papa« zeigt sich, wie sehr Jesus Gott, seinen Vater, liebt.

Vater. Im Kasten oben findest du Charakterisierungen von Gott, wie er uns im Vaterunser begegnet. Schreibe sie in deinen Ausstellungsordner und ergänze sie.
Diskutiert miteinander: Stimmen diese Aussagen auch, wenn wir sie auf eine Mutter beziehen?
Versetze dich in die Rolle des verlorenen und wiedergefundenen Sohnes und überlege: Welche Bitten des Vaterunsers würde er an seinen Vater richten?

Max Slevogt, 1899

8

Zu allen Zeiten und in allen Kulturen haben sich Menschen an ihren Gott oder ihre Götter gewandt und ihre Anliegen, ihre Freude, ihre Angst und ihre Trauer zum Ausdruck gebracht. Zum Beten gehören nicht nur Worte und Gedanken, sondern auch Haltungen. Auf den folgenden zwei Doppelseiten erfährst du etwas darüber und kannst diese Erfahrungen auch selbst in die Tat umsetzen.

Beten heißt mit Gott sprechen

Beten heißt zu Gott zu sprechen wie zu einem geliebten Menschen. Dies kann in ganz unterschiedlicher Weise geschehen: Einem geliebten Menschen kann ich mein Leid klagen, mich ausweinen, um mich vielleicht trösten zu lassen. Ich kann ihm aber auch mal so richtig die Meinung sagen, wenn ich wütend bin, sogar anschreien. Oder aber ich bin ihm dankbar dafür, dass er mir so oft geholfen hat und mich nicht im Stich lässt. Anderen gegenüber lobe ich dann auch seine Klugheit, seine Liebe und Größe. Manchmal fehlen mir auch die Worte.
Wenn ich ganz froh bin, dann springe, hüpfe und tanze ich vor Freude.
Und wenn ich ganz verzweifelt bin, fällt mir nichts mehr ein – ich sitze dann einfach bei dem geliebten Menschen und sage gar nichts mehr.
Auch Jesus hat gebetet. Als Jude war sein Gebetbuch vor allem das »Buch der Psalmen« aus dem Alten Testament, das für Juden und Christen bis heute ein fester Bestandteil des Gottesdienstes ist. Das wichtigste Gebet für uns Christen aber ist das Gebet, das Jesus selbst seine Jünger gelehrt hat: Das Vaterunser (vgl. S. 41).

Projekt Klassengebetbuch
Wir legen gemeinsam ein Gebetbuch für unsere Klasse an, in dem wir eigene oder auch vorformulierte Gebete sammeln. Jede und jeder darf einmal das Anfangsgebet für unsere Religionsstunde aussuchen, in Schönschrift in das Gebetbuch schreiben und gerne auch noch dazu etwas malen oder ein passendes Bild einkleben. Sie oder er schlägt dann einen Klangstab an, wartet, bis es ganz still geworden ist, und trägt das Gebet anschließend vor. Schließlich wandert das Gebetbuch weiter – am besten folgen wir der alphabetischen Reihenfolge unserer Namen.
Am Schuljahresende haben wir eine schöne Sammlung mit unseren Klassengebeten.

■ **Mit Haltung.** Immer schon haben sich die Menschen im Gebet zu Gott gewandt – so auch die Menschen auf der rechten Seite. Betrachtet einmal genau ihren Körperausdruck. Beschreibt ihre Haltungen, ihre Arme und Hände, Beine, Gesichter.
Versucht selbst einmal solche Haltungen einzunehmen und beschreibt euch gegenseitig, wie ihr euch dabei fühlt.

Geste und Haltung

Beten ist nicht nur etwas Äußerliches. Ein Gebet wird mit einer bestimmten inneren Haltung gesprochen. Beim Beten haben wir das Bedürfnis, etwas vor Gott zu bringen und uns ihm mitzuteilen. Darauf richten wir unsere Konzentration.
Zum Beten gehört neben der inneren Aufmerksamkeit auch eine bestimmte Körperhaltung. Mit Kaugummi im Mund, den Discman-Stöpsel im Ohr und den Händen in den Hosentaschen wirst du schlecht eine Unterhaltung führen können – und deshalb auch kein Gespräch mit Gott. Mit folgenden Gesten bringen Christinnen und Christen seit Jahrhunderten ihre Gebetsanliegen zum Ausdruck:

Kreuzzeichen
Erinnerung an die Taufe: Ich bin getaufter Christ. Das Kreuzzeichen (Stirn – Brust – linke – rechte Schulter) umfasst mich ganz: Ich stehe ganz unter dem Segen Gottes. Ich gehöre zu Christus.

Händefalten
1. Ausgestreckte Finger: Beim Treueversprechen legte der Ritter so seine Hände in die Hände des Königs. Beim Gebet bedeutet dies: Gott, ich gehöre zu dir.
2. Verschränkte Finger sind ein Symbol für die innere Sammlung und bringen zum Ausdruck: Ich bin ganz bei der Sache.

Knien
Haltung des Sich-klein-Machens, des Geringseins: Vor Gott sind wir Menschen gering. Wir erkennen mit dem Knien seine Größe an. Knien ist eine in allen Völkern verbreitete Gebetshaltung.

■ **Gebetshaltung.** Lies dir die wesentlichen Gebetshaltungen und Gebärden aufmerksam durch und notiere in deinem Ausstellungsordner die Hauptmerkmale der einzelnen Gebärden.

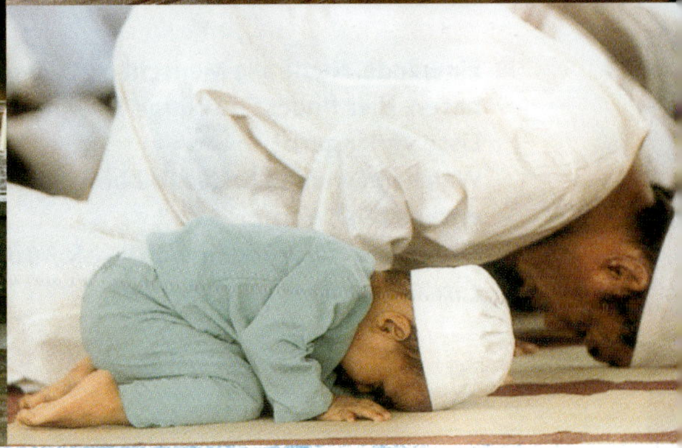

Erinnerst du dich noch an den Beginn unseres Kapitels? Wir haben eine Ausstellung mit dem Titel »Gott« feierlich mit einer Vernissage eröffnet. Ganz unterschiedliche Ausstellungsräume haben wir besucht und in unserem Ordner gestaltet. Wir haben uns Neues erarbeitet und Bekanntes vertieft. Und eines ist ganz sicher: Eine Ausstellung zum Thema »Gott« kann niemals abgeschlossen sein – wir haben allenfalls Mosaiksteine gesammelt, poliert und versucht, sie miteinander in Beziehung zu bringen.

Jetzt stehen wir am Ende unserer Ausstellung – denn alle Ausstellungen laufen ja nur eine ganz bestimmte Zeit.
Für unsere Religionsgruppe aber ist die Ausstellung noch nicht ganz zu Ende. Das, was wir erlebt, gemalt, geschrieben und überlegt haben, wollen wir mit anderen teilen – in einem Projekt.

- **Thema »Gott«.** Notiere auf die letzte Seite deines Ausstellungskatalogs:
  An was kann ich mich noch besonders gut erinnern?
  Was habe ich für mich dazugelernt?
  Was fand ich weniger interessant?
  Womit würde ich mich gerne noch mehr beschäftigen?
  Was hat mir gefehlt?

Projekt. Nachdem ihr euch nun intensiv im Religionsunterricht mit Gottesbildern auseinandergesetzt habt, könnt ihr vielleicht sogar eine eigene »Große Sonderausstellung« zum Thema veranstalten. Organisiert Stellwände oder nehmt die Wände eines freien Klassenzimmers.

Überlegt:

Wem wollen wir unsere Ausstellung zeigen (unserer Klasse oder sogar der ganzen Schule)?

Welche der sieben Ausstellungsräume sollen in unserer eigenen Ausstellung vorkommen?

Wie wollen wir unsere Arbeitsergebnisse präsentieren?

Wenn ihr die Bilder/Ergebnisse sortiert und aufgehängt habt:

Geht gemeinsam von einem »Ausstellungsraum« zum nächsten und sprecht über die Arbeiten.

Wenn jemand von euch seine Arbeit nur der Lerngruppe, aber nicht einer größeren Gruppe zeigen will, darf er/sie die Arbeit entfernen.

Dann plant die Eröffnung:

Wer schreibt Einladungen?

Was gibt es zu essen und zu trinken?

Wer schreibt einen Artikel für die Schülerzeitung?

Wer fotografiert?

KEINER LEBT ALLEIN

Menschen um mich. Schreibe die Namen deiner Familienmitglieder und deiner Freunde in dein Heft. Vielleicht kannst du ein Foto von deiner Klasse kopieren und dann in deinem Heft beschriften.
Überlege, welche weiteren Menschen, die du noch nicht aufgeschrieben hast, dir wichtig sind. Schreibe ihre Namen zu den – neuen – Gruppen oder Bereichen, zu denen sie gehören.

Meine Familie

Ich

Meine Freunde

Meine Klasse

Was ist eine Familie?

Es gibt viele verschiedene Formen von Familien, z. B.:

- Die Familie mit Mutter, Vater und einem oder mehreren Kindern.
- Die Familie, in der die Kinder mit einem Elternteil (Vater oder Mutter) leben und deren anderen Elternteil sie besuchen.
- Die Familie mit einem leiblichen Elternteil und einem Stiefvater bzw. einer Stiefmutter und evtl. deren Kind oder Kindern.
- Die Familie, in der ein oder mehrere Kinder vorwiegend bei den Großeltern oder anderen Verwandten aufwachsen.
- Die Familie, in der ein oder mehrere Kinder adoptiert wurden oder als Pflegekind untergebracht sind.

All dies sind Familien, die einiges unterscheidet, die aber auch vieles gemeinsam haben.

■ **Meine Familie.** Gestalte eine Seite im Heft zu deiner Familie. Du kannst sie zeichnen oder ein Foto von ihr einkleben. Darunter schreibe, was dir an deiner Familie gefällt und was du gerne anders hättest.
Besprecht in Kleingruppen, was ihr aufgeschrieben habt, und überlegt euch, was euer Anteil sein könnte, damit sich alle in eurer Familie wohlfühlen.
Kannst du dir vorstellen, das, was du gestaltet hast, deinen Familienmitgliedern zu zeigen? Sind sie einverstanden?

Wir brauchen Familien

Viele sagen, heute wären Familien nicht mehr so wichtig, da der Staat viele ihrer früheren Aufgaben übernommen hat. So sind für die Ausbildung der Kinder und Jugendlichen sowie für große Teile der Kranken- und Altersversorgung nicht mehr die Familien zuständig. Auch zahlreiche Angebote zur Freizeitgestaltung sind eher eine Konkurrenz zu Unternehmungen mit der Familie. Manchmal müssen sich die Familienmitglieder regelrecht verabreden, damit sie wieder etwas zusammen machen.

Dennoch sind Familien die wichtigsten Gebilde in unserer Gesellschaft, in denen Menschen sich wohl und aufgehoben fühlen können. Es ist der Kreis von Menschen, in dem wir meistens so angenommen werden, wie wir sind. Auch wenn es für Familien oft nicht einfach ist, miteinander auszukommen, so sind doch die engeren Familienmitglieder meistens die wichtigsten Menschen für uns. Wir haben uns unsere Eltern und Geschwister nicht ausgesucht und müssen mit ihnen zurechtkommen. Das ist nicht immer leicht. Aber sie sind uns sehr nahe, weil wir uns am besten kennen, und die Beziehung, die wir zu ihnen haben, hält meist ein Leben lang.

■ **Familienbilder.** Frage deine Familienmitglieder (Eltern, Geschwister und Großeltern), was die Familie für sie bedeutet bzw. früher bedeutet hat. Schreibe ihre Aussagen in dein Heft und stelle sie im Unterricht deinen Mitschülerinnen und Mitschülern vor.
Überlege dir ein Ereignis, in dem die Familie und Verwandtschaft ganz besonders wichtig für dich war. Schreibe darüber in dein Heft oder überlege dir dazu eine kleine Szene mit deinen Mitschülerinnen und Mitschülern.
Gestalte alleine oder in der Lerngruppe ein Werbeplakat für das Leben in einer Familie.

Ronja Räubertochter

Ronja, die Tochter eines gefürchteten Räuberhauptmanns, lebt mit den Mattisräubern zufrieden in ihrer Räuberburg und deren Umgebung. Die Burg ist am Tag ihrer Geburt durch einen Blitz in zwei Teile gespalten worden, die nun eine tiefe Schlucht, der »Höllenschlund«, trennt. Vor dem hatte ihr Vater sie eindringlich gewarnt. Ronja weiß nicht, dass es noch andere Kinder in der Gegend gibt, bis sie eines Tages Birk trifft, den Sohn des gegnerischen Räuberhauptmanns, des Anführers der Borkaräuber. Sie erfährt von ihm, dass die feindlichen Räuber sich in dem anderen Teil ihrer Räuberburg niedergelassen haben. Ronja findet Birk arrogant und unsympathisch …

Ronja antwortete nicht. Sie hatte jetzt genug, genug von dem Lümmelgeschwätz und den Frechheiten. Jetzt musste gehandelt werden … Sie stand auf und wollte gehen. Doch da sah sie, was Birk vorhatte. Wirklich und wahrhaftig, dieser Lümmel machte Anstalten, über den Höllenschlund zu springen! Er stand dort ihr gegenüber auf der anderen Seite, und jetzt nahm er einen Anlauf. Da schrie sie: »Kommst du her, dann hau ich dir eins aufs Maul, dass dir die Nase abfliegt!«

»Haha!«, rief Birk und mit einem Satz war er über die Kluft hinweg. »Mach´s nach, wenn du´s kannst«, sagte er mit einem kleinen Grinsen.

Das hätte er nicht sagen dürfen, das war zu viel. Es reichte, dass er und seine Hosenschisser sich eine Feste in der Mattisburg verschafft hatten, aber kein Borkaräuber sollte hier irgendwelche Sprünge machen, die ein Mattisräuber nicht machen konnte!

Und sie tat es. Sie wusste selbst nicht recht, wie es zuging, aber plötzlich flog sie über den Höllenschlund und landete auf der anderen Seite.

»Du bist gar nicht so ungelenk«, sagte Birk und sprang ihr sofort nach. Aber Ronja wartete nicht auf ihn. Mit einem neuen Sprung flog sie zurück über die Kluft. Da konnte er stehen und ihr nachglotzen, soviel er wollte!

»Du wolltest mir doch eins aufs Maul hauen, warum tust du es denn nicht?«, rief Birk. »Jetzt komme ich!«

»Das seh ich«, sagte Ronja. Und er kam wirklich. Aber auch diesmal wartete sie nicht auf ihn. Wieder sprang sie, und springen würde sie, um ihm zu entkommen, so lange, bis ihr der Atem ausging. Danach sagte keiner von beiden mehr etwas. Sie sprangen nur. Verbissen und wie besessen sprangen sie über den Höllenschlund hin und her. Außer ihrem Keuchen war nichts zu hören … Da sah sie, wie Birk, gerade als er aufsetzte, auf einem Stein ausrutschte, der lose am Rande lag. Und sie hörte seinen Aufschrei, bevor er in die Tiefe verschwand.

Danach hörte sie nur noch die Krähen. Sie schloss die Augen und wünschte, diesen Tag hätte es nie gegeben! Sie wünschte, diesen Birk hätte es nie gegeben! Und sie wünschte, dass sie beide nie gesprungen wären. Schließlich kroch sie bäuchlings bis an den Rand vor und spähte hinab in die Schlucht. Und da sah sie Birk. Er stand unmittelbar unter ihr auf einem Stein oder Balken oder was es nun war, das aus der geborstenen Mauer ragte. Nur gerade so weit, dass seine Füße dort Platz fanden, aber auch nicht mehr. Dort stand er, den tiefen Höllenschlund unter sich, und seine Hände suchten verzweifelt nach einem Halt, nach irgendetwas, woran er sich festhalten konnte, etwas, das ihn davor bewahrte, in den Abgrund zu stürzen. Und er wusste und auch Ronja wusste es, dass er ohne Hilfe nicht herauskommen konnte. Er würde dort stehen müssen, bis seine Kräfte versagten, das wussten beide, und danach würde es keinen Birk Borkason mehr geben.

»Bleib da stehen!«, rief Ronja, und er antwortete mit einem kleinen Grinsen: »Ja, was anderes kann man hier schlecht tun!«

Aber Angst hatte er, das sah sie ihm an. Ronja riss sich den geflochtenen Lederriemen ab, den sie stets zu einem Knäuel zusammengerollt am Gürtel trug. Er hatte ihr in ihrem Waldleben bei allem Klettern und Hangeln oft gute Dienste getan. Jetzt machte sie eine große Schlinge in das eine Ende des Riemens und knotete sich das andere um den Leib. Danach ließ sie den Riemen zu Birk hinab und sie sah es in seinen Augen aufleuchten, als die Schlinge zu ihm hinuntergebaumelt kam. Ja, der Riemen reichte gerade so weit, wie es nötig war, stellte sie fest, das war ein rechtes Glück für diesen Borkalümmel.

■ **Freundschaft.** Erzählt euch gegenseitig, wie bei euch Freundschaften begonnen haben.
Unterhaltet euch in einem Schreibgespräch, was für euch eine Freundin bzw. ein Freund ist. Was würdest du deinem Freund, deiner Freundin von Herzen wünschen? Schreibe ihm oder ihr das.

■ **Ronja und Birk.** Wie findest du das Verhalten von Ronja und Birk? Was könnte Birk mit seinem letzten Satz zum Abschied meinen?

»Streif dir die Schlinge über, wenn du kannst«, sagte sie. »Aber klettre erst los, wenn ich rufe! Nicht früher!«
Der Blitz, der in jener Nacht ihrer Geburt eingeschlagen hatte, hatte auch einen Steinblock aus der Mauerkrone gerissen. Nun lag dieser Brocken recht günstig nur ein kleines Stück vom Rand der Schlucht entfernt. Ronja warf sich dahinter platt auf den Bauch, und dann rief sie: »Los jetzt!«
Gleich darauf spürte sie, wie sich der Riemen um ihren Bauch schnürte. Es tat weh. Jeder Ruck am Riemen, wenn Birk höherkletterte, ließ sie aufstöhnen. Bald breche ich wohl mittendurch wie die Mattisburg, dachte sie und biss die Zähne zusammen, um nicht zu schreien. Plötzlich ließ der Druck nach, und da stand Birk und sah auf sie hinunter. Sie war liegen geblieben, um auszuprobieren, ob sie noch atmen konnte. Er sagte: »Aha, hier liegst du also!«
»Ja, hier liege ich«, sagte Ronja. »Bist du jetzt fertig mit dem Gehopse?« »Nein, einmal muss ich noch springen. Um auf die richtige Seite zu kommen. Ich muss ja heim in die Borkafeste, ist doch klar!«
»Nimm aber erst meinen Lederriemen ab«, sagte Ronja und sprang auf. »Mit dir will ich nicht länger als unbedingt nötig zusammengebunden sein.«
Er schlüpfte aus der Schlinge. »Nein, versteht sich«, sagte er. »Aber von jetzt an bin ich vielleicht trotzdem an dich gebunden. Auch ohne Riemen.« ...

Astrid Lindgren

Der Mensch soll nicht allein sein

Gleich am Anfang der Bibel steht eine anschauliche Geschichte von der Erschaffung der Welt und des Menschen. Darin heißt es, nachdem Gott den Menschen erschaffen hat:

Dann sprach Gott, der Herr: Es ist nicht gut, dass der Mensch allein bleibt. Ich will ihm eine Hilfe machen, die ihm entspricht.
Gott, der Herr, formte aus dem Ackerboden alle Tiere des Feldes und alle Vögel des Himmels und führte sie dem Menschen zu, um zu sehen, wie er sie benennen würde. Und wie der Mensch jedes lebendige Wesen benannte, so sollte es heißen. Der Mensch gab Namen allem Vieh, den Vögeln des Himmels und allen Tieren des Feldes. Aber eine Hilfe, die dem Menschen entsprach, fand er nicht. Da ließ Gott, der Herr, einen tiefen Schlaf auf den Menschen fallen, sodass er einschlief und ... baute aus (einer) Rippe, die er vom Menschen genommen hatte, eine Frau und führte sie dem Menschen zu. Und der Mensch sprach: Das endlich ist Bein von meinem Bein und Fleisch von meinem Fleisch.

Gen 2,18-25

- **Der Mensch in der Schöpfungserzählung.** Lege eine Tabelle mit zwei Spalten an. Schreibe in die linke Spalte, was Gott, in die rechte Spalte, was der Mensch tut.
  Erkläre, wie der Mensch sich den Tieren gegenüber verhält und warum sie ihm als Gefährten nicht ausreichen.

- **Gott und Mensch.** Betrachte noch einmal deine Tabelle: Suche jeweils drei bis fünf Adjektive, mit denen du Gott bzw. den Menschen beschreiben kannst.

- **Namen.** Welche Bedeutung haben Namen und der Namensgeber (Mensch) in dieser Erzählung?
  Erkläre die Bedeutung von Namen, die dir wichtig sind (auch von Spitznamen). Was sagen sie aus?

- **Nicht allein.** Wie fühlst du dich, wenn du allein bist? Wann bist du es gern und wann möchtest du mit anderen zusammen sein? Stelle zusammen, wann dich eine Gruppe oder Clique einschränkt und dir hinderlich ist, und was du dir ohne eine Gruppe oder Clique nicht vorstellen kannst. Wann fühlst du dich in einer Gruppe/Clique wohl, wann unwohl?
  Diskutiert: Gibt es Gruppen, die in der persönlichen Entwicklung schaden?

Claudia hat heute Geburtstag. Als sie von der Schule kommt, wird sie von ihrer Mutter, die sich heute freigenommen hat, herzlich begrüßt. Küche und Esszimmer sind fest verschlossen. »Lass dich überraschen!«, macht die Mutter Claudia neugierig. Als auch der Vater und ihr Bruder nach Hause kommen, lüftet sie das Geheimnis: Sie hat den Tisch festlich gedeckt und mit Blumen und Kerzen geschmückt. Außerdem gibt es ein Festessen mit allen Lieblingsgerichten von Claudia. Bis spät in den Nachmittag sitzt die Familie beieinander, macht Urlaubspläne und erzählt sich lustige Geschichten.

Es waren verschiedene Schicksalsschläge, die schließlich dazu führten, dass Richard obdachlos wurde und seitdem auf der Straße lebt. Er bettelt sich zusammen, was er zum Leben braucht. Einmal am Tag jedoch macht er sich auf den Weg zum Kloster der Ursulinen. Diese haben eine kostenlose Mittagsspeisung für die Obdachlosen eingerichtet, die in einem einfachen, aber geheizten Speisesaal stattfindet. Zwei Ordensschwestern bedienen die Obdachlosen und haben immer auch ein gutes Wort für sie. Für Richard schmecken der Eintopf und das Brot, das es zumeist gibt, so köstlich wie ein Festmahl!

Nach der Schule stürmt Leon mit ein paar Freunden zum nächsten Fast-Food-Restaurant, aber die Schlange an der Kasse ist schon wieder so lang, dass sie fast eine Viertelstunde warten müssen. Jeder schnappt sich ein Tablett mit Fritten, einem Hamburger und einer Cola. Sie suchen sich einen Platz an einem der Stehtische und verputzen in Windeseile mitten im Gewühl ihr Mittagessen, wobei sie noch über einige Erlebnisse vom Vormittag witzeln. Ihnen schmeckt's.

- **Mahlzeit!** Beurteilt die Situationen in den drei Textbeispielen und auf dem Bild nach den Kriterien »Dauer«, »Sättigung«, »Genuss«, »Gemeinschaft« und »Stimmung«.
  Für jeden Aspekt gibt es einen Stern (*), im besten Fall kann also ein »Essensbeispiel« alle fünf Sterne erhalten. Vergleicht eure Ergebnisse und überlegt, was bei einer gemeinsamen Mahlzeit wichtig ist.

Miteinander essen

Auguste Renoir, 1881

Unsere Klassengemeinschaft

Schon im ersten Kapitel habt ihr euch Gedanken über eure Klasse bzw. eure Religionsgruppe gemacht. Jetzt kennt ihr euch wahrscheinlich schon mehr – manche besser, manche schlechter. Vielleicht haben sich auch schon unterschiedliche Gruppen gebildet. Manche dieser Gruppen verstehen sich untereinander eher besser, manche können sich nicht ausstehen. Die Mädchen haben oft andere Interessen als die Jungen, einige eurer Mitschülerinnen und Mitschüler sind vielleicht sehr modisch gekleidet und besitzen sehr viel, anderen scheint das Aussehen egal zu sein. Cliquen bilden sich, die sich für angesagter als die anderen halten, über die anderen lästern und sich gegenseitig bestärken. Trotzdem scheint es interessant zu sein, die anderen, die doch eigentlich so gar nichts mit einem selbst zu tun haben, zu beobachten und sich mit ihnen zu vergleichen. Vielleicht wäre es interessant, sie auch besser kennenzulernen, denn häufig be- und verurteilen wir andere, ohne sie richtig zu kennen. Oft gibt es auch Streit in der Klasse, der unterschiedlich heftig, manchmal sogar körperlich ausgetragen wird. Dennoch ist die Klasse eine Gruppe, in der es auf jeden und jede ankommt und in der ihr einige Zeit miteinander auskommen müsst. Auf dieser Doppelseite habt ihr Gelegenheit, euch Gedanken über dieses »Gruppengebilde« zu machen. Im weiteren Verlauf der Lernlandschaft findet ihr Spiele und Übungen, mit denen ihr ausprobieren könnt, euch besser kennenzulernen und, wenn es Auseinandersetzungen gibt, euch gewinnbringend miteinander zu streiten.
Probiert es aus!

■ **Unser Klassenhaus.** Zeichnet die Umrisse des Schulhauses auf dieser Seite auf ein großes Plakat. Jede und jeder von euch überlegt sich nun, was er oder sie besonders gut kann und schreibt es auf.
Besprecht anschließend gemeinsam, welche eurer Fähigkeiten in eurer neuen Klasse gebraucht werden könnte. Einigt euch auf besonders wichtige, ohne die es in eurer Klasse nicht funktionieren würde und solche, die zwar nicht so wichtig sind, aber eurer Gemeinschaft erst so richtig Pepp geben. Schreibt die einen Fähigkeiten in »Steine« für das Fundament des Hauses oder in Säulen. Die anderen könnt ihr in die übrigen Steine schreiben. Schneidet nun eure »Steine« aus Papier aus und klebt sie an die entsprechenden Stellen in eurem »Klassenhaus«.

■ **Unsere Ziele.** Formuliert Ziele und erstellt daraus ein gemeinsames Plakat mit den Zielen für eure Klasse.

Ein Netz knüpfen

2. *Jeder fängt ins eigene Netz,*
versucht einzufangen, was zu fangen ist.
Wer denkt da an Frieden, wer denkt an Schalom?
Wir knüpfen ...
3. *Einer hängt im fremden Netz,*
versucht noch zu retten, was zu retten ist.
Er denkt an den Frieden, er denkt an Schalom.
Wir knüpfen ...
4. *Wir zappeln im alten Netz,*
versuchen zu tragen, was zu tragen ist.
Wir suchen den Frieden, wir suchen Schalom.
Wir knüpfen ...
5. *Wir knüpfen ein neues Netz,*
verbinden, was für Frieden ist.
Wir bringen den Frieden, wir bringen Schalom.
Wir knüpfen ...

■ **Beziehungsnetz.** Setzt euch in einen Stuhlkreis. Jemand nimmt ein Wollknäuel, hält ein Stück des Fadens fest, wirft es jemand anderem zu und nennt dabei dessen oder deren Namen. Dieser oder diese hält ebenfalls ein Stück des Fadens fest und wirft das Wollknäuel einem Drittem zu usw. So entsteht in der Stuhlkreismitte nach und nach ein Fadennetz. Sprecht darüber:
Was hält das Netz stabil, was löst es auf?
Eure Klassengemeinschaft lässt sich mit dem Netz vergleichen. Was festigt euer Klassennetz, was bringt es in Gefahr?

Schulordnung
aus dem 19. Jahrhundert

§ 1 Die Kinder haben pünktlich, zur bestimmten Zeit, an Körper und Kleidung reinlich und anständig und mit den erforderlichen Schulsachen versehen in dem Schulzimmer zu erscheinen, sich sofort an ihre Plätze zu setzen und alles zum Unterricht Nöthige in Bereitschaft zu legen.

§ 3 Während des Unterrichts sollen die Schüler still, ruhig, in gerader und anständiger Haltung auf ihren Plätzen sitzen, die Hände auf den Tisch legen und sich mit den Füßen ruhig auf dem Boden halten. Alles, was den Unterricht hemmt und stört, wie Essen, Spielen, Scharren oder Stampfen mit den Füßen, Schwätzen, Lachen, eigenmächtiges Verlassen des Platzes, ist untersagt. Hat ein Kind während des Unterrichts dem Lehrer etwas zu sagen oder ihn um etwas zu bitten, so gibt es, bevor es spricht, ein Zeichen mit dem Finger.

§ 5 Die Schüler sollen ihre volle Aufmerksamkeit dem Lehrer oder bei mittelbarem Unterricht ihren schriftlichen Arbeiten zuwenden. Beim Aufsagen, Lesen und Singen sollen sie stehen; ihre Antworten sollen sie in gerader Haltung des Kopfes laut, lautrein, wohlbetont und möglichst in ganzen Sätzen geben. Beim Schreiben und Zeichnen sollen sie aufrecht sitzen, die Brust nicht an den Tisch andrücken, noch den Körper stark vorwärts biegen.

§ 8 Die Tafeln, Hefte und Bücher der Kinder sollen reinlich und in guter Ordnung gehalten, die ersteren insbesondere mit einem Schwämmchen oder mit einem Selbandwickel versehen sein.

§ 11 In allen anderen Fällen, namentlich bei der Verwendung der Kinder zu häuslichen oder gewerblichen Geschäften, ist die Versäumniß des Unterrichts nur nach vorher eingeholter Erlaubniß gestattet.

§ 12 Kein Schüler soll den geordneten Gottesdienst versäumen. In der Kirche sollen die Kinder eingedenk der Heiligkeit des Ortes ein anständiges, gesittetes und gottesfürchtiges Verhalten zu erkennen geben.

§ 13 Nach dem Schlusse der Schule verlassen die Kinder bankweise, ohne Lärm und in guter Ordnung das Zimmer und gehen ruhig und anständig ihres Weges.

§ 17 Niemals dürfen die Kinder fremdes Eigentum nehmen oder verderben. Das Quälen der Thiere, das Ausnehmen von Vogelnestern, das Einfangen von Vögeln und das Beschädigen der Bäume und anderer Gewächse ist verboten, ebenso das Tabakrauchen und die Anschaffung von Feuerwerkskörpern, Streichzündhölzchen und anderen leicht entzündlichen und gefährlichen Gegenständen.

§ 18 Fluchen, Schimpfen, Schlagen, Werfen, Nachspringen nach Fuhrwerken, Anhängen oder unbefugtes Aufsitzen auf solche darf nicht vorkommen. Nach dem Abendgebetläuten sollen sich Schulkinder nicht mehr zwecklos auf den Straßen und öffentlichen Plätzen umhertreiben.

- **Schulordnung.** Vergleiche die abgedruckte Schulordnung aus dem 19. Jahrhundert mit der Hausordnung deiner Schule und finde Gemeinsamkeiten und Unterschiede heraus. Diskutiert in der Gruppe, welche Regeln euch sinnvoll erscheinen und welche nicht.

- **Familie.** Tauscht euch in der Gruppe darüber aus, in welchen Bereichen bei euch Zuhause bestimmte Regeln gelten (gemeinsame Mahlzeiten, Zu-Bett-Gehen, Taschengeldregelungen etc.). Diskutiert darüber, welche Regeln ihr für sinnvoll haltet und welche nicht.

Wir brauchen Regeln

Regeln gehören zu einem harmonischen Zusammenleben. Viele Regeln befolgen wir automatisch, weil wir es schon immer so gemacht haben. Andere müssen wir uns immer wieder ins Gedächtnis rufen, weil sie entweder neu für uns sind oder weil sie uns nicht so recht passen – wir lassen sie dann gerne aus Bequemlichkeit weg. Wir sollten uns Regeln aber auch immer wieder genau anschauen und überlegen, ob sie in der gegenwärtigen Situation noch sinnvoll sind. Denn wenn eine Gruppe von Menschen in eine neue Situation gerät, müssen oft neue Regeln gefunden und ausprobiert werden.

■ **Welche Regeln?** Sucht für jede »Art« von Regeln Beispiele. Welche Regeln sind in eurer Klasse absolut notwendig, welche wünschenswert?
Erstellt eine Rangliste von fünf bis sieben Regeln nach Wichtigkeit. Schreibt sie auf ein Plakat und hängt sie in eure jeweiligen Klassenzimmer. Weist euch gegenseitig auf die Einhaltung eurer Regeln hin.

Es gibt von Gruppe zu Gruppe unterschiedliche Regeln. Auch die Angehörigen verschiedener Kulturkreise regeln ihr Verhalten sehr unterschiedlich. Es gibt jedoch eine Regel, die sich in fast allen Kulturen findet – das ist die sogenannte »Goldene Regel«.

Eine einzige Regel – verschiedene Formulierungen

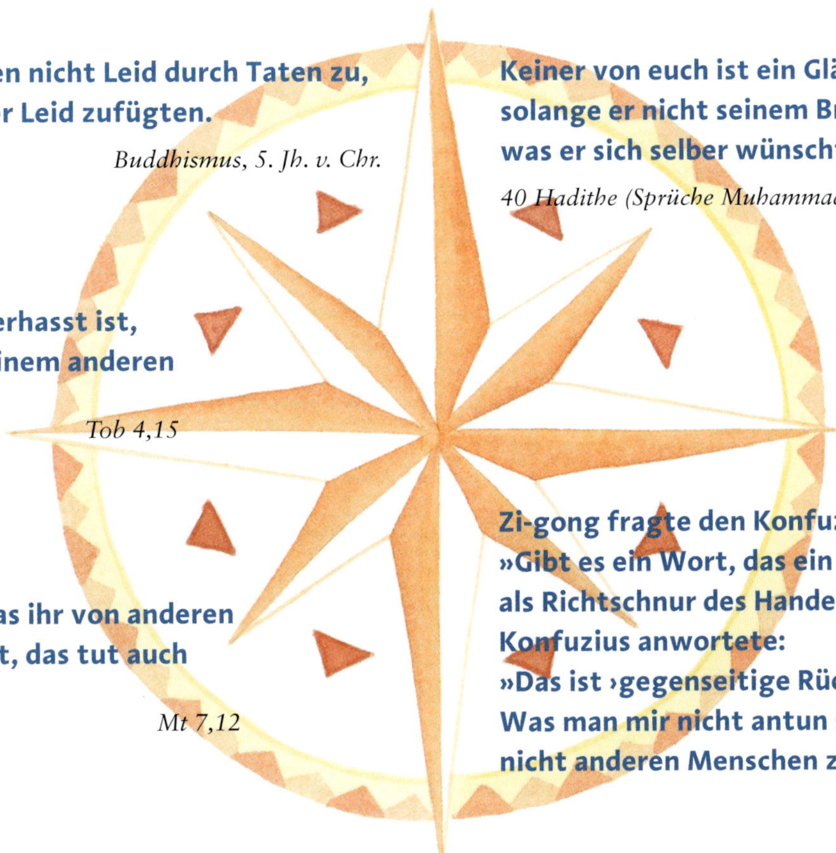

Füge anderen nicht Leid durch Taten zu, die dir selber Leid zufügten.

Buddhismus, 5. Jh. v. Chr.

Keiner von euch ist ein Gläubiger solange er nicht seinem Bruder wünscht, was er sich selber wünscht.

40 Hadithe (Sprüche Muhammads) von an-Nawawi 13

Was dir selbst verhasst ist, das mute auch einem anderen nicht zu.

Tob 4,15

Alles, was ihr von anderen erwartet, das tut auch ihnen.

Mt 7,12

Zi-gong fragte den Konfuzius:
»Gibt es ein Wort, das ein ganzes Leben lang als Richtschnur des Handelns dienen kann?«
Konfuzius anwortete:
»Das ist ›gegenseitige Rücksichtnahme‹. Was man mir nicht antun soll, will ich auch nicht anderen Menschen zufügen.«

China, 6. Jh. v. Chr.

■ **Goldene Regel.** Eine »Goldene Regel« für das Zusammenleben von Menschen gibt es in allen Kulturen und Religionen. Sprecht über die Unterschiede in den Formulierungen. Welche dieser Formulierungen würdet ihr als »Goldene Klassenregel« übernehmen?

Die Zehn Gebote

Schon immer haben Menschen die Erfahrung gemacht, dass Gruppen Regeln für ein gutes Zusammenleben brauchen. So auch das Volk Israel, das nach biblischer Überlieferung vor über 3000 Jahren aus der Sklaverei in Ägypten befreit wurde. Auch während dieser Zeit hatten sie sich an Regeln gehalten, die ihr Zusammenleben und das Verhältnis zu ihrem Gott bestimmten. Doch die Befreiungstat Gottes bestimmte das Verhältnis Gottes zu seinem Volk grundlegend neu. Sichtbares Zeichen hierfür sind die Zehn Gebote. Die Einhaltung dieser Gebote (griech. *Dekalog* = »Zehnwort« oder zehn Weisungen) ermöglichte Israel ein harmonisches Zusammenleben untereinander und ein ehrfürchtiges und dankbares Verhältnis zu ihrem Gott.

Dann sprach Gott alle diese Worte:

Ich bin Jahwe, dein Gott, der dich aus Ägypten geführt hat, aus dem Sklavenhaus.
Du sollst neben mir keine anderen Götter haben.
Du sollst dir kein Gottesbild machen und keine Darstellung von irgendetwas am Himmel droben, auf der Erde unten oder im Wasser unter der Erde.
Du sollst dich nicht vor anderen Göttern niederwerfen und dich nicht verpflichten, ihnen zu dienen. Denn ich, der Herr, dein Gott, bin ein eifersüchtiger Gott: Bei denen, die mir Feind sind, verfolge ich die Schuld der Väter an den Söhnen, an der dritten und vierten Generation; bei denen, die mich lieben und auf meine Gebote achten, erweise ich Tausenden meine Huld.
Du sollst den Namen des Herrn, deines Gottes, nicht missbrauchen; denn der Herr lässt den nicht ungestraft, der seinen Namen missbraucht.
Gedenke des Sabbats: Halte ihn heilig! Sechs Tage darfst du schaffen und jede Arbeit tun. Der siebte Tag ist ein Ruhetag, dem Herrn, deinem Gott, geweiht. An ihm darfst du keine Arbeit tun: du, dein Sohn und deine Tochter, dein Sklave und deine Sklavin, dein Vieh und der Fremde, der in deinen Stadtbereichen Wohnrecht hat. Denn in sechs Tagen hat der Herr Himmel, Erde und Meer gemacht und alles, was dazugehört; am siebten Tag ruhte er. Darum hat der Herr den Sabbattag gesegnet und ihn für heilig erklärt.
Ehre deinen Vater und deine Mutter, damit du lange lebst in dem Land, das der Herr, dein Gott, dir gibt.
Du sollst nicht morden.
Du sollst nicht die Ehe brechen.
Du sollst nicht stehlen.
Du sollst nicht falsch gegen deinen Nächsten aussagen.
Du sollst nicht nach dem Haus deines Nächsten verlangen.
Du sollst nicht nach der Frau deines Nächsten verlangen, nach seinem Sklaven oder seiner Sklavin, seinem Rind oder seinem Esel oder nach irgendetwas, das deinem Nächsten gehört.

■ **Collage.** Suche Zeitungsmeldungen, die mit einem oder mehreren der Zehn Gebote in Bezug gesetzt werden können. Erstelle eine Collage.

■ **Gebote der Freiheit.** Ordne die Gebote drei Gruppen zu.

1. Gebote, die auf die Freiheit Gottes setzen = Gebote für Menschen, die mit Gott in Frieden leben wollen.
2. Gebote, die auf die Freiheit der Menschen in der Gemeinschaft bezogen sind = Gebote für Menschen, die mit anderen in Frieden leben wollen.
3. Gebote, die auf die Freiheit des einzelnen bezogen sind = Gebote für Menschen, die bereit sind, mit sich selbst in Frieden zu leben.

Erstelle eine eigene Reihenfolge der Gebote nach Wichtigkeit. Vergleiche deine jeweilige Anordnung mit der anderer.

Du sollst nicht stehlen?!

Schwarzfahren schadet doch niemandem …

In der großen Pause gestern schon wieder drei Stühle geschrottet … Die sollten endlich mal was Stabileres anschaffen.

Drei Euro aus dem Portemonnaie meiner Mutter – die merkt das sowieso nicht …

Keith Haring, 1985

Gut, dass Tina gestern alle Vokabeln konnte! Hab' beim Test alles bei ihr abgeschrieben – hatte mal wieder keine Zeit zum hirnlosen Pauken …

Fünf ausgeliehene Comics in meinem Bücherregal beim Aufräumen entdeckt. Macht nichts! Jan hat noch nicht danach gefragt …

Super, die Auswahl von Marcos Computerspielen. Kopier' ich mir alle …

Ein völlig überteuerter Lidschatten aus dem Drogeriemarkt – schnell eingesteckt – selber schuld bei diesen Preisen …

■ **Meins oder deins oder unseres?** Beurteilt in Partnerarbeit die oben stehenden Aussagen nach folgendem Raster:
0 = verstößt nicht gegen das siebte Gebot;
1 = verstößt leicht gegen das siebte Gebot;
2 = verstößt schwer gegen das siebte Gebot.
Vergleicht und diskutiert eure Ergebnisse. Findet ihr weitere »Klau-Beispiele«?

Das Doppelgebot der Liebe

Die Frage, welches das wichtigste Gebot ist, haben sich schon viele Menschen gestellt.
Einige sagten: »Du sollst nicht töten!« ist das wichtigste Gebot, weil das Leben dadurch geschützt wird. Andere sagten: »Du sollst nicht stehlen!« ist das wichtigste Gebot, weil sonst jeder nimmt, was er will. Manche meinten auch: »Du sollst den Feiertag heiligen!« ist am wichtigsten, weil man sonst nie zur Ruhe kommt.
Einmal fragte ein gelehrter Mann Jesus nach seiner Meinung zu den Zehn Geboten. Der Gelehrte kannte sich in den Überlieferungen der Väter genau aus. Er war sehr darauf bedacht, alle Gebote genau einzuhalten. Mit seiner Frage allerdings wollte er Jesus prüfen. Er dachte: Alle Gebote sind doch gleich wichtig. Wenn ich jetzt nach dem wichtigsten Gebot frage und Jesus eines besonders herausstellt, dann zeigt er damit, dass er über die Gebote nicht richtig nachgedacht hat.

Du sollst den Herrn,
deinen Gott,
lieben mit ganzem Herzen,
mit ganzer Seele
und mit all deinen Gedanken.
Du sollst deinen Nächsten
lieben wie dich selbst.

Mt 22,37.39

Umgeben von einigen Menschen, mit denen Jesus geredet hatte, fragte der Gelehrte: »Lehrer, welches ist das wichtigste Gebot des Gesetzes?«
Jesus schaute ihn lange an und antwortete dann: »Du sollst den Herrn, deinen Gott, lieben von ganzem Herzen, von ganzer Seele und mit all deiner Kraft. Dies ist das höchste und größte Gebot. Das andere aber ist dem gleich: Du sollst deinen Nächsten lieben wie dich selbst.«
Auf diese Antwort konnte der Gelehrte nichts mehr sagen. Lange noch stand er da und dachte über diese Antwort Jesu nach.

Nach Mt 22,34-40

Nächstenliebe

Wer ist eigentlich »mein Nächster«? Und was heißt es ganz konkret, seinen Nächsten zu lieben? Das ist eine Frage, die sich am besten durch ganz konkrete Beispiele beantworten lässt. Jesus hat sich den Fragen seiner Zuhörer gestellt und ihnen das Gleichnis vom barmherzigen Samariter erzählt (Lk 10,25-37).
Und wie lassen sich die beiden Fragen für uns heute beantworten?

»Die nächste Mail schreib ich dir aus der Klinik ...«

Ich möchte hier keinen unrealistischen, mitleiderregenden und auf die Tränendrüsen drückenden Artikel über ein krebskrankes Mädchen schreiben – davon gibt es schon viel zu viele ... Ich möchte euch etwas erzählen, das genau so passierte, wie ich es hier schildern werde, um euch zu zeigen, dass man todkranken Menschen manchmal schon durch etwas so Normales wie E-Mails helfen kann, sich nicht aufzugeben und um das Leben zu kämpfen.
Alles fing damit an, dass Dr. Ralf Filipp – ein guter Freund unserer Familie und Arzt – im letztjährigen Konzert zugunsten der José Carreras-Leukämie-Stiftung von einem leukämiekranken Mädchen erzählte, das auf seiner Homepage über seine Krankheit schrieb. Da mich dieser Vortrag sehr beeindruckte, bat ich Ralf um eine Möglichkeit, mit dem Mädchen in Kontakt zu treten. Er gab mir ihre E-Mail-Adresse. Das Mädchen hieß Noreen, war 16 Jahre alt und wohnte in Münster. Seit ihrem 15. Lebensjahr litt sie an akuter Leukämie.
Noch am selben Tag, an dem ich die Adresse bekam, setzte ich mich abends vor den Computer und versuchte Noreen eine Mail zu schreiben. Das war aber gar nicht so einfach, weil ich natürlich einen einigermaßen netten Eindruck machen und mich nicht gleich blamieren wollte. Außerdem hatte ich ja gar keine Erfahrungen damit, wie man mit

■ **Nur ein Gebot.** Wie begründen die Menschen in der Geschichte »Das Doppelgebot der Liebe« die besondere Bedeutung »ihres« Hauptgebotes? Vergleicht diese Begründungen mit eurer Reihenfolge der Zehn Gebote.
Was war für euch das wichtigste Gebot, und wie habt ihr das begründet?
Stellt die beiden Teile von Jesu Hauptgebot der Liebe (Mt 22,37.39) nebeneinander und ordnet die Zehn Gebote diesen beiden Teilen zu.

Leukämiekranken umgeht, und ich wusste auch nicht, wie Noreen auf meine Fragen reagieren würde und was ich überhaupt fragen durfte und was nicht. Wie man sich wahrscheinlich vorstellen kann, war ich ganz schön aufgeregt, als gleich am nächsten Tag eine Antwort von ihr kam. Noreens erste Mail war ziemlich witzig und sie machte sofort einen sympathischen Eindruck auf mich.

… Bitte, bitte sag nicht, dass du dir ganz sicher bist, dass ich wieder gesund werde. Natürlich hoffe ich das auch, aber wirklich sicher kann man sich nicht sein. Eine meiner Freundinnen sagt es auch, um mich zu beruhigen. Vielleicht sagt sie es auch, um sich selbst zu beruhigen. Nein, niemand weiß es, und das macht es auch so schlimm. Wenn es mir schlecht geht, frage ich mich oft, ob es sich überhaupt lohnt. Wenn ich hundertprozentig wüsste, dass der Krebs mal weggeht, dann wäre alles viel leichter. Bitte sei mir nicht böse, dass ich das jetzt geschrieben habe, okay? Die nächste Mail schreibe ich dir aus der Klinik.

Bis bald und viele Grüße!
Deine Noreen

… Bei mir dreht sich im Augenblick leider alles nur um diese scheiß Krankheit und wenn ich dann deine Mails lese, weiß ich dann, dass es eigentlich genau das ist, was ich wieder will ... nervige Lehrer in der Schule, mit Freunden etwas unternehmen, dort übernachten, einfach wieder LEBEN. Wenn ich das dann so bei dir lese, wird der Wunsch, dies alles auch wieder tun zu können, noch viel größer. Auch wenn ich dir das noch nicht gesagt habe, aber du verstärkst mit deinen Mails meinen Willen, diese Normalität wieder zu erreichen!

… Es ist zwar sehr anstrengend, weil ich nicht richtig sitzen kann, aber ich möchte dir jetzt unbedingt schreiben. Ach Mann, Leah, ich habe mich über jede einzelne Mail so gefreut und konnte nicht zurückschreiben. Weißt du was? Ich habe 400 Leukos! Die Zellen sind angewachsen. Oh Leah, wenn das so weitergeht, komme ich vielleicht bald aus dem Schleusenzimmer raus. Ich bin auf dem Weg gesund zu werden. Na, wie findest du das? Ich fühle mich zwar noch sehr schwach, aber ich bin richtig glücklich. Du hast mir immer und immer wieder geschrieben und meine Mutter hat mir die letzten Mails alle vorgelesen, weil ich noch nicht mal mehr lesen konnte. Du hast mich aber trotzdem nicht vergessen, obwohl ich nicht zurückgeschrieben habe. Ach Leahchen, immer wenn meine Mutter vorgelesen hat, habe ich in Gedanken alles nachvollzogen. Manchmal habe ich auch geheult, als ich gehört habe, was du so alles gemacht hast. Ich war dann unheimlich traurig, weil ich hier liegen musste und nichts tun konnte. Das hat mir Kraft gegeben, denn durch deine Mails hast du mir gesagt, dass ich all das nicht mehr erleben kann, wenn ich mich aufgebe. Du glaubst gar nicht, was du durch deine Mails alles bei mir ausgelöst hast. Ich danke dir dafür! – Jetzt schreibe ich dir wieder öfter, denn ich hoffe ganz doll, dass es mir mit jedem Tag besser geht.

Deine Noreen

Einige Wochen hörte ich nichts mehr von Noreen. Zirka einen Monat später bekam ich von Noreens Freundin die für mich unbegreifliche Antwort auf meine Fragen …

Wie soll ich es dir sagen? Erst ging es Noreen ja besser, aber dann hat sie Fieber bekommen und die Untersuchung des Knochenmarks hat ergeben, dass es wieder neue Krebszellen gab. Es ging ihr jeden Tag schlechter, und dann ist sie gestorben ...

Dass ich darüber sehr traurig war und auch immer noch bin und dass ich das alles eigentlich immer noch nicht richtig fassen kann, brauche ich euch hier sicher nicht zu erzählen. Im Nachhinein bin ich aber ganz, ganz froh, Noreen kennengelernt zu haben, und ich habe mich schon über jede einzelne Mail von Noreen so gefreut, dass ich keine Sekunde unserer Freundschaft irgendwie bereut hätte. Ich bin mir sicher, dass ich Noreen niemals vergessen werde!!!

Aus: Zartbitter. Schülerzeitung des Gymnasiums Niedernburg, Passau

- **Zum Beispiel Leah Spitzenpfeil.** Wie kam Leah dazu, mit Noreen Kontakt aufzunehmen, und was waren ihre Befürchtungen?
  Lies die Auszüge aus Noreens Mails genau: Was haben Leahs Mails bei Noreen bewirkt?
  Informiert euch über Beispiele von Nächstenliebe bei euch vor Ort oder im Internet, z. B. unter www.ktf.uni-passau.de/local-heroes.

Begegnen – wahrnehmen – sich verstehen

Oft ist es ganz schön schwer, andere zu verstehen oder sich anderen verständlich zu machen. Du erlebst es sicher oft auch bei Erwachsenen, dass sie aneinander vorbeireden, ohne wirklich aufeinander einzugehen.
Die Fähigkeit, andere wahrzunehmen und zu verstehen, kann man einüben. Auf dieser Doppelseite findest du Regeln und Übungen, mit denen du es dir erleichtern kannst, andere zu verstehen und dich selbst verständlich zu machen.

Menschen wahrnehmen

Erinnerst du dich noch an deinen ersten Schultag am Gymnasium? Alles war neu – das Gebäude, die Klassenzimmer – und vor allem auch die Menschen – Klassenkameradinnen und Klassenkameraden, Lehrerinnen und Lehrer. Der erste Eindruck, die erste Wahrnehmung macht da viel aus: Wie guckt der? Die sieht aber freundlich aus! Haben die zwei aber abgedrehte Jeans an! Und meinen neuen Banknachbarn – den kann ich einfach nicht riechen!
Wir drücken viel mit unserem Gesicht und dem übrigen Körper aus. Man nennt das Körpersprache. Einiges davon setzen wir bewusst ein, vieles von unserer Körpersprache ist uns bei uns und bei anderen gar nicht bewusst. Trotzdem reagieren wir und die anderen auch auf diese nonverbalen (= nichtsprachlichen) Ausdrucksformen. Es ist für ein besseres Verstehen oft hilfreich, wenn wir uns unsere eigene und die Körpersprache der anderen klarmachen.

- **Ohne Worte.** Teile den anderen nur mit deinen Blicken mit: »Ich bin wütend!« oder »Ich bin traurig!« oder »Ich bin glücklich!«
  Teile den anderen nur mit deiner Mimik mit: »Komm her!« oder »Du bist nett!«
  Teile den anderen nur mit deiner Gestik mit: »Mit mir nicht!« oder »Ich habe gewonnen!« oder »Geschieht dir ganz recht!«
  Teile den anderen nur mit deiner Körperhaltung mit: »Ich bin der bzw. die Größte!« oder »Ich habe Angst!« oder »Ich will im Unterricht nicht drankommen!«
  Erfinde noch mehr Anlässe, in denen man anderen etwas nonverbal mitteilt, und stelle es dar. Die anderen aus der Klasse sollen raten, was du jeweils dargestellt hast.

- **Das Bild erweitern.** Stelle eine Umrisszeichnung vom Bild auf S. 65 her und schreibe in Gedankenblasen, was die beiden denken könnten.
  In welche andere Umgebung würdest du deine beiden Figuren stellen? Male ein entsprechendes Bild mit den beiden Figuren.

Anton Räderscheidt, 1921

■ **Bildbegegnung.** Beschreibe das Bild genau: die Personen, ihre Kleidung, ihre Körperhaltung, die Mimik der Frau. Welchen Gesichtsausdruck könnte der Mann haben?

Die beiden Fuhrleute

Zusammenleben war noch nie einfach – schließlich müssen eigene Interessen und die berechtigten Ansprüche der anderen in Einklang gebracht werden. Das fällt Jung und Alt schwer. Die folgende Geschichte hat der Schweizer Schriftsteller Johann Peter Hebel (1760-1826) geschrieben:

Zwei Fuhrleute begegneten sich mit ihren Wagen in einem Hohlweg und konnten einander nicht gut ausweichen. »Fahre mir aus dem Wege!«, rief der eine. »Ei, so fahre du mir aus dem Wege!«, rief der andere. »Ich will nicht!«, sagte der eine. »Ich brauche nicht!«, sagte der andere. Weil keiner nachgab, kam es zu heftigem Zank und zu Scheltworten.
»Höre, du«, sagte endlich der Erste, »jetzt frage ich dich zum letzten Mal: Willst du mir aus dem Wege fahren oder nicht? Tust du es nicht, so mache ich es mit dir, wie ich es heute schon mit einem gemacht habe.« Das schien dem andern doch eine bedenkliche Drohung. »Nun«, sagte er, »so hilf mir wenigstens, deinen Wagen ein wenig beiseiteschieben; ich habe ja sonst nicht Platz, um mit dem meinigen auszuweichen!« Das ließ sich der Erste gefallen, und in wenigen Minuten war die Ursache des Streites beseitigt.
Ehe sie schieden, fasste sich der, der aus dem Wege gefahren war, noch einmal ein Herz und sagte zu dem andern: »Höre, du drohtest doch, du wolltest es mit mir machen, wie du es heute schon mit einem gemacht hättest! Sage mir doch, wie hast du es mit dem gemacht?«
»Ja, denke dir«, sagte der andere, »der Grobian wollte mir nicht aus dem Wege fahren, da – fuhr ich ihm aus dem Wege!«

■ **Nachgeben oder sich durchsetzen?** Sprecht in der Klasse über ähnliche Situationen, in denen es um Nachgeben oder Sich-Durchsetzen geht. Stellt Streitregeln zusammen, nach denen beide Streitparteien zufrieden sein können.

■ **Comic.** Male einen Comic zu der Geschichte von den beiden Fuhrleuten mit den »Original-Sprechblasen«. Welcher andere Ausgang der Begegnung wäre möglich gewesen? Male und beschrifte zu diesem anderen Ausgang neue Sprechblasen.
Spielt jeweils zu zweit die beiden Geschichten. Achtet dabei auf die Körperhaltung, die Gestik und Mimik und die Stimme.

Die folgenden Regeln für eine Klassenkonferenz hat eine fünfte Klasse in Ulm aufgestellt:

- Jede Gruppe, die einen Standpunkt vertreten will, sammelt Begründungen dafür.
- Eine Sprecherin oder ein Sprecher trägt den Standpunkt und die Begründungen der Konferenz vor.
- Dann beginnt die Diskussion, an der alle Gruppenmitglieder teilnehmen können. Sie gehen nun auf die Standpunkte und Begründungen anderer Gruppen ein.
- Die Diskussion ist zu Ende, wenn keine neuen Begründungen mehr vorgebracht werden.
- Nun stimmen alle darüber ab, was getan werden soll. Jedes Klassenmitglied hat eine Stimme – auch wenn es keiner Gruppe angehört.

■ **Klassenkonferenz.** Sprecht über die Regeln aus Ulm. Welche Regeln würdet ihr streichen bzw. ergänzen?

■ **Ich- und Du-Botschaft.** Erstelle eine Tabelle in deinem Heft: Schreibe in die erste Spalte beleidigende, verletzende Du-Botschaften, die du selbst schon gesagt hast. Schreibe in die zweite Spalte als Ich-Botschaft das, was du eigentlich von dir sagen wolltest.

Tipps für faires Streiten

- Sei ehrlich!
- Du kannst nur von dir reden, also sprich in der Ich-Form.
- Vermeide Schimpfwörter und Anschreien und überlege dir, bevor du den Mund auftust, was du sagen willst.
- Höre gut auf das, was dein Gegenüber dir zu sagen hat, und lasse ihn oder sie ausreden.
- Versuche, dich in die Situation deines Gegenübers hineinzuversetzen.
- Achte auf die Körpersprache deines Gegenübers und auf deine eigene.
- Mache dir bewusst, was du während des Streites fühlst (Angst, Wut, Überlegenheit, Enttäuschung usw.).
- Einigt euch auf ein Ergebnis, das niemand als Unterlegene oder Unterlegenen dastehen lässt.
- Sei nicht nachtragend.

■ **Schimpf und Schande.** Redet in eurer Klasse über Beschimpfungen und Schimpfwörter im Schulalltag. Welche Erfahrungen habt ihr gemacht?

■ **Konferenz zu einem aktuellen Thema.** Überlegt euch ein brisantes Thema für eine Klassenkonferenz, z. B. das Ziel für euren nächsten Wandertag. Teilt durch Abzählen eure Klasse in zwei Gruppen (eins – zwei). Alle mit der Zahl Eins diskutieren das Thema, die »Zweier« beobachten die Diskussion und machen sich Notizen:
Wer kann seine Meinung äußern?
Wer unterbricht andere, wer wird unterbrochen?
Wer lässt andere Meinungen gelten, wer nicht?
Was sagen die, die andere Meinungen gelten lassen?
Was sagen die, die andere Meinungen nicht gelten lassen?

Wir planen ein Klassenfest:

Welches Motto geben wir ihm? Wer kann was dazu beitragen? (Essen, Getränke, Dekoration, Einladungen schreiben, Programmpunkte gestalten) Wann und wo soll es stattfinden. Wen laden wir ein? Musik und Tanz? Spiele?

Was kann unsere Klasse für andere tun?

Wer könnte unsere Hilfe brauchen? Hat unsere Schule z.B. eine Partnerschule in einem Entwicklungsland? Wollen wir mit Geld, oder mit dem, was wir gut können, helfen? Wie organisieren wir die Hilfe? Welchen Zeitrahmen stecken wir uns?

Welches der Themen in MITTENDRIN 5/6 würdet ihr gerne die zwei Schuljahre hindurch als „fortlaufende Aktivität" gestalten? (Zum Beispiel ein Klassengebetbuch anfertigen, das Kirchenjahr als Plakat gestalten und die einzelnen Feste allmäh-

Wir an unserer Schule:

Diskutiert über eure Schulordnung - was findet ihr berechtigt und welche Punkte seht ihr überhaupt nicht ein?
Was wisst ihr über die Streitschlichter an eurer Schule?

Informiert euch darüber, ob eure Schule ein Leitbild hat: Sprecht darüber.

Verteilt Aufgaben in eurer Klasse. Plant hierbei einen regelmäßigen Wechsel der Aufgaben mit ein.

Was kann eure Klasse für das nächste Schulfest oder eine Weihnachtsfeier beitragen?

Führt mit eurem Klassenlehrer oder eurer Klassenlehrerin regelmäßig ein Gespräch über eure Klassengemeinschaft. Was gefällt euch, was würdet ihr gerne verbessern?

lich einfügen; das Klassenzimmer jahreszeitengemäß und passend zu den kirchlichen Festen schmücken und ausgestalten; eine Zeitleiste von den Anfängen unserer Kirche bis heute anfertigen und immer wieder vervollständigen usw.)

Auf dieser Seite seht ihr einige Personen abgebildet, die nach der Überlieferung der Evangelien Jesus begegnet sind. Auf den nächsten Doppelseiten erzählen diese Personen von ihrer Begegnung mit ihm.
Natürlich ist einiges dieser Erzählungen erfunden. Wenn ihr herausfinden wollt, wie die Bibel diese Begegnungen erzählt, könnt ihr den Hinweisen am Ende der jeweiligen Texte nachgehen.

Ein Einwohner von Nazaret

Ein Blinder aus Jericho

- **Aussagen über Jesus.** Lies die Sprechblasen. Welche der Aussagen interessiert dich am meisten? Suche die dazugehörige Person auf den nächsten Seiten. Mit welcher Person wollt ihr in der Klasse beginnen?

Ein Hauptmann in Jerusalem

JESUS KOMMT AUS

Ein Pharisäer aus Kafarnaum

Eine Frau aus Jerusalem

- **Und du?** Was sagst du über Jesus? Male eine leere Sprechblase in dein Heft und formuliere deine Meinung.

- **Wo Jesus herkommt.** Sammelt Informationen über Israel und Palästina und gestaltet damit ein Poster für euer Klassenzimmer.

NAZARET

Jakobus, ein Verwandter des Jesus aus Nazaret

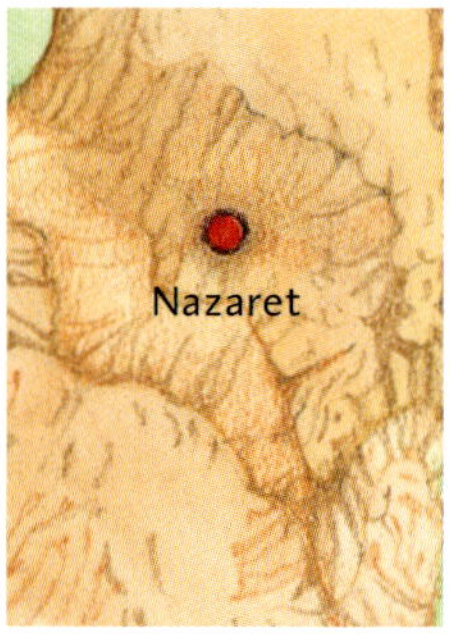

Er war verrückt! Von Sinnen! Dabei sah es zunächst gar nicht so aus. Wir sind zusammen in Nazaret aufgewachsen. Er hat schon recht früh seinen Vater Josef bei der Arbeit geholfen und so, wie es sich gehört, den Beruf des Vaters gelernt. So weit, so gut. Allerdings war da immer schon so ein merkwürdiges Interesse für alles, was mit Gott und der Tora zu tun hat. Als er einmal mit seinen Eltern – ich glaube, er war damals zwölf Jahre alt – nach Jerusalem reiste, um dort das alljährliche Paschafest zu feiern, hat er sich, ohne den Eltern Bescheid zu sagen, in den Tempel begeben und dort mit den Schriftgelehrten diskutiert und ihnen Fragen gestellt. Als Zwölfjähriger im Tempel! Und dann über Gott diskutieren! Als gäbe es für Zwölfjährige nicht ganz andere, spannendere Themen!
Aber jetzt, wo er immerhin schon das reife Mannesalter von 30 Jahren erreicht hat, ist er völlig durchgedreht. Stellt euch einmal vor, euer Bruder oder euer bester Freund würde sich auf den Marktplatz stellen und rufen: »Das Gottesreich ist nahe! Kehrt um und glaubt an meine Worte, sie werden euch froh machen!« Was würdet ihr denken? Was würdet ihr tun? Vermutlich das Gleiche, was meine Brüder und ich getan haben: Wir haben versucht, ihn mit Gewalt zurückzuholen, ihn ins Haus zu ziehen, wo ihn niemand mehr gehört hätte. Es war uns so peinlich, dass er so laut vor allen Leuten solche Worte gesprochen hat! Woher nahm er das Recht? Wir haben sogar schon gehört, wie er Gott mit »Abba« anrief. »Abba«, das sagt man ganz zärtlich zu seinem lieben Papi, wenn man ein kleines Kind ist. Aber doch nicht zu Gott, den Einzigen und Ewigen, dessen Name uns Juden so heilig ist! Und Jesus spricht Gott ganz vertraulich an und meint sogar, sein Reich zu kennen und davon sprechen zu können!
Manchmal denke ich aber auch, woher nimmt er den Mut und die Kraft? Was ist bloß in ihn gefahren, dass er so von Gott besessen ist? Er vergisst in solchen Momenten alles – seine Umgebung, seine Familie, seine Herkunft. Als wir versuchten, ihn zurückzuholen, stieß er uns brüsk zurück mit den Worten: »Wer ist meine Mutter und wer sind meine Brüder?« Und er schaute seine Zuhörerinnen und Zuhörer an und rief ihnen zu: »Ihr, ihr seid meine Schwestern und Brüder, ihr seid meine Familie!« Ich sag's ja: Er spinnt!
Leider ist er jetzt fort aus Nazaret. Wir konnten ihn nicht aufhalten. Nun gut, er hat es ja so gewollt. Gottes Wille, so hat er gesagt, sei ihm wichtiger als unsere Angst. Denn von Gott zu erzählen sei niemals peinlich. »Ihr fürchtet doch nur, dass ich euch blamiere, wenn ich von Gott und seinem Reich erzähle. Aber von Gott erzählen ist niemals peinlich. Und wer Gottes Willen befolgt, der ist mein wirklicher Bruder, meine Mutter, meine Schwester«, sagte er. Was sollen wir bloß tun?
(➤ *vgl. Mt 12,46-50*)

■ **Was tun?** Jakobus fragt sich: Was also tun? Was würdest du ihm antworten? Verfasse einen Brief an ihn.

■ **Gegenüberstellung.** Stelle in einer Tabelle gegenüber, welche Gründe die Familie Jesu zu ihrem Verhalten und was Jesus zu seinem Verhalten bewegt.

■ **Sprechblase.** Überlege, was Jesus mit den Worten in der Sprechblase gemeint hat. Gilt dieser Satz auch heute noch? Suche nach Beispielen.

■ **Wohnen.** Beschreibe, was dir an dem Haus auf dieser Seite auffällt. Vergleiche es mit anderen, dir bekannten Wohnungen.

In einem jüdischen Dorf zur Zeit Jesu

Damals lebten die meisten Menschen in einfachen Häusern aus Lehm- oder Natursteinen. Tiere und Menschen teilten sich einen Raum, der spärlich möbliert war.
Ein großer Teil der Bevölkerung arbeitete auf den Feldern, in Weinbergen, als Fischer oder Viehhirten, aber auch als Handwerker, wie z. B. Zimmermänner, Schmiede, Töpfer und Weber.
Vielen Menschen ging es schlecht: Sie hatten keine regelmäßige Arbeit und verdienten sich ihr Brot durch Gelegenheitsarbeiten als Tagelöhner; andere mussten sich sogar das Nötigste zum Überleben erbetteln.
Die Frauen arbeiteten auf den Feldern und im Haus, wo sie für den Haushalt und die Zubereitung der Mahlzeiten zuständig waren. Diese Tätigkeiten waren körperlich sehr anstrengend, weil es kaum Geräte gab, die die Arbeit erleichterten. Dabei war das Getreide, das zunächst in einer Handmühle zu Mehl gemahlen und dann als Fladenbrot ausgebacken wurde, das Hauptnahrungsmittel.

■ **Ein Haus zur Zeit Jesu.** Auf dieser Seite erfährst du eine ganze Menge über das Leben in Palästina zur Zeit Jesu. Auch aus der Bibel kann man darüber viel erfahren. So zum Beispiel in folgenden Texten: Mt 9,17; Mt 13,33; Mk 2,1-4; Lk 17,35; Joh 2,6-9. Zeichne mithilfe der Informationen auf dieser Seite und aus der Bibel ein Haus zur Zeit Jesu in dein Heft. Verwende dabei alle genannten Gegenstände und Personen.

■ **Säulen.** Betrachte oben stehende Zeichnung und benenne mithilfe des Textes die einzelnen Personen, die du dort entdeckst. Was sagt die Größe der einzelnen Säulen über die jüdische Gesellschaft der damaligen Zeit aus? Bestimme mithilfe des Sachtextes die Gruppen.

Oben und unten

Nur ganz wenige Menschen zur Zeit Jesu waren reich. Sie waren Großgrundbesitzer oder gehörten zu den Priesterfamilien des Jerusalemer Tempels. Letztere nannte man Sadduzäer. Diese waren ausgesprochen fromm und richteten sich nach den Vorschriften des jüdischen Gesetzes, der Tora. Sadduzäer hatten einflussreiche Positionen inne und saßen z. B. im Hohen Rat, der obersten Gerichtsbehörde.
Zur Mittelschicht gehörten Handwerker und Bauern. Sie waren sehr besorgt um den Erhalt ihres Besitzes und fürchteten sich vor Veränderungen. Manche gehörten zu der Gruppe der Pharisäer (die »Abgesonderten«). Diese waren sehr gottesfürchtig und hielten sich nicht nur streng an die Weisungen der Tora, sondern auch an viele andere Gesetze, die im Lauf der Zeit mündlich überliefert wurden. Alle diese Weisungen und Gesetze gaben ihnen Rückhalt und Hilfe im Leben. Aus Angst, »unrein« zu werden, hielten sie sich von allem, was die religiöse Reinheit beflecken könnte, fern. Dazu gehörten beispielsweise auch kranke Menschen. Auch Jesus stand den Pharisäern wahrscheinlich ursprünglich nahe, auch wenn er sich später durch seine freiere Auslegung der Tora von ihnen abgrenzte und daher angefeindet wurde.
Der größte Teil der Bevölkerung war in der Gesellschaft wenig angesehen. Zu dieser Gruppe gehörten Bettler und Tagelöhner, aber auch Zöllner und Kranke. Besonders die Zöllner waren zwar wohlhabend, aber auch besonders verachtet, weil sie mit der verhassten Besatzungsmacht der Römer zusammenarbeiteten. Sie erhoben an Grenzen, Brücken, Stadttoren und größeren Straßenkreuzungen Zölle, indem sie sich die Waren der Reisenden zeigen ließen, ihren Wert schätzten und entsprechend Geld verlangten. Das Recht dazu pachteten sie von den Römern, denen sie wiederum einen Teil von dem eingenommenen Zoll abgeben mussten. Je höher jedoch der Zoll war, den sie verlangten, umso mehr konnten sie in ihre eigene Tasche wirtschaften. Deswegen waren sie in der Bevölkerung verhasst und galten als Verräter.
Kranke standen gesellschaftlich am Rand, weil Krankheit zur Zeit Jesu als selbstverschuldet und als Strafe Gottes galt. Wer krank war, so dachte man, musste zuvor eine schwere Sünde begangen haben. Häufige Krankheiten waren Lepra (eine Nervenkrankheit, bei der die äußeren Gliedmaßen absterben und regelrecht verfaulen), psychische Erkrankungen oder körperliche Behinderungen und Verkrüppelungen. Nach den Vorschriften machte der Kontakt mit Kranken unrein. Daher vermieden ihn fromme Juden wie die Pharisäer.
Aber auch Frauen waren in vielerlei Hinsicht wenig geachtet. Das Leben in der Öffentlichkeit war für viele von ihnen nur eingeschränkt möglich. Sie waren von ihrem Mann abhängig und an das Haus gebunden. Selbst vor Gericht waren sie nicht gleichberechtigt: So konnte zum Beispiel nur die Frau die eigene Ehe brechen – der Mann galt in dieser Hinsicht als unschuldig.

Das Land, in dem Jesus lebte

Das Land, in dem Jesus lebte, hat viele Gesichter. Auch das Klima ist dort sehr unterschiedlich: Große Gebiete sind so trocken, dass dort gar nichts wächst. Dies gilt z. B. für die Wüste Juda, in der nur Viehhirten überleben konnten und Räuberbanden ihr Unwesen trieben. In Galiläa dagegen, um den See Gennesaret, gibt es auch fruchtbare Gegenden. Der See versprach zu allen Zeiten reichen Fischfang. Auch das Jordantal, mit über 400 Metern unter dem Meeresspiegel das tiefstgelegene Gebiet der Erde, gehört zu den fruchtbaren Gebieten. Jerusalem dagegen liegt über 800 Meter hoch und wird daher auch die »Stadt auf dem Berg« genannt. Sie ist zur Zeit Jesu das religiöse und politische Zentrum des Judentums – nach damaligen Verhältnissen eine pulsierende Großstadt.

- **Stationen.** Nach dem Aufbruch aus Nazaret durchquert Jesus fast ganz Israel. Zeichne eine Karte Israels und trage folgende Stationen seines Lebensweges dort ein: Mk 1,9; Mk 1,12f.; Mk 1,16f.; Mk 1,21; Mk 10,46; Mk 11,1-11.
  Ordne die Bilder auf dieser Seite den einzelnen Orten zu.

Lea, eine Frau aus Jerusalem

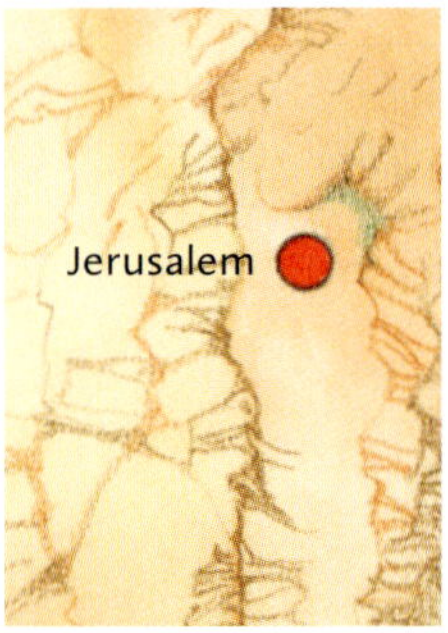

Als die Männer mich zu ihm brachten, hatte ich Angst. Die Schriftgelehrten und Pharisäer hatten mich mit einem anderen Mann angetroffen und sagten, ich habe die Ehe gebrochen. Auf Ehebruch stand die Todesstrafe, die Steinigung. Sie sagten, sie wollten Jesus, den bekannten Wanderprediger, auf die Probe stellen und fragen, was sie mit mir machen sollten. Mir war klar, es gäbe nur eins, was mich erwartete: Sie würden Steine auf mich werfen, bis ich tot zusammenbräche. Was sollte Jesus anderes sagen als: »Steinigt sie! Sie hat das Gesetz des Mose gebrochen.«
Sie fanden Jesus umgeben von einer großen Gruppe Männer und Frauen, die er sicherlich zuvor gelehrt hatte. Als wir den Kreis der Menschen betraten, wurde es still. Die Pharisäer erzählten ihm, ich sei eine Ehebrecherin, und fragten: »Was sollen wir mit ihr tun?« Und was tat er? Nichts! Er saß nur da und malte mit dem Finger im Sand. Hatte er uns überhaupt bemerkt? Hörte er zu? Die Pharisäer wurden ungeduldig und fragten lauter: »Was sollen wir mit ihr tun?« Und dann sah ich zum ersten Mal seine Augen. Er blickte mich an, ganz kurz, und dann sah er zu den Pharisäern und den Menschen um ihn herum. Die Spannung, die inzwischen in der Luft lag, war mit den Händen zu greifen. Und dann sagte er nur einen Satz und blickte wieder auf die Erde: »Wer von euch ohne Sünde ist, der werfe den ersten Stein!«
Die Menschen blickten einer nach dem anderen zu Boden, dann gingen die ersten. So folgten alle, die um uns herumgestanden hatten. Schließlich waren wir allein. Und jetzt sah er mich wieder an. Er sprach mit mir. Er, ein Rabbi, ein Gottesmann, sprach mit mir, einer Frau, einer Sünderin!
»Hat dich keiner verurteilt?« – »Nein«, antwortete ich. – »Dann will auch ich dich nicht verurteilen. Geh und sündige in Zukunft nicht mehr.«
Mehr als seine Worte war es die Art und Weise, wie er mich ansah. Es war nicht der kalte, abschätzende Blick anderer Männer, sondern es lag ein Verstehen und eine Liebe darin, die ich nicht kannte. In diesem Moment fühlte ich mich nicht nur gerettet, sondern befreit. Ich konnte, ja ich sollte neu werden, anders leben als bisher, weil auch ich geliebt wurde. Ich habe mich geändert, ich habe seit diesem Tag mein Leben umgekrempelt. Später begegnete ich noch anderen Menschen, auch vielen Frauen, denen es ebenso ergangen war wie mir, als sie Jesus trafen. Für ihn waren wir Frauen vollwertige Menschen.
(➤ *vgl. Joh 7,53 – 8,11)*

■ **Begegnen.** Was ist Jesus in der Begegnung mit Menschen wichtig? Schreibe eine Geschichte, in der Jesus Menschen heute begegnet. Beginne mit dem Satz: »Als Jesus wieder einmal durch die Fußgängerzone ging ...«

■ **Mit dem Finger im Sand.** Jesus malt mit dem Finger im Sand. Überlegt gemeinsam, welche Gedanken ihm dabei im Hinblick auf die Pharisäer und im Hinblick auf die Frau durch den Kopf gehen, und schreibt sie auf. Beachtet dabei das Wort Jesu in der Sprechblase.

■ **Ansichten.** Betrachte das Bild in aller Ruhe: Welche Gefühle und Empfindungen ruft es spontan in dir hervor? Achte auf die Hände der Personen. Was drücken die Handhaltungen jeweils aus? Du kannst diese nachahmen. Zeichne das Bild mit den Umrissen der einzelnen Personen ab – du kannst dazu Butterbrotpapier benutzen. Teile das Bild dann in verschiedene Personen oder Personengruppen ein, die deiner Meinung nach zusammengehören. Gehe nun in dem Bild mit deinen Augen spazieren. Verweile bei einer Person deiner Wahl und lass diese erzählen, was gerade passiert.

Max Beckmann, 1917

Bartimäus, ein ehemals blinder Bettler

Ihn hat nichts und niemand gleichgültig gelassen. Egal, ob er etwas anderes vorgehabt hat oder in Eile war, für seine Mitmenschen hat er immer ein Auge und Zeit gehabt. Nichts war ihm wichtiger. Ich weiß, wovon ich rede, denn ich habe es am eigenen Leibe erfahren.

Als ich ihm zum ersten Mal am Stadttor von Jericho begegnete, war mein Bettelsack zwar reichlich gefüllt, aber in meinem Inneren fühlte ich mich leerer als je zuvor. Niemand nahm mich wirklich wahr, aber der Blick Jesu traf mich. Woher ich das weiß, da ich doch blind bin? Er hat nicht in meine blinden Augen gesehen, sondern in mein Innerstes. Das habe ich genau gespürt. Er sah mich an, eben nicht gleichgültig, wie manche dieser Spenderinnen und Spender, die mir mein nacktes Überleben durch ihr Almosen ermöglichten. Nein, als er mich ansah, hatte ich zum ersten Mal das Gefühl, dass mich wirklich jemand versteht. Und so nahm ich allen meinen Mut zusammen und sprach ihn an. Die Umstehenden wurden ärgerlich und riefen, ich solle ja meinen Mund halten. Aber es war schon längst zu spät, denn, wie gesagt, er hatte mich schon längst wahrgenommen. Ich dachte, nun würde er zu mir kommen – aber nein, er wollte, dass ich zu ihm ginge. Ich, der Blinde, sollte ohne die Hilfe eines anderen durch die Menge gehen?

Ich zögerte zunächst, hatte Angst, zu stolpern, die Orientierung zu verlieren, ihn zu verlieren. Dann fasste ich mir ein Herz und machte mich auf. Ich warf den störenden alten Mantel weg und ging los, auf den Weg zu ihm. Ich wusste plötzlich genau, wo ich ihn finden konnte.

Als ich bei ihm war und ihn umfassen konnte, stellte er eine seltsame Frage: »Was willst du, was soll ich dir tun?« Welch eine Frage! Was sollte ich schon wollen? Und dennoch, ich fühlte mich zum ersten Mal ernst genommen. Eben nicht mehr der blinde Bettler, der Geld will, sondern als richtiger Mensch, der andere Bedürfnisse und Wünsche hat! Und dann sagte ich die Worte, von denen ich zuvor nur immer wieder geträumt hatte: »Rabbi, ich möchte wieder sehen!« Da schaute er mich an mit diesem verstehenden Sehen und sagte: »Geh! Dein Glaube hat dir geholfen!«

Heute bin ich ein angesehener Mann und muss nicht mehr betteln. Und all das habe ich Jesus zu verdanken, der aus mir wieder einen vollwertigen Menschen, einen normalen Menschen gemacht hat – nur weil er nicht gleichgültig über mich hinweggesehen hat, sondern sich mir wirklich zugewandt hat. So habe ich wieder sehen gelernt, und das heißt für mich: nicht die Probleme der Mitmenschen übersehen, sondern eben genau hinsehen, was sie bewegt und kümmert. Er hat mir die Augen geöffnet für das, was im Leben wirklich wichtig ist.

(➤ *vgl. Mk 10,46-52 parr.*)

■ **Blind sein?** »Blind sein« wird in unserer Sprache oft für verschiedene Sachverhalte benutzt. Sammelt an der Tafel Beispiele und überlegt, was diese Beispiele gemeinsam haben.

■ **Wirklich sehen.** Bartimäus hat durch Jesus »wirklich sehen« gelernt. Überlege, was er damit wohl meint, und suche nach weiteren Beispielen für »wirkliches Sehen«.

■ **Was geschieht da?** Lies dir die Bartimäus-Geschichte genau durch. Lege eine Tabelle mit drei Spalten an. Trage in je einer Spalte in Stichworten das Verhalten der Umstehenden, von Jesus und dem Bettler ein. Erkläre nun, was Jesus mit dem Satz in der Sprechblase gemeint haben könnte.

Echternacher Codex, um 1050

■ **Seitenwechsel.** Betrachte das Bild in aller Ruhe: Wie sind die Personen dargestellt? Achte auf die Farben der Gewänder (vgl. S. 111), den Gesichtsausdruck, die Körperhaltungen, die Hände (vgl. S. 64). Wie sind die einzelnen Personen auf dem Bild verteilt?
Versetze dich nun in die Situation einer der umstehenden Personen: Wie hat diese wohl die Szene gesehen? Schreibe die Geschichte aus ihrer Sicht auf.
Lest euch gegenseitig eure Geschichten vor und vergleicht sie mit der Geschichte links. Was hat sich verändert?

Jonadab, ein Pharisäer

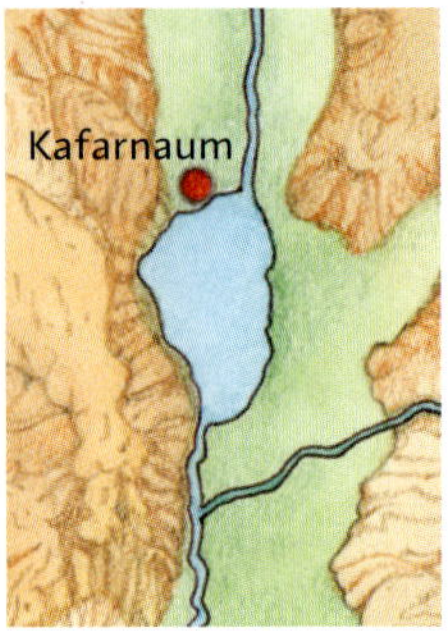

Ich hatte ganz und gar nichts gegen den »Meister«, wie ihn seine Jünger auch nannten. Er hat ja durchaus die Nähe zu uns Pharisäern gesucht und für mich war er zunächst einfach ein Rabbi, der das Wort Gottes verkünden wollte. Und das muss er recht gut getan haben, denn die Menge, die ihm folgte, wurde immer größer. Sogar ich selbst war furchtbar neugierig, ihn einmal kennenzulernen. Und als er in unsere Gegend kam, machte ich mich sogleich auf, um ihm entgegenzueilen und ihn zum Essen einzuladen.

Nun müsst ihr wissen, dass Gastfreundschaft für uns Juden etwas ganz Wichtiges ist. Es gibt zahllose Vorschriften, die ich als Gastgeber und auch der Gast einhalten müssen. Die sind uns sehr wichtig! Und was macht dieser Jesus? Setzt sich einfach an den Tisch, ohne sich die Hände zu waschen! Dabei weiß doch so ziemlich jeder halbwegs gesetzestreue Jude, dass die Reinheit vor dem Essen für Gott das Wichtigste ist. Unerhört! Als er meine Empörung merkt, fängt er auch noch an, *mich*, ein Mitglied der Partei der Gesetzestreuen, zu belehren! »O ihr Pharisäer!«, so sagt er, »ihr wascht euch zwar brav vor jedem Essen die Hände, haltet auch Becher und Teller außen sauber, innen aber seid ihr voll Raubgier und Bosheit. Ihr Unverständigen! Hat nicht der, der das Äußere schuf, auch das Innere geschaffen? Gebt lieber, was in den Schüsseln ist, den Armen, dann tut ihr wirklich Gottes Willen.« Den Armen etwas geben – als sei es damit getan! Nein, das Gesetz, die Tora, muss geachtet werden und wer das nicht kapiert, ist kein Gottesfreund.

- **Stellung nehmen.** Was kritisiert der Pharisäer an Jesus? Was Jesus an dem Pharisäer? Trage die Punkte in einer Tabelle zusammen und diskutiert, wer recht hat. Was meint Jesus mit dem Satz in der Sprechblase dazu?

Was dann neulich noch passiert ist, das schlug dem Fass den Boden aus: Da geht er an einem Sabbat in die Synagoge und sieht einen Mann dort sitzen, dessen Hand verkrüppelt ist. Der sitzt da schon immer und bettelt – den nimmt keiner mehr richtig wahr. Und was macht dieser Jesus? Bleibt stehen!

Es war ja Sabbat und das Gesetz verbietet es, am Sabbat zu arbeiten. Das heißt aber auch, dass es strengstens untersagt ist, einen Menschen zu heilen, wenn dieser nicht in äußerster Lebensgefahr schwebt. Das würde er nicht wagen, noch dazu in der Synagoge, dachte ich. Aber er hat es getan! Hat uns gefragt: »Was ist am Sabbat erlaubt: Gutes zu tun oder Böses, ein Leben zu retten oder es zu vernichten?« Keiner hat sich getraut, ihn zurückzuhalten, so zornig führte er sich auf. Und dann hat er zu dem Mann gesagt: »Strecke deine Hand aus« – da war sie gesund.

Das ist nun wirklich zu viel. Wir Pharisäer haben uns sogleich vor der Synagoge getroffen und beraten, was zu tun sei. Unser Beschluss war eindeutig: Im Namen der Partei der Gesetzestreuen – dieser Jesus muss verschwinden, und zwar endgültig!

(➤ *vgl. Lk 11,37-54 par., Mk 2,23 – 3,6)*

- **Gesetz und Sabbat.** Wenn du Näheres über die Tora, das Gesetz der Juden, und den Sabbat erfahren willst, findest du in der Lernlandschaft »Judentum« (S. 158ff.) verschiedene Informationen. Trage diese Informationen zusammen und verfasse einen kleinen Vortrag dazu.

Standbild

In einem Standbild könnt ihr eine Situation, Personen, Gefühle oder Sachverhalte ohne Worte als ein »Denkmal« darstellen, indem ihr diese mit euren Körpern nachgestaltet.

So funktioniert das:

1. Teilt euch zunächst in Gruppen von wenigstens vier, höchstens aber sechs Personen auf.
2. Sprecht über die Geschichte, die Situation oder den Sachverhalt, den ihr darstellen wollt:
   - Was fällt euch auf?
   - Was gefällt euch?
   - Was stört euch?

   Wenn Personen mit im Spiel sind:
   - Welche Gefühle haben wohl die einzelnen Personen?
   - Wie stehen sie zueinander in Beziehung?
3. Überlegt euch, wie ihr das Thema darstellen wollt:
   - Welche Szenen gibt es?
   - Welche Personen sind beteiligt?
   - Wer möchte welche Rolle übernehmen?
   - Welche Körperhaltung, welcher Gesichtsausdruck sollte gezeigt werden?
4. Baut Schritt für Schritt gemeinsam das Standbild auf, indem ihr die Haltung der Mitspielerinnen und Mitspieler so lange mit den Händen formt, bis sie die richtige Position eingenommen haben. Während dieser Bauphase wird nicht gesprochen, die Mitspielerinnen und Mitspieler verhalten sich völlig passiv und lassen sich von den Erbauern formen.
5. Nun baut die erste Gruppe ihr Bild auf, ohne dass sie dazu etwas sagt. Wenn das Bild fertig ist, »friert« sie es ein, d. h. alle Mitspielerinnen und Mitspieler erstarren für eine kurze Zeit.
6. Die Beobachtenden betrachten das Bild, beschreiben und deuten, was sie sehen:
   - Wie ist das Bild aufgebaut?
   - Wer steht im Mittelpunkt, wer steht außen?
   - Welche Aufgaben haben die einzelnen Teile des Standbilds?
   - Welche Gefühle kommen zum Ausdruck?

     Wenn ihr über die Personen redet, sprecht sie nicht mit ihren eigentlichen Namen an, sondern als Standbilder (z. B. »die Person da vorne«).
7. Danach wird das Bild wieder aufgehoben und es gibt donnernden Applaus! Die Standbildgruppe selbst berichtet nun über ihre Erfahrungen, Gefühle und Ideen. Dann ist die nächste Gruppe dran.
8. Ihr könnt die Standbilder in einem zweiten Durchgang auch sprechen lassen: Einzelne Zuschauerinnen und Zuschauer treten in das Bild hinein. Sie stellen sich hinter eine der Personen des Bildes, legen dieser die Hand auf die Schulter und äußern sich dann als »Ich-Aussage« über Gedanken und Gefühle der dargestellten Person oder des Themas.

■ **Standbild bauen.** Die Erzählung vom Mann mit der verdorrten Hand steht in Mk 3,1-6. Ihr könnt diese Geschichte wie hier beschrieben in ein Standbild umsetzen.

■ **Hände.** Vielleicht ist es kein Zufall, dass Jesus gerade einen Mann mit einer kranken Hand heilte. Denn mit den Händen kann man viel Gutes tun, aber auch viel Zerstörerisches.
Lege deine Hände auf ein großes Stück Papier oder auf dein Heft. Ein Mitschüler oder eine Mitschülerin zeichnet mit einem Stift die Umrisse der Hände nach.
Schreibe nun in die eine Hand, was Hände Gutes tun können, und in die andere, wo sie Schaden anrichten.
Stellt euch gegenseitig eure Hände vor.

Cornelius, ein römischer Hauptmann

Beim Jupiter! Das waren die verrücktesten Tage meines ganzen Soldatenlebens! Aber das ist ja nun, Gott sei Dank, vorbei. Wo soll ich anfangen? Ich weiß ja nicht, was ihr schon wisst! Außerdem verstehe ich immer noch selber nicht, warum das Ganze passiert ist. Wir Römer haben nie die merkwürdigen jüdischen Sitten und Gesetze, erst recht nicht ihren Eingottglauben und ihre ganze Religion verstanden. Am besten ist es, ich fange ganz von vorne an:
Also, da war dieser Mann aus Galiläa, den alle Jesus nannten. Überall, wo er auftrat, gab es Wirbel und Aufregung. Das gefiel Pontius Pilatus, dem römischen Statthalter, gar nicht. Der wollte nur seine Ruhe haben und am liebsten mit Jesus kurzen Prozess machen, so wie er es schon oft getan hat. Pilatus war brutal und unberechenbar. Das Einzige, was für ihn zählte, war die Sicherung seiner Macht. Da kam es für ihn auf einen Menschen mehr oder weniger überhaupt nicht an. Das Gerichtsverfahren für Jesus ist dann auch ziemlich unfair verlaufen. Am Ende hatte er überhaupt keine Chance. Die Stimmung war so aufgeheizt, dass Pilatus einen Tumult befürchtete und das Todesurteil sprach.
Jetzt war ich an der Reihe. Als Hauptmann der römischen Besatzungsarmee in Jerusalem war ich damals zuständig für politische Verbrecher. Also begann die ganze Prozedur inklusive dem Auspeitschen und der Vorschrift, dass der Verurteilte sein eigenes Kreuz tragen musste. Als wir an der Schädelhöhe angekommen waren, ließ ich ihn zusammen mit zwei weiteren Verbrechern kreuzigen.
Und jetzt kommt das Unglaubliche! Die ganze Zeit vorher war mir aufgefallen, mit welcher Haltung dieser Jesus sein Schicksal trug. So was hatte ich noch nie gesehen! Kein Wort der Klage oder Verbitterung. Schon am Kreuz hängend, betete er zu seinem Judengott. »Vater!«, so redete er ihn an, »Vergib ihnen, denn sie wissen nicht, was sie tun!« Was für ein merkwürdiges Gebet! Nicht für sich, für andere, für uns Soldaten, für mich, bat er bei seinem Gott! Ich habe schon viel gesehen und mitgemacht als Hauptmann – bei Verurteilungen und in vielen Schlachten. Aber so in Würde und Vertrauen auf seinen Vatergott, wie dieser Jesus gestorben ist, das ist unbeschreiblich! So stirbt nur jemand, der spürt, dass mit dem Tod nicht alles aus ist. Für diesen Jesus scheint sein Gott mächtiger zu sein als der Tod. Wir alle, die wir ihn haben sterben sehen, waren tief betroffen. Dieser gewaltlose, vertrauensvolle Tod war ein Sieg über alle, die ihn verurteilt, verspottet, getötet hatten!
(➤ *vgl. Mk 15,39 parr.*)

■ **Unbeschreiblich.** Der römische Hauptmann bezeichnet das Verhalten Jesu als »unbeschreiblich«. Stelle zusammen, was auch für dich an Jesu Verhalten unbeschreiblich ist.

■ **Abschiedsgesuch.** Nachdem Cornelius Jesus so hat sterben sehen, will er kein Soldat mehr sein und stellt ein Abschiedsgesuch an Pontius Pilatus. Helft ihm beim Verfassen des Gesuchs, indem ihr Kleingruppen bildet und Argumente sammelt, die ihn zu diesem Schritt bewogen haben könnten. Wie könnte er Pilatus überzeugen? Von welchen Gefühlen wird er seinem Vorgesetzten erzählen wollen?
Jetzt wird es schwieriger: Cornelius muss vor Pilatus erscheinen und ihm persönlich sein Anliegen begründen. Schreibt mithilfe eurer Argumente eine kleine Rede, die Pilatus überzeugt, und übt diese Rede ein (die Hinweise auf S. 197 können euch dabei sicher helfen). Gebt euch Tipps und verbessert euch gegenseitig beim Einüben der Rede. Dann wählt einen Pilatus, dem ihr der Reihe nach als Cornelius eure Reden vortragt. Tauscht euch abschließend darüber aus, welche Argumente besonders überzeugend waren und welche nicht.

Leben unter der Römerherrschaft

Zur Zeit Jesu war der gesamte Mittelmeerraum von den Römern erobert worden. Die Römer gewährten den Juden wie den meisten unterworfenen Völkern viele Sonderrechte. Vor allem durften sie ihre Religion weiter ausüben. Und der Hohe Rat, das höchste Regierungs- und Richterkollegium der Juden, hatte in religiösen Fragen alle Rechte und Befugnisse, durfte aber keine Todesurteile aussprechen. Die Juden mussten außerdem den Römern ziemlich hohe Steuern und Zölle zahlen. Daher war die römische Besatzung sehr verhasst. Auch die Zöllner, die diese Steuern eintrieben, wurden als Helfershelfer der Römer verachtet.

Als Jesus geboren wurde, regierte in Rom Kaiser Augustus (30 v. Chr. bis 14 n. Chr.). In Palästina hatte er Herodes zum König der Juden eingesetzt. Nach dem Tod des Herodes im Jahre 4 v. Chr. wurde das Reich unter seinen Söhnen aufgeteilt und später als römische Provinz Judäa von einem römischen Statthalter regiert. Von 26 bis 36 n. Chr. hieß dieser Statthalter Pontius Pilatus. Die meiste Zeit des Jahres lebte er in Cäsarea am Meer. Nur bei besonderen Festtagen hielt er sich in Jerusalem auf, um für Ruhe und Ordnung zu sorgen. Er überwachte das Steuerwesen und hatte als oberster Richter allein das Recht, die Todesstrafe zu verhängen. Die Todesstrafe wurde durch die Kreuzigung vollzogen, eine grausame Art der Hinrichtung, die im ganzen Römischen Reich ausgeübt wurde, aber für römische Bürger verboten war.

■ **Das Römische Reich.** Vergleiche die Karte oben mit einer Landkarte, auf der die heutigen Staaten eingezeichnet sind. Notiert, welche davon auf dem Gebiet des Römischen Reiches liegen.

■ **Oft gemalt.** Die Kreuzigung Jesu ist eines der bedeutendsten Motive der Malerei. Betrachte die Darstellung von Matthias Grünewald auf S. 117. Beschreibe die Personen, die bei Grünewald unter dem Kreuz stehen. Wie würden sie von den Geschehnissen erzählen?
Sucht weitere Kreuzigungsdarstellungen und vergleicht sie miteinander.

Limburg. Nach den Erfahrungen mit zwei Weltkriegen wurde im Grundgesetz der Bundesrepublik Deutschland das Grundrecht festgeschrieben, dass niemand gegen sein Gewissen zum Kriegsdienst mit der Waffe gezwungen werden darf. Viele Christen haben damit ein Problem und berufen sich dabei auf das fünfte Gebot »Du sollst nicht töten« und auf die Worte Jesu von der Feindesliebe. Hilfe für die Kriegsdienstverweigerung bietet das Katholische Jugendamt des Bistums Limburg an.

Bensheim. Die Christoffel-Blindenmission in Bensheim ist eine international tätige, christliche Entwicklungshilfsorganisation mit dem Auftrag, blinden und anders behinderten Menschen in der ganzen Welt zu helfen. Allein im vergangenen Jahr wurden rund zwölf Millionen Patienten untersucht, behandelt und wo nötig operiert.

???. Auch bei dir in der näheren Umgebung engagieren sich Menschen für andere Menschen. Sucht als Kleingruppe ein Beispiel heraus und dokumentiert auf einer Wandzeitung, was diese Menschen tun und wer ihnen dabei hilft.

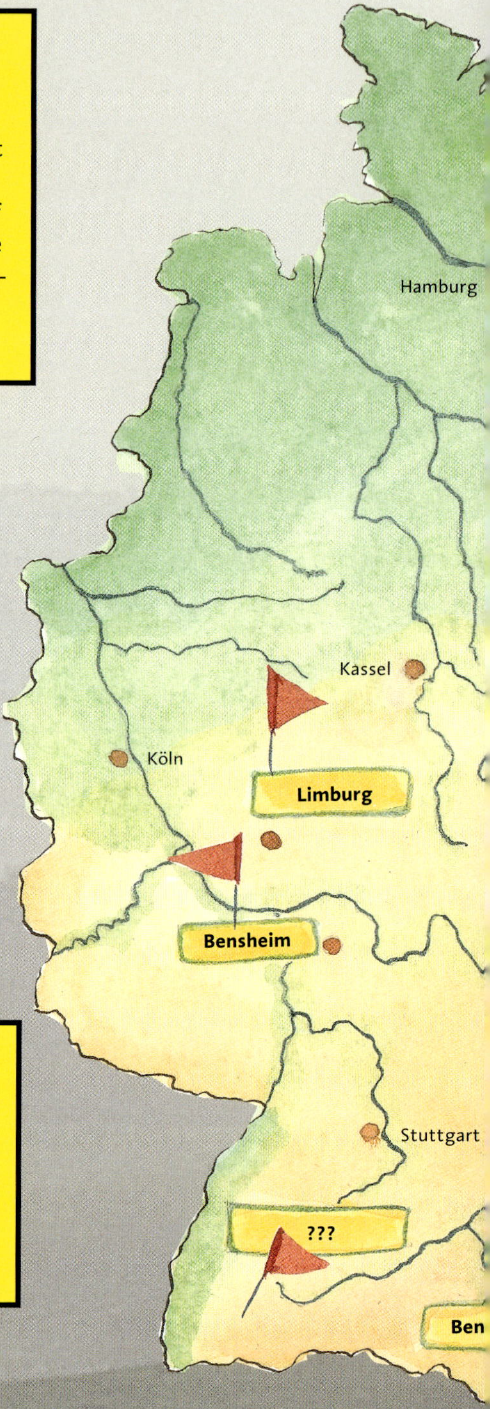

- **Jesus heute.** Zeige Gemeinsamkeiten zwischen den in dieser Lernlandschaft vorgestellten Personen zur Zeit Jesu und den hier genannten Personen in Deutschland heute auf.
  Wo siehst du dennoch Unterschiede?

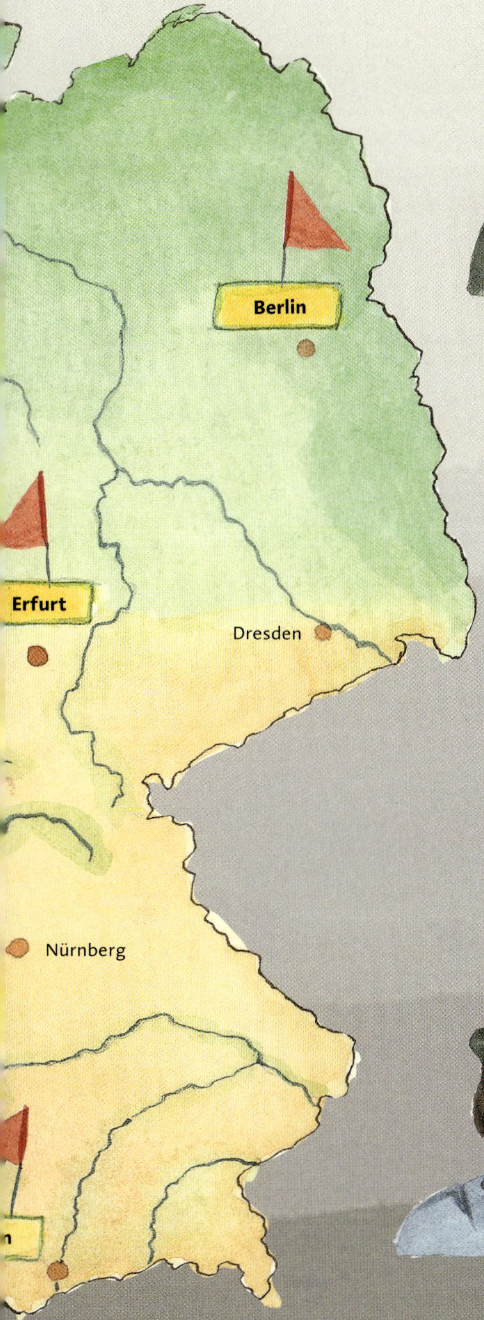

Berlin. In Berlin haben viele Kinder nicht genug zu essen. Eine warme Mahlzeit ist oft Luxus. Mit aller Kraft versuchen die Betroffenen, ihre Armut zu verbergen. Pastor Siggelkow hat daher eine Suppenküche für hungrige Kinder in Berlin ins Leben gerufen. Bis zu 150 Kinder und Jugendliche essen hier und nicht selten nehmen sie auch Reste mit nach Hause. Für ihre Eltern.

Erfurt. 1991 gründete Schwester Benedikta Hoffmann in Erfurt ein Haus für Frauen in Not. Die damals 68-jährige Ordensschwester erkannte, wie wichtig es ist, Frauen und ihre Kinder vor gewalttätigen Männern zu schützen. Betroffene Frauen werden meist von der Polizei und den Behörden ins Frauenhaus gebracht.

Benediktbeuern. Das Kloster in Benediktbeuern/Oberbayern wurde mit einem ökologischen Zertifikat ausgezeichnet, weil es ein hohes Umweltbewusstsein zeigt. Die Welt wieder stärker als Schöpfung Gottes zu begreifen, ist Anliegen der Mönche bei der Landwirtschaft, aber auch bei der Bildung und Erziehung vor allem der Jugend. Mit ihren »Bio-Ansichten« wurden die Mönche aber auch schon oft belächelt und verspottet.

■ **Vorbilder!** Überlege, wieso die vorgestellten Menschen sich so verhalten. Finde heraus, wer sie unterstützt und finanziert. Erstellt mithilfe des Internets zu den jeweiligen genannten Einrichtungen ein Plakat, das Aufgaben und Ziele näher vorstellt. Die Homepage *local heroes* (vgl. S. 101) bietet weitere Anregungen.

Eine alte Legende erzählt:

Als Christus nach seinem Tod zum Himmel aufgefahren war, fragten ihn die Engel, wie es denn nun mit seinem Reich auf der Erde weitergehen solle. »Ich habe doch meine Jünger auf Erden«, antwortete Christus. Aber die Engel sahen, wie unbedeutend, wie schwach und verzagt die Jünger waren, und fragten erschrocken: »Herr, hast du denn wirklich keinen anderen, keinen besseren Plan?« Und Christus antwortete: »Nein – einen anderen Plan habe ich nicht.«

Anfangen. Überlegt, warum die Engel so erschrocken über die Antwort von Christus waren?

WIE ALLES

BEGANN

■ **Bildbetrachtung.** Schaue dir das Bild genau an. Beschreibe die Stimmung des Bildes: Farben (vgl. S. 111), der Gesichtsausdruck von Maria und den Jüngern. Überlege dir Sprech- und Gedankenblasen für einzelne Personen am Tisch.
Woran erinnern sie sich? Was werden sie wohl als Nächstes tun?

Ein Augenzeuge berichtet

Wenn ich gemeint hatte, die Sache mit Jesus sei zu Ende, war ich wirklich auf dem falschen Weg. Es waren Wochen vergangen. Es schien wirklich Gras über die Jesus-Affäre zu wachsen. Dann gingen neue Gerüchte in Jerusalem um: »Die Jesusjünger sind wieder da!«, »120 Männer haben sich zu einem Jesuskult versammelt«, »Der Galiläer Petrus ist der Wortführer der neuen Sekte«. Die Wahrheit solcher Gerüchte müsste sich ja nachprüfen lassen. Und tatsächlich war nichts erlogen.
Als ich in die Nähe der Versammlung kam, erkannte ich unter den Männern meinen Freund Aaron. Ich versuchte, mich ihm zu nähern, und sprach ihn an: »Wer ist denn der Mann, der da immer redet?« – »Weißt du das nicht? Petrus ist es, ein Fischer aus Galiläa, vom See Gennesaret. Wie der reden kann!« – »Und was ist jetzt hier los? Warum versammelt ihr euch hier? Euer Meister ist doch tot!« – »Das meinst du, Ruben! Jesus ist nicht tot. Er lebt! Er ist auferstanden! Frauen haben ihn gesehen, auch Petrus hat ihn gesehen und andere Jünger.« – »Die Leute sagen doch, die Jünger hätten ein Ding gedreht und Jesus aus dem Grab gestohlen, oder?« – »Was die Leute alles sagen! Um einer Wahrheit auszuweichen, sind schon immer Lügen recht gewesen.« – »Was tut ihr nun hier?« – »Wir sind zusammen, um uns über unsere Aufgabe klar zu werden. Jesus hat sich uns vor einigen Tagen zum letzten Mal als Lebendiger gezeigt. Petrus erzählte, dass Jesus gesagt habe: ›Ihr bekommt den Heiligen Geist. Seid nun Zeugen in Jerusalem und Judäa und auf der ganzen Welt.‹« – »Noch eine Frage: Wer ist eigentlich dieser Petrus? Er scheint der Wortführer von euch Jesus-Leuten zu sein.« – »Petrus? Ich kenne ihn auch noch nicht allzu lange. Aber das habe ich schon erfahren: Er ist ein Draufgänger. Lieber macht er etwas Falsches als nichts. Er erlitt auch schon schwere Niederlagen. Aber warum erzähle ich dir dies alles …« – »Rede nur weiter, das interessiert mich. Welche Niederlagen hat Petrus denn erlitten?« – »Er hat's ja selbst erzählt: Bei der Verhandlung Jesu habe er, als er am Wachfeuer der Soldaten saß, Jesus rundweg verleugnet und so getan, als ob er ihn nicht gekannt hätte.« – »Davon habe ich gehört. Das war Petrus? Kaum zu glauben! Diese Veränderung! Das ist ja eine totale Umkehr!« – »Jesus berief ihn nach der Auferstehung nochmals – in Erinnerung an seine erste Berufung am See Gennesaret. Ich glaube schon, dass Petrus von seiner Schuld frei ist und jetzt neu Tritt gefasst hat. Es scheint so, als ob Petrus nicht mehr so schnell umfallen wird.« – »Abwarten.« – »Du hast recht! Auch wir Jesus-Leute sind und bleiben Menschen.«

Kurt Rommel

■ **Nach Ostern.** Stelle in deinem Heft die möglichen Reaktionen der Anhängerinnen und Anhänger Jesu nach dessen Tod zusammen.

■ **Rubens Frage.** Beantworte mit eigenen Worten Rubens Frage: Wer ist eigentlich dieser Petrus?

Bilder entdecken

In unserem Buch gibt es vieles zu entdecken: Texte, Lieder und vor allem auch Bilder. Bilder laden uns zu einer Entdeckungsreise ein, auf der Wegweiser sehr hilfreich sind. Die folgenden fünf »Wegmarken« kannst du bei einem Bild deiner Wahl ausprobieren:

1. *Sehen*
   Schaue dir das Bild ganz genau an. Achte dabei besonders auf die Farben und Formen (vgl. dazu S. 111). Es kommt zunächst nur darauf an, dass du genau hinsiehst und ganz exakt beschreibst, was du siehst: Ich sehe …
2. *Deuten*
   Jetzt erst kommt dein persönlicher Eindruck, die Deutung und Interpretation des Bildes:
   Mir gefällt an diesem Bild …, mir gefällt nicht …
   Ich denke bei diesem Bild an …, ich vermute …
3. *Sich einfühlen*
   Stelle dich in Gedanken in das Bild hinein.
   Wo würdest du gerne stehen?
   Ich höre … Ich schmecke …
   Ich rieche … Ich fühle …
   Ich sage …
4. *Versprachlichen*
   Finde einen Titel für das Bild. Vergleiche deinen Titel mit dem der Künstlerin/des Künstlers.
   Schreibe für einen Ausstellungskatalog einen Text zu dem Bild.
5. *Sich informieren*
   Informiere dich über die Künstlerin/den Künstler in einem Lexikon oder im Internet. Eine sehr knappe Information findest du auch im Schlussteil unseres Buches.

Mt 4,18-20

Lk 24,34

Mt 10,2

Apg 1,15

Mt 14,29-31

Apg 2,14-36

Mt 16,18-20

Gal 2

Mt 26,69-75

Albrecht Dürer, 1526

Apg 8,14-25; 10; 11,1-18; 15

■ **Annäherungen an Petrus.** Beschreibe den Gesichtsausdruck und die Haltung des Petrus mit fünf bis sieben Adjektiven.
Jetzt setzt euch in Dreier- oder Vierergruppen zusammen. Schlagt die genannten Bibelstellen nach und notiert euch die wichtigsten Informationen. Vergleicht sie mit euren Aufzeichnungen von »Ein Augenzeuge berichtet«. Entwerft abschließend einen »Steckbrief des Petrus«.

Feuer und Flamme

Danach kamen wir jeden Tag in dem Haus zusammen, in dem wir das letzte Abendmahl gefeiert hatten, und es war immer, als wären in uns zwei Menschen. Der eine war glücklich, weil er wusste: Jesus ist der Herr. Er hat unser Leben in der Hand und er hat auch die ganze Welt in der Hand. Der andere war unglücklich, weil Jesus weggegangen war und wir so untätig zusammensaßen und nicht wussten, was wir tun sollten. Dann kam wieder so ein besonderer Tag, an dem alles anders wurde. Es war das Pfingstfest. Das Erntefest. Überall auf den Feldern wurde das Korn geschnitten, und von überall her brachten die Pilger die ersten Garben nach Jerusalem zum Tempel. Überall feierten die Menschen den Dank für die Ernte.

Wir saßen schon am frühen Morgen, wie fast an jedem Tag, im Saal oben im Haus. Einer erinnerte sich: Vor zwei oder drei Jahren, es war ein paar Tage vor dem Erntefest, hat Jesus gesagt: »Seht euch die Felder an. Sie sind schon ganz hellgolden, fast weiß. Sie sind reif. Das Korn wartet auf den Schnitter. So ist es auch mit den Menschen. Sie warten darauf, dass jemand zu ihnen geht, sie zusammenholt und heimbringt zu Gott.« Vielleicht ist jetzt auch für uns Erntezeit? Jesus hat das Korn in die Erde geworfen: Das Wort von Gott. Vielleicht sollen wir jetzt die Erntearbeiter sein, die die reife Frucht, die Herzen der Menschen, einbringen?

Während wir so miteinander redeten, kam plötzlich etwas über uns wie ein Sturm. Es war, als wehte ein Wind durchs Haus und als würden wir alle durcheinandergewirbelt. Es war, als wäre das Haus voll Feuer und voll Licht. Dann, nach wenigen Augenblicken, war wieder Stille. Aber wir waren ganz und gar verwandelt. Wir sprangen von den Bänken und sangen und redeten durcheinander. Und einige riefen: »Das ist es! Das ist es, was er gesagt hat! Das ist der Geist Gottes!« Wir umarmten uns und konnten gar nicht recht in Worte fassen, was uns erfüllte. Immer wieder riefen wir durcheinander: »Das ist es, was Jesus uns versprochen hat! Nun will er, dass wir aus unserem Versteck hervorkommen und zu den Menschen reden!« Einige Leute auf der Straße hörten, dass wir solchen Lärm machten, und blieben unten stehen, von den anderen Häusern sahen sie herüber und schließlich staute sich eine große Menge vor der Tür. »Die sind verrückt!«, sagten einige. »Die sind betrunken«, sagten andere. Aber Petrus ging zu ihnen hinaus und sagte: »Wir sind weder verrückt noch betrunken. Wir freuen uns nur, dass Jesus lebt und bei uns ist. Und er ist auch bei euch, wenn ihr zu ihm gehören wollt.« Und viele Leute baten uns: »Lasst uns auch dazugehören! Wir möchten auch glauben, dass Jesus lebt!«

Seitdem reden wir mit den Leuten in Jerusalem von Jesus, wo immer wir Gelegenheit haben, und viele schließen sich uns an. Unsere Gemeinde wird täglich größer, und es ist eine große Freude und Begeisterung.

Jörg Zink nach Apg 2,1-42.47

■ **Etwas Neues beginnt.** Lies Apg 2,1-47 und vergleiche den Bibeltext mit der Nacherzählung von Jörg Zink. Welche Gemeinsamkeiten findest du und welche unterschiedlichen Akzente fallen dir auf? Was bewirkt der Geist Gottes bei diesem Ereignis? Welche verschiedenen Deutungen dieses Geschehens gibt es?

■ **Pfingstbilder.** Betrachte das Pfingstbild von Arnulf Rainer ganz genau. Was springt dir ins Auge? Was kannst du erkennen? Welche Stimmung drückt dieses Bild aus?
Auf S. 87 siehst du ein ganz anderes Pfingstbild. Vergleiche dieses mit dem Bild von Arnulf Rainer. Welche Gemeinsamkeiten, welche Unterschiede erkennst du?
Überlege dir, mit welchen Farben du das Pfingstereignis darstellen würdest. Male ein eigenes abstraktes Pfingstbild in dein Heft.

Arnulf Rainer, 1995/98

Komm herab, o Heiliger Geist

Komm herab, o Heiliger Geist,
der die finstre Nacht zerreißt,
strahle Licht in diese Welt.

Komm, der alle Armen liebt,
komm, der gute Gaben gibt,
komm, der jedes Herz erhellt.

Höchster Tröster in der Zeit,
Gast, der Herz und Sinn erfreut,
köstlich Labsal in der Not.

In der Unrast schenkst du Ruh,
hauchst in Hitze Kühlung zu,
spendest Trost in Leid und Tod.

Komm, o du glückselig Licht,
fülle Herz und Angesicht,
dring bis auf der Seele Grund.

Ohne dein lebendig Wehn
kann im Menschen nichts bestehn,
kann nichts heil sein noch gesund.

Was befleckt ist, wasche rein,
Dürrem gieße Leben ein,
heile du, wo Krankheit quält.

Wärme du, was kalt und hart,
löse, was in sich erstarrt,
lenke, was den Weg verfehlt.

Gib dem Volk, das dir vertraut,
das auf deine Hilfe baut,
deine Gaben zum Geleit.

Lass es in der Zeit bestehn,
deines Heils Vollendung sehn
und der Freuden Ewigkeit.

Amen. Halleluja.

- **Welcher Geist?** Welche Strophen des alten Gebets aus dem 9. Jahrhundert sprechen dich besonders an?
  Fertige eine Umrisszeichnung der Taube und gestalte ein Poster, in das du Taube und »deine« Strophen integrierst. Macht eine Ausstellung eurer Poster.

■ **Das Bild zum Text.** Auf dem Bild von Bernhard Heisig gibt es viel zu entdecken. Sammelt eure Entdeckungen an der Tafel. Wenn ihr den Impuls »Texte vergleichen« bearbeitet habt, vergleicht die Ergebnisse mit eurer Tabelle zu den Texten. Welche Eigenschaften und Verhaltensweisen von Menschen hat der Maler ins Bild gebracht?

Bernhard Heisig, 1977

Be-geistert oder von allen guten Geistern verlassen?

Begeisterung führt eine Gemeinschaft zusammen, schafft Zusammenhalt und ermöglicht es, Aufgaben gemeinsam anzugehen. Es gibt Gemeinschaften mit einem »guten Geist« und solche, die von einem »bösen Geist« geprägt sind.
In der »Geburtstagsgeschichte« der Kirche zeigen sich Beispiele für einen guten Geist.
Im Alten Testament (Gen 11,1-9) findest du das genaue Gegenteil unserer Erzählung. Die Überheblichkeit der Menschen, einen Turm bis zum Himmel bauen zu wollen und so Gott zu erreichen, endet in totalem Chaos. Keiner versteht mehr den anderen, gemeinsames Handeln ist nicht mehr möglich.
Im Gegensatz dazu verstehen sich an Pfingsten alle Menschen trotz unterschiedlicher Sprachen und Kulturen – der Geist Gottes fördert gegenseitiges Verstehen und gibt Kraft, gemeinsam Aufgaben zu bewältigen.

■ **Texte vergleichen.** Lies Apg 2,1-42 und vergleiche diesen Text mit der Erzählung vom Turmbau zu Babel (Gen 11,1-9). Stelle das Verhalten und die Eigenschaften der Menschen in den beiden Erzählungen in einer Tabelle gegenüber.

■ **Geist und Gemeinschaft.** »Guten Geist« und »bösen Geist« gab es nicht nur damals, sondern auch heute – du kennst sicher Gemeinschaften mit Teamgeist und solche mit einem schlechten Klima.
Teilt euch in Vierergruppen auf und beschreibt in einem Schreibgespräch die Kennzeichen einer Gemeinschaft mit »bösem Geist« (Symbol geballte Faust). Die andere Hälfte stellt im Schreibgespräch zusammen, wie sich eine Gemeinschaft mit »gutem Geist« verhält (Symbol Handschlag).

Die Bekehrung des Saulus

Saulus, mit römischem Namen Paulus genannt, kommt aus Tarsus, der Hauptstadt der römischen Provinz Kilikien. Er erhielt eine umfassende Bildung und kannte sich sowohl in der griechischen Kultur als auch im Judentum gut aus. Sein reicher Vater schickte den jungen Mann zum Studium nach Jerusalem, wo sich Paulus vermutlich dem Schülerkreis der Pharisäer anschloss und kompromisslos für die Reinerhaltung des Glaubens an den einen wahren Gott kämpfte. Die Christen entstellten seiner Meinung nach den wahren Glauben. Deshalb verfolgte er sie erbittert.

Saulus wütete immer noch mit Drohung und Mord gegen die Jünger des Herrn. Er ging zum Hohenpriester und erbat sich von ihm Briefe an die Synagogen in Damaskus, um die Anhänger des (neuen) Weges, Männer und Frauen, die er dort finde, zu fesseln und nach Jerusalem zu bringen.
Unterwegs aber, als er sich bereits Damaskus näherte, geschah es, dass ihn plötzlich ein Licht vom Himmel umstrahlte. Er stürzte zu Boden und hörte, wie eine Stimme zu ihm sagte: Saul, Saul, warum verfolgst du mich? Er antwortete: Wer bist du, Herr? Dieser sagte: Ich bin Jesus, den du verfolgst. Steh auf und geh in die Stadt; dort wird dir gesagt werden, was du tun sollst.
Seine Begleiter standen sprachlos da; sie hörten zwar die Stimme, sahen aber niemand.
Saulus erhob sich vom Boden. Als er aber die Augen öffnete, sah er nichts. Sie nahmen ihn bei der Hand und führten ihn nach Damaskus hinein. Und er war drei Tage blind und er aß nicht und trank nicht.
In Damaskus lebte ein Jünger namens Hananias. Zu ihm sagte der Herr in einer Vision: Hananias! Er antwortete: Hier bin ich, Herr. Der Herr sagte zu ihm: Steh auf und geh zur sogenannten Geraden Straße und frag im Haus des Judas nach einem Mann namens Saulus aus Tarsus. Er betet gerade und hat in einer Vision gesehen, wie ein Mann namens Hananias hereinkommt und ihm die Hände auflegt, damit er wieder sieht. Hananias antwortete: Herr, ich habe von vielen gehört, wie viel Böses dieser Mann deinen Heiligen in Jerusalem angetan hat. Auch hier hat er Vollmacht von den Hohenpriestern, alle zu verhaften, die deinen Namen anrufen. Der Herr aber sprach zu ihm: Geh nur! Denn dieser Mann ist mein auserwähltes Werkzeug: Er soll meinen Namen vor Völker und Könige und die Söhne Israels tragen. Ich werde ihm auch zeigen, wie viel er für meinen Namen leiden muss. Da ging Hananias hin und trat in das Haus ein; er legte Saulus die Hände auf und sagte: Bruder Saul, der Herr hat mich gesandt, Jesus, der dir auf dem Weg hierher erschienen ist; du sollst wieder sehen und mit dem Heiligen Geist erfüllt werden.
Sofort fiel es wie Schuppen von seinen Augen und er sah wieder; er stand auf und ließ sich taufen. Und nachdem er etwas gegessen hatte, kam er wieder zu Kräften. Einige Tage blieb er bei den Jüngern in Damaskus; und sogleich verkündete er Jesus in den Synagogen und sagte: Er ist der Sohn Gottes. Alle, die es hörten, gerieten in Aufregung und sagten: Ist das nicht der Mann, der in Jerusalem alle vernichten wollte, die diesen Namen anrufen? Und ist er nicht auch hierhergekommen, um sie zu fesseln und vor die Hohenpriester zu führen?
Saulus aber trat umso kraftvoller auf und brachte die Juden in Damaskus in Verwirrung, weil er ihnen bewies, dass Jesus der Messias ist.

Apg 9,1-22

■ **Blindsein.** »Blindsein« kann wörtlich wie im übertragenen Sinn gemeint sein. Worin lag die Blindheit des Paulus? Wodurch fiel es ihm wie Schuppen von den Augen – wir könnten auch sagen: »Es ging ihm ein Licht auf«? Entwirf eine Gedankenblase, in die du den »Geistesblitz« des Paulus schreibst.
Ist dir auch schon einmal etwas »Umwerfendes« passiert? Tausche dich mit deinen Mitschülerinnen und Mitschülern über Erfahrungen aus.

■ **Ein umwerfendes Ereignis.** Teile den Text in verschiedene Szenen und gib ihnen jeweils eine Überschrift.
Stellt in Kleingruppen jeweils eine Szene als Standbild dar.

■ **Das Bild von Caravaggio.** Beschreibe zunächst den am Boden liegenden Paulus, danach das Pferd.
Wie wirkt der Begleiter? Wie ist die Wirkung von Licht und Schatten?
Vergleiche nun das Bild mit dem Text. Welche Szene wird dargestellt?

Caravaggio, 1600

Streit in Antiochia und Jerusalem

Die Christusbegegnung vor Damaskus hat Paulus ganz und gar verändert. War er zuvor ein strenggläubiger Jude, für den die Befolgung der Tora – des jüdischen Gesetzes – das Zentrum und die Richtschnur seines Lebens war, so war jetzt die Verkündigung der Frohbotschaft von Jesus Christus, dem Heiland und Messias, seine Lebensaufgabe.
Aus Begeisterung für diese Botschaft warb er nicht nur bei den Juden, sondern auch bei Nichtjuden dafür. So entstand in Antiochia eine größere christliche Gemeinschaft, die hauptsächlich aus »Heidenchristen« bestand. Diese kannten die Tora nicht und hielten sich somit nicht an die jüdischen Gesetze. Sie waren nicht beschnitten und ließen auch ihre Kinder nicht beschneiden. Bei den »Judenchristen« führte dies zu einer grundsätzlichen Frage: Mussten Heiden, die sich taufen lassen wollten, zunächst Juden werden, sich beschneiden lassen und sich z. B. an die jüdischen Essensvorschriften halten (vgl. S. 168f.)? Oder ermöglichte der Glaube an Jesus Christus die Freiheit vom Gesetz, wie das Paulus vertrat? Die folgende Geschichte könnte sich in Antiochia abgespielt haben:

Daniel und Julia gingen über den Markt von Antiochia. Sie wollten zu einer Gemeindeversammlung. Auch Julia und ihre Familie hatten sich vor kurzem taufen lassen. Ihr Vater arbeitete bei der Stadtverwaltung.
Mit hungrigen Blicken schaute Julia auf die Stände der Fischhändler: »Schau, den leckeren, gegrillten Fisch, die frischen Austern mit Zitrone und das rote Muskelfleisch der Hummer!«
»Muscheln, Krebse oder Schnecken könnte ich nie essen.« Daniel schüttelte sich und fuhr fort: »Lass das bloß nicht meinen Vater hören, dass du so etwas gern isst! Die Tora verbietet uns das Fleisch dieser Tiere, weil sie unrein, nicht koscher sind. Mein Vater ist in diesen Sachen sehr streng.«
Julia zuckte mit den Schultern: »Wir finden nichts dabei. Bei uns kommt sogar Schweinefleisch auf den Tisch. Aber komm, wir müssen uns beeilen.«
In der Gemeindeversammlung war ein heftiger Streit im Gange. Daniels Vater war sehr erregt. »Barnabas, es ist nicht richtig, dass die Neuen sich nicht an unsere Gebote halten.

■ **Streitschlichter.** Julia und Daniel und ihre Eltern stehen für die beiden Parteien in diesem Konflikt. Verfasse eine flammende Rede für jede der beiden Standpunkte (heidenchristliche Position gegen judenchristliche Position) und trage sie vor.

Wenn sie Christen sein wollen, dann dürfen sie nur Koscheres essen.«

»Barnabas, du verunreinigst dich, wenn du das isst, was die Neuen essen«, mahnte eine Frauenstimme. Daniel und Julia warfen sich vielsagende Blicke zu. »Aber was soll ich machen?«, antwortete Barnabas.

»Wir Christen wollen gemeinsam Gottesdienst feiern, wir wollen füreinander da sein, uns gemeinsam um unsere Kinder und um unsere Alten kümmern. Aber wie sollen wir zusammenleben, wenn wir nicht gemeinsam essen können?«

»Ich denke, wir müssen Paulus fragen. Er kann uns vielleicht helfen«, meinte die Frau.

Paulus gehörte zu den Aposteln, die die neue Christenlehre in alle Welt verbreiteten. Er schrieb Briefe an die Christengemeinden, um sie zu beraten.
Wird Paulus hier helfen können? Es geht nämlich nicht um eine Lappalie, sondern um eine drohende Spaltung zwischen Juden- und Heidenchristen – und um die Frage, ob und wie Paulus in Zukunft seine Heidenmission gestalten darf. Ist die Ausbreitung des Evangeliums schon an ihre Grenzen gestoßen? Für die Gemeinde in Antiochia reisen Paulus und Barnabas nach Jerusalem und legen gegenüber den maßgeblichen Männern der Gemeinde in Jerusalem ihren Standpunkt dar.

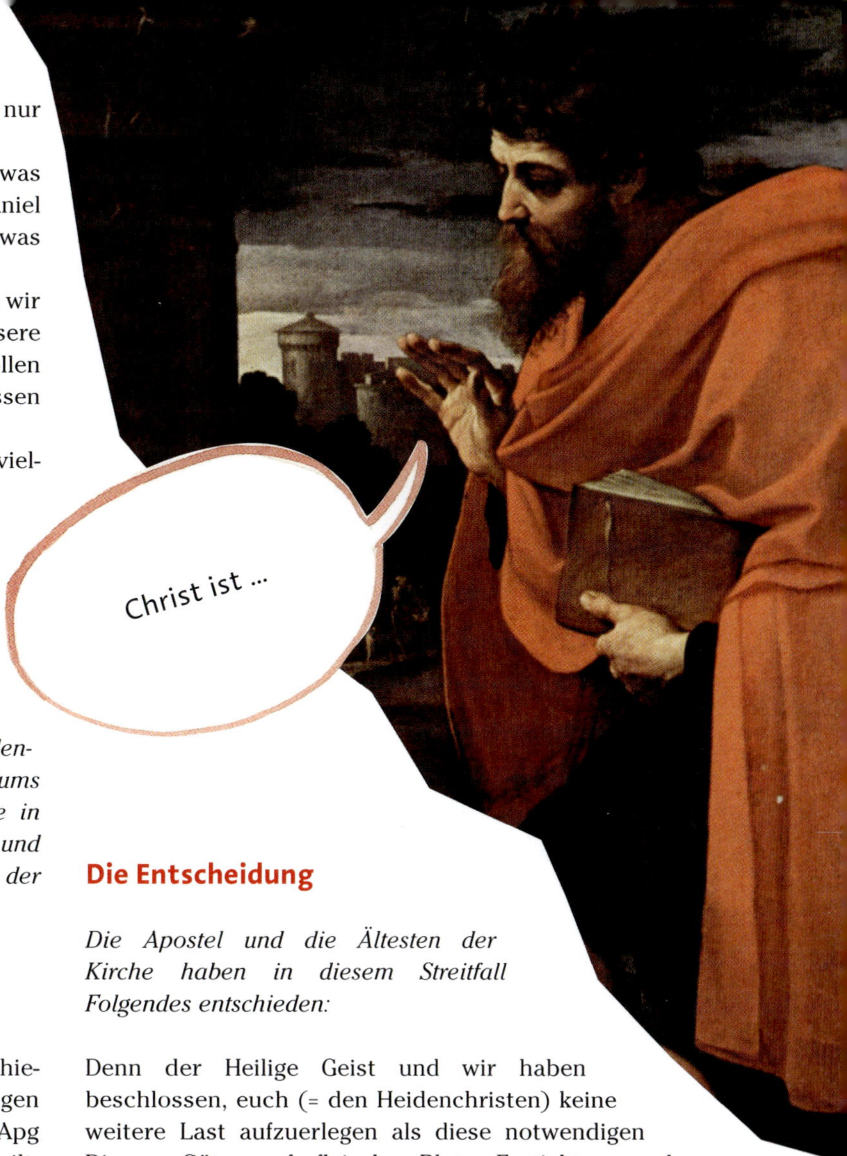

Das Apostelkonzil in Jerusalem

Immer wieder gab es in der Kirche Meinungsverschiedenheiten, um deren Lösung man sich in Versammlungen (Konzilien) bemühte. Im Apostelkonzil in Jerusalem (Apg 15), das als das erste Konzil der Kirchengeschichte gilt, ging es um die entscheidende Frage, ob die Zielgruppe für die Frohbotschaft Jesu nicht nur Juden, sondern alle Menschen sein sollten.

■ **Petrus und Paulus.** Die beiden Apostel vertraten sehr unterschiedliche Meinungen darüber, was Christsein an religiösen Pflichten beinhaltet. Über dieser Frage drohte eine erste Spaltung unter den Christen. Das auseinandergerissene Bild des italienischen Malers Guido Reni (1575-1642), das Petrus (links) und Paulus (rechts) darstellt, versinnbildlicht diesen Streit, der im Apostelkonzil in Jerusalem beigelegt wurde. Übertrage die Sprechblasen in dein Heft und ergänze sie.

Die Entscheidung

Die Apostel und die Ältesten der Kirche haben in diesem Streitfall Folgendes entschieden:

Denn der Heilige Geist und wir haben beschlossen, euch (= den Heidenchristen) keine weitere Last aufzuerlegen als diese notwendigen Dinge: Götzenopferfleisch, Blut, Ersticktes und Unzucht zu meiden. Wenn ihr euch davor hütet, handelt ihr richtig.

Apg 15,28f.

■ **Paulusbrief.** Verfasse einen Brief, in dem Paulus die Entscheidung des Apostelkonzils der Gemeinde in Antiochia erklärt. Zusätzliche Informationen dazu findest du in Gal 2,1-10.

Liebe Männer und Frauen in …

Heute möchte ich euch von einem ganz außergewöhnlichen Menschen erzählen. Er heißt Jesus von Nazaret und ist für mich wie für alle seine Anhängerinnen und Anhänger der Christus, der Messias, Gottes Sohn.
Gott ist uns in ihm ganz nahe gekommen – er hat sozusagen ein menschliches, liebendes Gesicht bekommen. Die Menschen, denen er begegnete, hat er verändert. Er hat vom Reich Gottes erzählt, und er hat den Menschen durch sein Reden und Handeln gezeigt, wie es in diesem Reiche aussieht: Blinde sehen, Lahme gehen, Ausgestoßene werden wieder in die Gesellschaft aufgenommen – mit ihm ist die Liebe Gottes in die Welt gekommen und das Reich Gottes angebrochen.
Mit seiner Botschaft hat er bei den Mächtigen und Großen Anstoß erregt. Er starb wie ein Schwerverbrecher am Kreuz und wurde von Gott wie ein Gerechter von den Toten auferweckt. Alle, die an ihn glauben und sich taufen lassen, können darauf vertrauen, dass sie sich das Himmelreich nicht durch gute Taten »verdienen« müssen, sondern durch Gottes Liebe und Barmherzigkeit unbedingt angenommen – gerechtfertigt – sind.
Bald werde ich mit meinen treuen Gefährten zu euch kommen und wir werden sicher Gelegenheit haben, über alle diese Dinge zu reden. Ich bin überzeugt, ihr lasst euch von der Frohbotschaft anstecken, so wie ich Feuer und Flamme für sie bin. Dann werdet auch ihr am Reich Gottes mitarbeiten.
Einige weite und gefährliche Reisen haben wir schon hinter uns. Mit Gottes Hilfe wurden wir aus vielen schwierigen Situationen gerettet und konnten in vielen Ländern christliche Gemeinden gründen.
Friede sei mit euch! *Paulus*

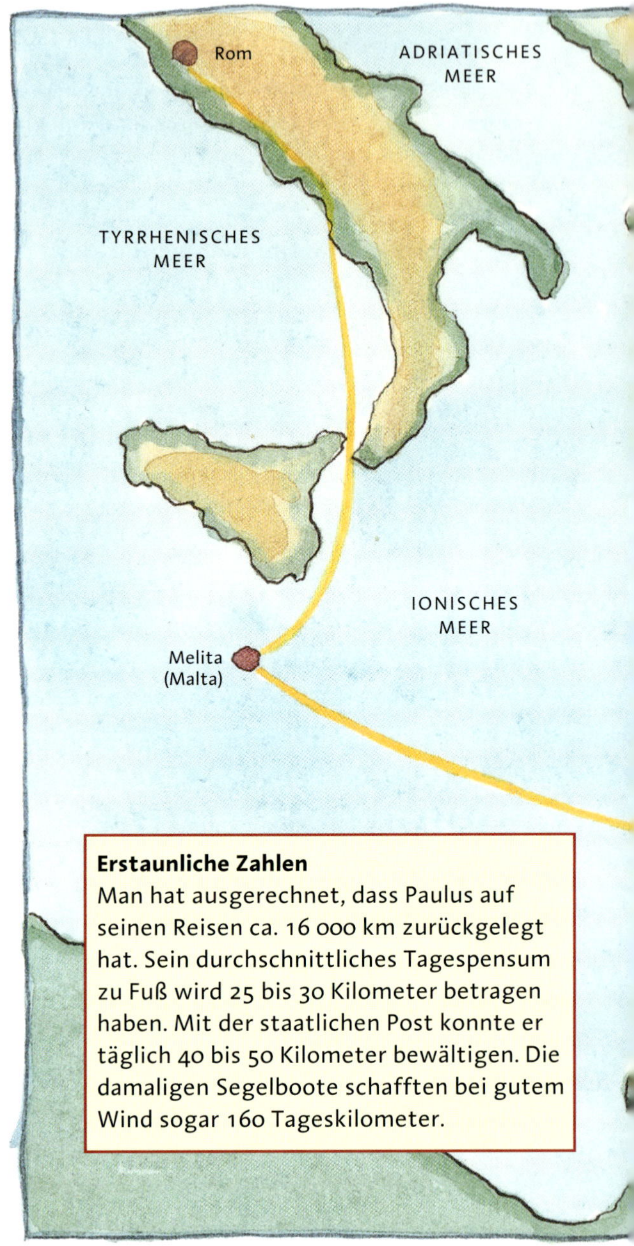

Erstaunliche Zahlen
Man hat ausgerechnet, dass Paulus auf seinen Reisen ca. 16 000 km zurückgelegt hat. Sein durchschnittliches Tagespensum zu Fuß wird 25 bis 30 Kilometer betragen haben. Mit der staatlichen Post konnte er täglich 40 bis 50 Kilometer bewältigen. Die damaligen Segelboote schafften bei gutem Wind sogar 160 Tageskilometer.

■ **Brief.** Der Brief auf dieser Doppelseite versucht, die wichtigsten Punkte der Botschaft des Paulus zusammenzufassen. Schreibe eine SMS mit den zentralen Aussagen. Du hast dafür maximal 160 Zeichen zur Verfügung.

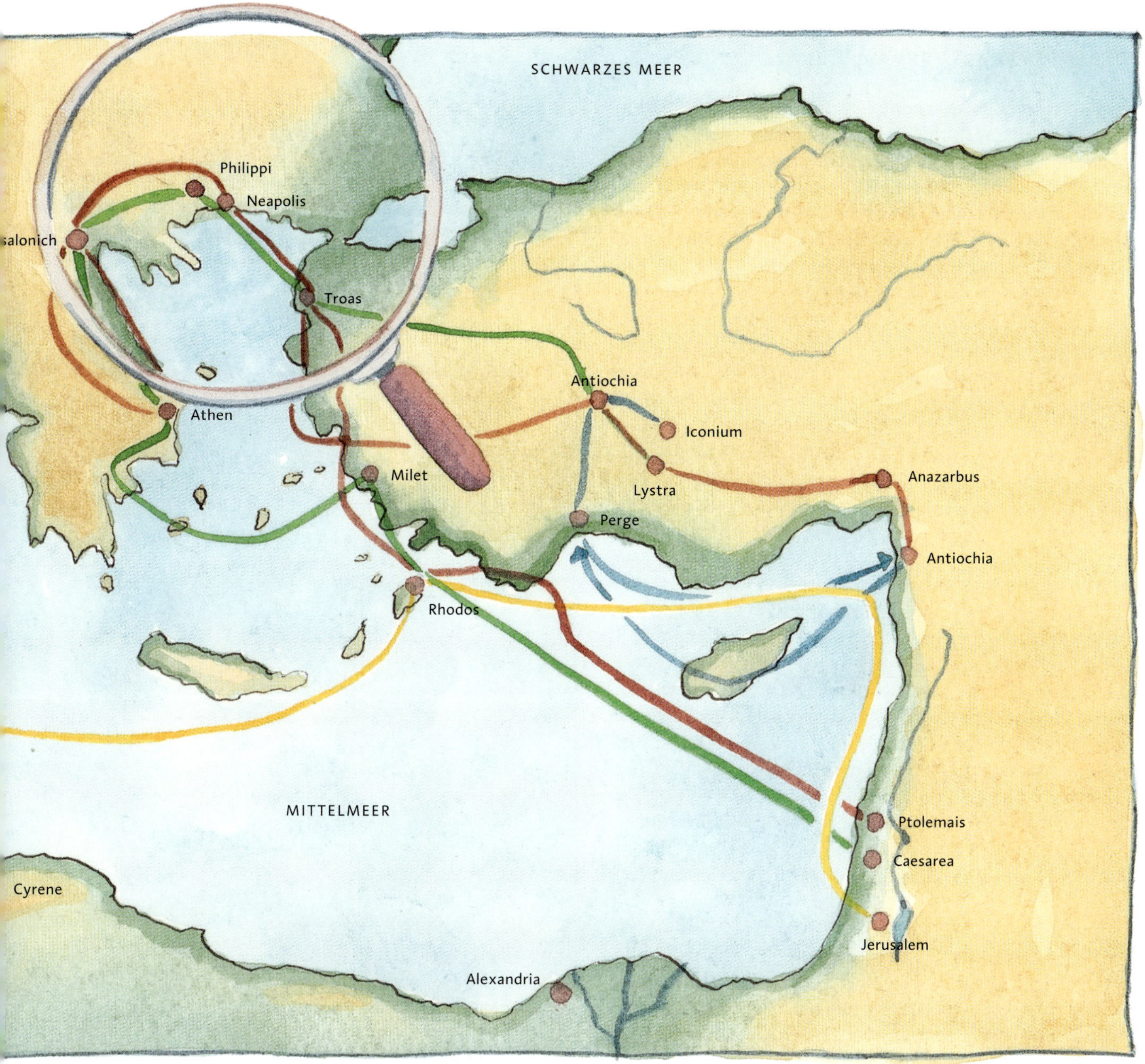

Missionsreisen. Verfolge auf der Karte die drei Missionsreisen des Paulus. Informiere dich über mindestens eine Gemeinde, die er auf dieser Reise gegründet hat (vgl. die Paulusbriefe im Neuen Testament). Informiere dich genauer über die Gemeinde in Philippi, die erste Gemeinde in Europa und Paulus' Lieblingsgemeinde.
Folgende Gesichtspunkte kannst du hierbei beachten:
- die geografische Lage und historische Bedeutung der Stadt;
- die damaligen Bewohner, ihre Lebensweise, ihre Probleme;
- das Auftreten des Paulus und seiner Begleiter.

Informationen hierzu findest du z. B. in Apg 16,11-40 und natürlich im Philipperbrief selbst.
Wenn du deine Kenntnisse testen möchtest, findest du unter www.ekd.de/paulus eine gute Gelegenheit.

Die römische Götterwelt

Rom war zur Zeit der ersten Ausbreitung des Christentums *die* Weltstadt schlechthin. Die Römer hatten für die Macht und den Wohlstand ihrer Stadt eine einfache Erklärung: Sie glaubten, dass sie ihre Götter mehr verehrten als alle anderen Völker die ihren. Ob ein Feldzug geplant wurde oder eine Ehe geschlossen, die Geburt eines Kindes bevorstand oder ein öffentliches Amt neu zu besetzen war – in allen Lebenslagen versicherten sich die Römer durch Gebet und Opfer der Hilfe ihrer Götter. Deren Zahl war groß – den privaten Bereich schützten u. a. Janus, der Gott der Tür und Beschützer des Hauses, Vesta, die Göttin des häuslichen Herdes, und Venus, die Göttin der Liebe. Im öffentlichen Bereich waren Merkur für die Kaufmannsgeschäfte oder Mars für die Kriegsführung zuständig. Über allem wachte der Göttervater Jupiter.

Die Römer achteten aber auch die Göttinnen und Götter der Völker, die sie unterworfen hatten. Ihnen war ein eigens für sie errichteter Bau gewidmet, das *Pantheon* (griech.: »Ort für alle Götter«), das noch heute als Kirche in Rom zu besichtigen ist. Hier fand man die Götter der Griechen, Ägypter, Gallier und Germanen einträchtig nebeneinander und konnte sie verehren. Die Juden, die an einen Gott glaubten und sich von ihm keinerlei Abbilder machten, wollten jedoch hier ihren Gott nicht verehren.

■ **Besuch im Pantheon.** Lucius, ein junger Römer, will Lydia, eine junge Christin, mit ins Pantheon nehmen.
Entwirf einen Dialog zwischen den beiden und spielt euch verschiedene Dialogszenen vor.

Paulus wird in Rom hingerichtet

Paulus wurde in Jerusalem gefangen und als römischer Gefangener von Jerusalem nach Cäsarea gebracht. Sein Prozess schleppte sich über längere Zeit hin.

Paulus, der ja römischer Staatsbürger war, appellierte darauf an das römische Kaisergericht. So kam er als Angeklagter nach Rom und wurde von der römischen Gemeinde herzlich aufgenommen. Durch das Zusammenleben mit ihnen lernte er römische Lebensgewohnheiten, den Götterglauben der Römer und ihren Kaiserkult kennen. Zuerst durfte sich Paulus in Rom noch relativ frei

Innenansicht des Pantheons in Rom. Kupferstich nach einem Gemälde von Giovanni Paolo Pannini (1691/92-1765)

bewegen – er befand sich in einer Art »Hausarrest«. Unter dem römischen Kaiser Nero (54-68 n. Chr.) wurde der Prozess gegen Paulus wieder aufgenommen. Sein gerichtliches Widerspruchsverfahren hatte keinen Erfolg.
Paulus starb vermutlich Anfang der sechziger Jahre unter Kaiser Nero. Da er römischer Staatsbürger war, soll er – dies galt als besonderes Privileg – mit dem Schwert enthauptet worden sein.

■ **Vorbilder.** Paulus ermutigte die Gemeindeglieder seiner Zeit, sich füreinander und besonders auch für die Schwachen in der Gesellschaft einzusetzen. So bricht das Reich Gottes unter den Menschen an.
Kennst du Menschen vor Ort, die sich in den Bereichen Armenhilfe; Ehrlichkeit; Behinderung; Glaubenszeugnis oder Zivilcourage besonders engagieren? Welche der oben stehenden Aussagen des Paulus könnte ein Motto für ihr Handeln sein?
Ihr könnt auch auf der Homepage www.ktf.uni-passau.de/local-heroes schauen. Dort werden Menschen vorgestellt, die sich besonders für ihre Mitmenschen vor Ort eingesetzt haben bzw. immer noch einsetzen. Besuche die Homepage und wähle dort eines der oben genannten Schlagworte aus. Stelle deiner Klasse eine der hier aufgeführten Personen vor.

Was von Paulus bleibt

Viele Aussagen aus den Paulusbriefen sind weltbekannt und auch heute noch aktuell. Sie sagen viel über den Menschen Paulus und über die Haltung, die er von Christinnen und Christen gefordert hat:

Wir sollen als neue Menschen leben.	Röm 6,4
Freut euch mit den Fröhlichen und weint mit den Weinenden!	Röm 12,15
Alle Gebote sind in dem einen Satz zusammengefasst: Du sollst deinen Nächsten lieben wie dich selbst.	Röm 13,10
Lauft so, dass ihr den Siegespreis erringt.	1 Kor 9,24
Wenn ich alle Glaubenskraft besäße und Berge damit versetzen könnte, hätte aber die Liebe nicht, wäre ich nichts.	1 Kor 13,2
Tod, wo ist dein Sieg? Tod, wo ist dein Stachel?	1 Kor 15,55
Einer trage des anderen Last.	Gal 6,2

■ **Lieblingsspruch.** Welcher Ausspruch von Paulus spricht dich am meisten an? Schreibe ihn in dein Heft und verziere ihn.

Die ersten Christen in Rom

In der ersten Zeit der jungen christlichen Gemeinde in Rom und im Römischen Reich gab es noch relativ wenig Probleme. Der römische Staat unterschied nicht zwischen Juden und Christen.
Wie die Juden passten sich die Christen nicht richtig an und waren einfach anders. Die Christinnen und Christen blieben unter sich. Was hatten sie zu verbergen?
Die Menschen im Römischen Reich stellten sich Fragen wie:

- Was sind das nur für Menschen, die nur einen einzigen Gott anbeten und dazu noch einen gekreuzigten Schwerverbrecher verehren?
- Warum gehen sie nicht in unsere Tempel, sondern treffen sich zu abendlichen Mahlzeiten, bei denen sie ganz unter sich sind? Und stimmt das Gerücht, dass sie da das Fleisch und Blut kleiner Kinder verzehren?
- Warum achten sie alle Menschen gleich hoch – auch Sklaven, Obdachlose oder Asoziale aus den Elendsvierteln?
- Warum pflegen und versorgen sie Arme, Kranke, Behinderte und Ausgestoßene?
- Warum haben sie vor dem Kaiser gar keinen Respekt – an den Kaiserfesten bekränzen sie nie die Kaiserstatuen und feiern auch kein Fest zu Ehren des Kaisers.
- Und wie ist das mit ihrem Geheimzeichen? Da gibt es doch ein geheimes Erkennungszeichen für die Christen untereinander ...

Christenverfolgungen gab es unter den Kaisern Nero (54-68 n. Chr.), Decius und Diokletian in den Jahren 249-251 bzw. 303-305, bei den beiden letztgenannten Kaisern nicht nur im Stadtgebiet von Rom, sondern im gesamten Römischen Reich. Diese Kaiser wollten die Einheit des Reiches sichern, und zwar durch die gemeinsame Verehrung der römischen Staatsgötter, zu denen sich auch die Kaiser selbst zählten. Sie hatten sich den Titel »Herr und Gott« zugelegt. Verlangt wurde von jedem Bürger, jeder Bürgerin eine Opferbescheinigung. Sie mussten ein Opfer oder eine Weihrauchgabe darbringen, vom Fleisch der Opfertiere essen und vor dem Bild des Kaisers niederknien. Das konnten Christinnen und Christen nicht akzeptieren. Wer das Opfer verweigerte, wurde zum Tode verurteilt und starb einen qualvollen Tod.

■ **Christenverfolgung heute.** Informiere dich, wo auch heute noch Menschen wegen ihres Glaubens verfolgt, misshandelt, ausgestoßen werden.

Ein Fisch ist mehr als ein Fisch

Der Fisch als Zeichen für die Christen findet sich auf Grabsteinen, Haustüren und Amuletten – und heute auch auf Autos! In Zeiten der Verfolgung diente er als Erkennungszeichen.
Warum war gerade der Fisch als Christussymbol so geeignet? Das griechische Wort für Fisch, »ichthys«, besteht aus den Anfangsbuchstaben eines Christusbekenntnisses: »Jesus Christus, Gottes Sohn, Erlöser«.

■ **Gerüchte.** Die genannten Fragen sind Missverständnisse oder Gerüchte, die bewusst oder unbewusst weitergegeben wurden.
Schlüpfe in die Rolle einer Christin oder eines Christen der damaligen Zeit und suche dir drei Fragen aus, die du beantwortest.
Veranstaltet eine Podiumsdiskussion zwischen Römern und Christen zum Thema »Die Christen – eine gefährliche Sekte?«.
Informiere dich in Büchern und im Internet über Christenverfolgungen und Menschen, die damals als »Blutzeugen« (griech. = Märtyrer) ihr Leben ließen (z. B. Sebastian, Felizitas, Perpetua u. a.).

Das Blatt wendet sich

Trotz aller Bemühungen, das aufkeimende Christentum zu unterdrücken und die Staatsreligion mit ihrem Kaiserkult als Bindeglied für die unterschiedlichen Völker im Reich aufrecht zu erhalten, verlor diese in der Bevölkerung immer mehr an Bedeutung. Die Christinnen und Christen fanden durch ihren Lebenswandel, ihre Nächstenliebe, ihre Hilfsbereitschaft und ihr Bekenntnis zu Gott, der alle Menschen annimmt und liebt, eine immer größere Anhängerschaft. Zu Beginn des vierten Jahrhunderts war schon jeder zehnte römische Bürger Christ. Kaiser Konstantin sah, dass die alten Götter keine staatstragende und verbindende Wirkung mehr zeigten.
Eine alte Legende erzählt, dass Konstantin vor einer entscheidenden Schlacht an der Milvischen Brücke in der Nähe von Rom im Traum ein Kreuz erschienen sei mit der Botschaft: *In hoc signo vinces*! (In diesem Zeichen wirst du siegen!) Und tatsächlich gewann Konstantin 312 diese Schlacht und sicherte sich die Kaiserkrone.
Im Jahr 313 erließ Kaiser Konstantin in Mailand ein Gesetz, das jedem freie Religionsausübung gewährte und das Christentum besonders bevorzugte.

- **Legende.** Schlage im Lexikon nach, was eine Legende ist. Betrachte dann das Bild, das die alte Legende von der Schlacht an der Milvischen Brücke vor Rom »nacherzählt«. Welche Personen und Gegenstände erkennst du? Auf welche Details hat der Maler besonderen Wert gelegt?

Guilio Romano, 1520/25

Gesprächsrunde: Wie alles begann

■ **Abschlussgespräch.** Setze in Gedanken auf die leeren Stühle Persönlichkeiten – wirkliche und erfundene – die in dieser Lernlandschaft eine Rolle gespielt haben oder auch gespielt haben könnten.
Stelle dir vor, diese Personen befänden sich in einer Talkshow zum Thema »Die ersten Christen«. Schreibe zunächst ihre Namen in dein Heft auf und dazu in Sprechblasen, wie sie sich wohl selbst und ihre Bedeutung für die Entstehung der Kirche einschätzen würden.
Geht dann in Kleingruppen und verteilt die Rollen für eine Vorstellungsrunde. Die Schülerinnen und Schüler, die eine Rolle übernehmen, setzen sich in einen Sitzkreis und tragen ihre Überlegungen zur entsprechenden Persönlichkeit der Reihe nach vor. Alle anderen Schülerinnen und Schüler dürfen Fragen stellen.

Auf diesen beiden Seiten siehst du ein Plakat zum fünfzigjährigen Firmenjubiläum einer Uhrenfabrik. In vielfältiger, oft auch überraschender Weise geht es dabei um das Thema »Zeit«.

- **Bildbetrachtung.** Betrachte das Bild genau und versuche, in vier bis fünf Sätzen zu beschreiben, was es darstellt. Besprich mit deinem Nachbarn oder deiner Nachbarin, welche Details dir darauf am besten gefallen.

- **Deine Zeit.** Male eine Uhr, in die du den Ablauf eines beliebigen typischen Wochentages von dir einträgst. Fertige auch eine »Jahresuhr« für das zurückliegende Jahr an. Trage darin wichtige Ereignisse ein und markiere gute bzw. schlechtere Zeiten mit entsprechenden Farben.

FESTE FEIERN

50
1925
1915
1905
1895
1885
1875
HAMBURG-AMERIKANISCHE UHRENFABRIK
HAU
AMICVS OMNIVM HORARVM (Horatius)
1875
1925

Zeit erleben

Zeit erleben wir ganz unterschiedlich – jeder Mensch erfährt sie auf seine Weise. Eigentlich läuft Zeit immer gleich schnell ab; wir können sie messen und anhand von Uhren nachvollziehen, wie sie vergeht. Für uns selbst jedoch ist sie unterschiedlich lang: In glücklichen und interessanten Momenten vergeht sie wie im Fluge; erleben wir Unangenehmes oder langweilen wir uns, erscheint sie uns unsäglich lang. Im Nachhinein betrachtet ist es gerade anders herum: Zeiten, die für uns positiv und mit guten Ereignissen angefüllt waren, erscheinen uns länger als öde und ereignislose, immer gleich verlaufende Tage.

Zeitlupe – Zeitraffer
Bewegt euch frei im Raum und führt – nach Ansage – folgende Tätigkeiten zuerst ganz langsam (Zeitlupe), dann sehr schnell (Zeitraffer) aus und werdet schließlich wieder ganz langsam:

- Hände schütteln;
- gehen;
- niedersitzen (auf einen Stuhl);
- Zeitung lesen;
- trinken;
- aufstehen.

Ihr könnt euch auch eine Abfolge von anderen Tätigkeiten überlegen.

Zeit schätzen oder werten
Schätzt die Dauer einer begrenzten Zeitspanne, ohne eure Uhren zu benützen. Sammelt eure Gefühle und Erfahrungen mit dem (stillen) Vergehen einer Zeitspanne von fünf oder zehn Minuten.

Gespräch
Wie könnt ihr hier im Raum die Zeit ohne Uhr bestimmen? Woran merkt ihr, dass Zeit vergangen ist? Welche Tätigkeiten kommen euch lang, welche kurz vor? Welcher Tag der Woche ist für jeden Einzelnen von euch der kürzeste, welcher der längste? Warum?

Stundenpläne
Schildert die Abfolge und Veränderung eurer Gefühle in der ersten Schulwoche eines Schuljahres.
Warum gibt es »gute« und »schlechte« Tage in einer Schulwoche?
Wie sähe ein Lernen ohne Stundenplan aus?
Diskutiert Vor- und Nachteile einer 45-Minuten-Stunde.

Gute Zeiten, schlechte Zeiten

Sicherlich gibt es Zeiten, an die du dich besonders gern erinnerst, ebenso wie Zeiten, die du gerne aus deiner Erinnerung streichen würdest. Es gibt Zeiten, auf die wir uns besonders freuen, und solche, deren Herbeikommen uns ängstigt. Im Nachhinein betrachtet, kann sich das Gewesene und Erlebte zu einem Ganzen fügen und manchmal sehen wir sogar, dass auch Schlechtes seine guten Seiten haben kann.
Schon vor Tausenden von Jahren schrieb ein Weisheitslehrer, dessen Schriften in unsere Bibel aufgenommen wurden, über die Zeit:

Ein jegliches hat seine Zeit, und alles Vorhaben unter dem Himmel hat seine Stunde:
geboren werden hat seine Zeit, sterben hat seine Zeit;
pflanzen hat seine Zeit, ausreißen, was gepflanzt ist, hat seine Zeit;
töten hat seine Zeit, heilen hat seine Zeit;
abbrechen hat seine Zeit, bauen hat seine Zeit;
weinen hat seine Zeit, lachen hat seine Zeit;
klagen hat seine Zeit, tanzen hat seine Zeit;
Steine wegwerfen hat seine Zeit,
Steine sammeln hat seine Zeit;
herzen hat seine Zeit, aufhören zu herzen hat seine Zeit;
suchen hat seine Zeit, verlieren hat seine Zeit;
behalten hat seine Zeit, wegwerfen hat seine Zeit;
zerreißen hat seine Zeit, zunähen hat seine Zeit;
schweigen hat seine Zeit, reden hat seine Zeit;
lieben hat seine Zeit, hassen hat seine Zeit;
Streit hat seine Zeit, Friede hat seine Zeit.

Koh 3,1-8 Übersetzung nach Martin Luther

■ **Lieblingssatz.** Wie wirkt der Text Koh 3,1-8 auf dich? Tausche dich mit deinem Banknachbarn oder deiner Banknachbarin aus. Welcher Teilsatz (zwischen zwei Strichpunkten) gefällt dir am besten? Warum? Trifft ein Satz auf dein Leben in den letzten Jahren besonders zu?
Füge noch eigene Sätze, die etwas mit deiner Zeit zu tun haben, hinzu, z. B.: »Computerspielen hat seine Zeit, … hat seine Zeit« – »Lernen hat seine Zeit …«

Ausgang und Eingang

Zeit empfinden

Unser Zeitempfinden ist geprägt von den Jahreszeiten und verschiedenen Ereignissen, welche die ablaufende Zeit strukturieren. Ereignisse, die sich regelmäßig wiederholen, machen uns das Vergehen der Zeit bewusst und erinnern uns im alltäglichen Einerlei an Wichtiges. So feiern die meisten Menschen jedes Jahr ihren Geburtstag, um sich gemeinsam mit anderen darüber zu freuen, dass sie geboren wurden. Kinder und Jugendliche feiern dabei auch, dass sie ein Jahr älter geworden sind. Ehepaare feiern ihren Hochzeitstag und erinnern sich daran, wie schön der Beginn ihrer Liebe war und welche guten und schlechten Zeiten sie gemeinsam durchlebt haben. Auch ein Volk denkt an bestimmten Tagen an prägende und für die Geschichte des Landes bedeutsame Ereignisse. Für uns Deutsche ist dies neben anderem der »Tag der deutschen Einheit« am 3. Oktober, an dem wir uns an den Fall der Mauer zwischen West- und Ostdeutschland im November 1989 erinnern.
Manchmal müssen wir uns auch an schlimme Ereignisse erinnern, wie z. B. den Todestag von geliebten Menschen oder an Kriege oder Naturkatastrophen. Auch diese Erinnerungstage haben für uns eine große Bedeutung, denn wir trauern gemeinsam mit anderen um Verlorenes und überdenken begangene Fehler. Dies erleichtert deren Bewältigung.
Es ist also wichtig, dass wir immer wieder innehalten, um uns zu erinnern und uns – wenn der Anlass ein schöner ist – in einem Fest miteinander zu freuen.

■ **Mein Jahr.** Male einen Jahreskreis in dein Heft und trage darin ein, auf welche Zeiten in diesem und im kommenden Jahr du dich am meisten freust. Zeigt euch in Gruppen euren Jahreskreis und erklärt ihn euch gegenseitig.
Was könnten die Bilder im abgebildeten Jahreskreis bedeuten? Zeichne die Bilder in dein Heft und schreibe deren mögliche Bedeutung daneben.
Gestalte deinen Jahreskreis ähnlich wie beim abgebildeten mit verschiedenen Symbolen für die unterschiedlichen Zeitphasen im Jahr.
Gestalte deinen eigenen Jahreskreis mit den entsprechenden Farben aus. Wende deine Kenntnisse der Farbensymbolik auf die Bilder in diesem Kapitel bzw. in diesem Religionsbuch an.

■ **Ein Fest feiern.** Welche Anlässe feierst du? Fallen dir welche ein, die du noch nie gefeiert hast?
Was gehört für dich unbedingt zu einem gelungenen Fest?
Beschreibe deinem Nachbarn oder deiner Nachbarin dein schönstes Fest.

Farbe und Form

Jeder *Farbe* wird von vielen Menschen eine bestimmte Bedeutung, eine Symbolik, zugeschrieben. Bevor du weiterliest, überlege dir, was dir bei den Farben Rot, Grün, Gelb, Blau oder Schwarz einfällt. – Im Folgenden findest du eine Zusammenstellung dessen, was die meisten Menschen weltweit mit den wichtigsten Farben verbinden – wobei es in unterschiedlichen Kulturen auch Unterschiede gibt.

Rot:	Feuer, Blut oder Leidenschaft
Gelb:	Sonne, Glanz
Gelbgrün:	Neid, Hass, Eifersucht
Grün:	Natur, Wachstum, Unreifes, Hoffnung, Ruhe
Blau:	Treue, Ferne, Unergründlichkeit, Keuschheit
Violett:	Trauer, Würde, Entsagung
Weiß:	Unschuld, Reinheit, Kälte
Schwarz:	Nacht, Tod, Trauer, Böses
Grau:	Alter, Unterordnung, Trübsinn, Pessimismus
Gold:	Sonne, Reichtum, Freude

Die Bedeutung der Farben haben sich viele Künstlerinnen und Künstler zunutze gemacht, um bei der Gestaltung ihrer Bilder noch etwas mehr über das Abgebildete auszusagen. In vielen mittelalterlichen religiösen Bildern trägt beispielsweise Maria, die Mutter Jesu, ein blaues und Judas ein gelbes bis gelbgrünes Gewand. Häufig wurde die Farbe Weiß für Gott und die Engel, später für die Heiligen verwendet und die Regenbogenfarben wiesen auf eine Gotteserscheinung hin. Christus trug die Farben Blau oder Rot bzw. Purpur, eine Farbe, die ursprünglich nur vom Kaiser getragen wurde.

Auch *Formen* haben oft eine zusätzliche symbolische Bedeutung. Die Kreisform, z. B. beim Jahreskreis, verdeutlicht einerseits einen abgeschlossenen Zeitabschnitt, andererseits sieht man daran schön das Ineinander-Übergehen von Anfang und Ende. Das Ende ist immer auch ein neuer Anfang. Gefühle lassen sich nicht nur in Farben, sondern auch in unterschiedlichen Formen darstellen. So werden Empfindungen wie Wut oder Hass eher in spitzen, scharf abgegrenzten Formen, Gefühle wie Liebe und Zärtlichkeit eher in weichen, fließenden, runden Formen ausgedrückt.

■ **Farb- und Formensymbolik.** Interpretiere das Pfingstbild von Arnulf Rainer auf S. 91 in Bezug auf seine Farben und Formen.

4. Dezember: Gedenktag der hl. Barbara
Wenn man an diesem Tag einen Kirschbaum- oder Forsythienzweig in der Wohnung ins Wasser stellt, blüht dieser an Weihnachten. Der Brauch geht auf die Legende von der hl. Barbara zurück, die die Tochter eines reichen Griechen war und im 3./4. Jahrhundert in Nikomedien lebte. Obwohl damals die Christen verfolgt wurden, ließ sie sich taufen und wurde daraufhin von ihrem Vater an die Verfolger ausgeliefert. Auf dem Weg ins Gefängnis soll sich ein Kirschbaumzweig in ihrem Kleid verfangen haben. Den stellte sie als Gefangene ins Wasser und er soll an ihrem Todestag geblüht haben.
Heute erinnert uns der mitten im Winter blühende Zweig an das Wunder der Geburt Jesu.

13. Dezember: Festtag der hl. Luzia
Luzia lebte im 4. Jahrhundert in Syrakus/Sizilien. Sie war Christin und eine von vielen Legenden über sie besagt, dass sie verfolgten Christinnen und Christen in ihren Verstecken Lebensmittel brachte. Damit sie hierbei in der Dunkelheit beide Hände frei hatte, trug sie einen Lichterkranz mit Kerzen auf ihrem Kopf. Luzia gilt deshalb als Lichtbringerin. Anlässlich ihres Festtages gab und gibt es viele Bräuche. So wurden die Kinder im Mittelalter immer am Luziatag beschenkt. Erst seit dem 16. Jahrhundert werden die Geschenke am 24. Dezember überreicht. In Schweden wird der Gedenktag der hl. Luzia mit der Wintersonnenwende, der längsten Nacht des Jahres, verbunden. Es ist dort ein besonderer Feiertag und eine Tochter jeder Familie stellt die heilige Luzia dar, indem sie einen grünen Kranz mit brennenden Kerzen auf dem Kopf trägt.

- **Adventskalender.** Advent ist die Vorbereitungszeit auf Weihnachten, das Fest der Freude. Adventskalender helfen dabei, diese Zeit der Vorfreude bewusst zu gestalten.
  Male einen Adventskalender in dein Heft und schreibe in einzelne Türchen Geschenkideen für Weihnachten, gute Vorsätze für die Adventszeit oder etwas, das du an diesem Tag Besonderes für einen deiner Mitmenschen tun möchtest.

6. Dezember: Nikolaustag
An diesem Tag wird des heiligen Nikolaus von Myra in Kleinasien gedacht, der als Bischof äußerst beliebt war und sich vorbildlich um seine Mitmenschen gekümmert haben soll. Dieser Mann hat nichts mit dem sogenannten »Weihnachtsmann« zu tun, der zur Adventszeit in Fußgängerzonen und Filmen sowie als Schokoladenfigur allgegenwärtig ist.

Aktion »weihnachtsmannfreie Zone«
Die Aktion »weihnachtsmannfreie Zone« möchte Mut machen, hinter dem Weihnachtsmann der Konsumindustrie wieder mehr den wahren Bischof Nikolaus zu entdecken. Es liegt an uns, ob das im lauten Weihnachtsrummel gelingen kann! Die »weihnachtsmannfreie Zone« macht darauf aufmerksam, dass der am Konsum orientierte Weihnachtsmann der Geschenke-Industrie nur noch wenig mit dem heiligen Bischof gemein hat.

Auch ein Weihnachtsabend

Es ist dämmrig grau in der Stube. Drüben sind schon ein paar Fenster erleuchtet. Die Straße unten ist fast menschenleer. Nur wenige Autos fahren noch. Eine Strähne weißen Haares fällt über ihr Gesicht. Sie streicht sie mit der linken Hand nach hinten.

Auf dem Tisch steht eine Kerze. Sie brennt nicht. Drum herum liegen kleine Tannenzweige, daneben die Streichholzschachtel. Ein zarter Duft ist in der Stube.

Sie sitzt still und hört. Die Haustür klappt. Kinderfüße laufen die Treppe runter. Die haben es eilig! Der Fußboden vibriert. Das kommt von der Waschmaschine nebenan. Was die jetzt noch zu schleudern haben?

Die Klappe des Briefkastens schlägt. Sie steht auf und geht an die Tür. Sie presst das Ohr ans Holz. Unten scheint noch jemand zu sein, hier ist niemand mehr. Langsam schließt sie den Briefkasten auf. Sie kennt die Karte, sie kommt jedes Jahr. Der Lebensmittel-Kaufmann wünscht »Frohe Weihnachten«. Sie schlurft in die Stube zurück und lehnt die Karte an die Kerze.

Fröhliche Weihnachten – die Wände sind so dünn. Wittkes haben das Radio laut aufgedreht. Mit den Liedern kommt ihre Kindheit durch die Mauer. Sie hatten sich an den Händen gefasst, der Bruder im grauen Anzug – sie im weißen Kleid. Und sie sangen. Vater und Mutter sangen mit ihnen. Es roch nach Tannennadeln und Äpfeln.

Siebzig Jahre vorbei! Wohin? – Kalte, schneidende Nacht. Die Sterne glitzerten nicht nur am Himmel, auch im Schnee unter den Gaslaternen. Man bekam rote Ohren auf dem Weg zur Christmette. Hinterher in der Stube knallte der Kachelofen.

Jetzt ist es auch warm. Der Hausmeister hat gut eingeheizt. Wo das Öl doch so teuer ist. Die Heizkörper sind heiß. Nur ihre Hände sind kalt. Immer. Das kommt halt so: der Kreislauf.

Die Glocken beginnen zu läuten, draußen an der Kirche. Und überall in der ganzen Stadt. In dieser Stunde wurde damals die Tür zum Weihnachtszimmer geöffnet. Zu Hause. Und später hat sie es auch so gemacht, als ihr Bub noch klein war.

Nicht alle leben so lange wie sie. Zwei Kriege – und noch vieles andere gingen vorbei. Sie ist noch da und hört die Glocken läuten. Frohe Botschaft? Welche Botschaft?

Sie braucht nicht zu warten. Sie braucht keine Tür zu öffnen. Sie nimmt die Schachtel in die Hand und zündet ein Streichholz an. Zögernd hält sie es über den Tisch. Die Tannenzweige leuchten grün. Da steht die Glückwunschkarte des Kaufmanns.

Sie bläst das Streichholz wieder aus. Lange sitzt sie, während die Dunkelheit wächst.

Max Kruse

- **Die alte Frau.** Beschreibe, wie es der alten Frau geht.
  In der Geschichte steht, wie sie früher Weihnachten gefeiert hat. Vergleiche in einer Tabelle ihr Weihnachten damit, wie es bei euch zu Hause begangen wird.
  Auf welche »Frohe Botschaft« wird in der Geschichte angespielt?

- **Advent und Weihnachten feiern.** Wie bereitet ihr euch in eurer Familie auf Weihnachten vor? Sammelt verschiedene Weihnachtsbräuche auf einem Plakat, das ihr im Klassenzimmer aufhängt. Informiert euch über deren Bedeutung und schreibt sie daneben.

- **Adventsfeier.** Gestaltet in der letzten Schulwoche eine Adventsfeier in eurer Religionsgruppe. Überlegt hierbei, wer von euch etwas Schönes dazu beitragen kann.

Jesus wird geboren

Die ausführliche Geschichte von der Geburt Jesu steht nur in einem einzigen Evangelium. Nur der Evangelist Lukas erzählt ausführlich von der Geburt Jesu. Er hat aufgeschrieben, was von Jesus damals nicht bekannt war: unter welchen Umständen Jesus geboren wurde. Er hat sich überlegt, wie es hätte sein können und was wohl passen würde zu Jesus, von dem er so viel gehört hatte und von dem die Menschen, die ihn erlebt haben, so begeistert berichteten. Entstanden ist eine Geschichte, die weltbekannt ist und sicherlich mehr nachgespielt und abgebildet wurde als jedes andere Theaterstück bzw. Bildmotiv der Welt. Eine Geschichte, in der sehr viel über diesen Jesus von Nazaret steht und über das, was er für die Menschen damals bedeutete und heute bedeuten kann.

In jenen Tagen erließ Kaiser Augustus den Befehl, alle Bewohner des Reiches in Steuerlisten einzutragen. Dies geschah zum ersten Mal; damals war Quirinius Statthalter von Syrien. Da ging jeder in seine Stadt, um sich eintragen zu lassen. So zog auch Josef von der Stadt Nazaret in Galiläa hinauf nach Judäa in die Stadt Davids, die Betlehem heißt. Er wollte sich eintragen lassen mit Maria, seiner Verlobten, die ein Kind erwartete. Als sie dort waren, kam für Maria die Zeit ihrer Niederkunft, und sie gebar ihren Sohn, den Erstgeborenen. Sie wickelte ihn in Windeln und legte ihn in eine Krippe, weil in der Herberge kein Platz für sie war.
In jener Gegend lagerten Hirten auf freiem Feld und hielten Nachtwache bei ihrer Herde. Da trat der Engel des Herrn zu ihnen, und der Glanz des Herrn umstrahlte sie. Sie fürchteten sich sehr, der Engel aber sagte zu ihnen: Fürchtet euch nicht, denn ich verkünde euch eine große Freude, die dem ganzen Volk zuteil werden soll: Heute ist euch in der Stadt Davids der Retter geboren; er ist der Messias, der Herr. Und das soll euch als Zeichen dienen: Ihr werdet ein Kind finden, das, in Windeln gewickelt, in einer Krippe liegt. Und plötzlich war bei dem Engel ein großes himmlisches Heer, das Gott lobte und sprach: Verherrlicht ist Gott in der Höhe und auf Erden ist Frieden bei den Menschen seiner Gnade.
Als die Engel sie verlassen hatten und in den Himmel zurückgekehrt waren, sagten die Hirten zueinander: Kommt, wir gehen nach Betlehem, um das Ereignis zu sehen, das uns der Herr verkünden ließ. So eilten sie hin und fanden Maria und Josef und das Kind, das in der Krippe lag. Als sie es sahen, erzählten sie, was ihnen über dieses Kind gesagt worden war. *Lk 2,1-17*

■ **Die Weihnachtsgeschichte.** Was sagt Lukas mit der Geschichte von Jesu Geburt über Jesus? Überlege welche »Frohe Botschaft« für uns heute darin enthalten sein könnte.

Welche Bedeutung die Menschen diesem Ereignis gaben, sieht man daran, dass sie ausgehend von der Geburt Jesu eine neue Zeitrechnung einführten. Sie setzten für das vermutete Jahr von Jesu Geburt die »Zeiger auf Null« und rechneten erst ab da die Jahre weiter. Die Jahre davor werden in unserer Zählung zurückgezählt.

■ **Kunst nachspüren.** Beschreibe, wie der Maler Rembrandt van Rijn die Geburt Jesu darstellt. Achte dabei auf die Farben und Formen (vgl. S. 111) und die Personen. Stelle dich nun in das Bild hinein und beschreibe, was du hörst, riechst und empfindest.

■ **Eigene Weihnachtsbilder.** Male ein eigenes Weihnachtsbild, in dem das Besondere an dieser »Geburtstagsgeschichte« zum Ausdruck kommt. Vielleicht kannst du das Bild rahmen und in eurem Weihnachtszimmer zu Hause aufstellen oder aufhängen. Vergleicht eure Bilder und sprecht über Gemeinsamkeiten und Unterschiede.

Rembrandt van Rijn, 1646

Geboren von der Jungfrau Maria

Die Karwoche oder Heilige Woche

In der Karwoche (von Kar = althochdeutsch: »Trauer«), der Woche vor Ostern, denken wir Christen an das Leiden und Sterben Jesu und erinnern uns an die verschiedenen Stationen seines Leidensweges. Viele besondere Bräuche begleiten uns durch die Heilige Woche.

Palmsonntag
Das ist der Sonntag vor dem Ostersonntag. Zu Beginn der Karwoche erinnern sich die Christen an den Einzug Jesu in Jerusalem. Die Evangelisten berichten, dass Jesus auf einem Esel in die Hauptstadt Palästinas einzog und die Menschen ihm zujubelten. Damit wurde zum Ausdruck gebracht, dass er der Messias ist, auf den alle schon gewartet haben.
An diesem Tag bringen die Gläubigen Weiden- oder Buchsbaumzweige mit in die Kirche. Diese werden im Gottesdienst geweiht und oft ziehen die Menschen damit in einer kleinen Prozession um die Kirche und singen Lieder wie die Menschen, die Jesus in Jerusalem empfangen haben. Die Zweige werden dann mit nach Hause genommen und bis Ostern aufgehoben.

Gründonnerstag
Der Name »Gründonnerstag« kommt von dem mittelhochdeutschen Wort *gronan*, das greinen, weinen bedeutet. Die »weinenden Büßer« durften an diesem Tag in die Kirche zurückkehren und wurden wieder in die Gemeinschaft aufgenommen.
Im Gründonnerstagsgottesdienst erinnern sich die Gläubigen an das letzte Abendmahl Jesu mit seinen Jüngern. Dieses gemeinsame Mahl ist der Ursprung unserer Eucharistiefeier. Wenn wir sie feiern, denken wir bei den Worten zur Wandlung an das Abendmahl zurück. Jesus soll seinen Jüngern vor dem Mahl die Füße gewaschen haben. Auch heute noch ist es in vielen Gemeinden Brauch, dass der Pfarrer Gemeindemitgliedern die Füße wäscht. Dies ist ein Zeichen für die Christen, dass jeder von uns dem anderen auch dienen sollte.

Karfreitag
An diesem Tag denken wir an das Leiden und Sterben Jesu. Die Gemeinde versammelt sich zu einem Wortgottesdienst, der in der Regel um 15 Uhr, zur Todesstunde Jesu, gefeiert wird. In ihm wird die ganze Passion Jesu aus dem Johannesevangelium vorgelesen und die Gläubigen verehren das Kreuz Jesu, indem sie vor einem Holzkreuz niederknien. Der strenge Fastentag steht ganz im Zeichen der Trauer. Deshalb schweigen auch die Kirchenglocken und die Lieder im Gottesdienst werden ohne Orgelbegleitung gesungen.

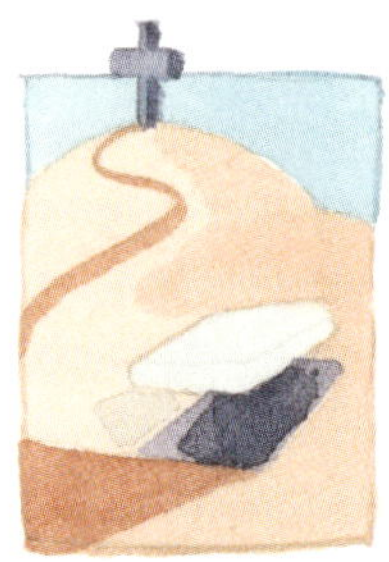

Karsamstag
Dies ist ein Tag des Wartens auf die Auferstehung Jesu, auf Ostern. Jesus liegt im Grab. In manchen Kirchen gibt es in der Zeit von Karfreitagnachmittag bis zur Osternacht ein sogenanntes Heiliges Grab: Ein Grab wurde im Altarraum angedeutet oder nachgestellt; in manchen Gemeinden wird dieses Grab – wie auch das Grab Jesu – bewacht.

■ **Leiden und Sterben Jesu.** Fertige zwei Zeitleisten für die Karwoche an: in der einen notierst du die entsprechenden Geschehnisse, die in der Bibel geschildert sind, in die andere schreibst du, wie in Kirche und Brauchtum dieser Ereignisse gedacht wird. Ordne den verschiedenen Tagen die Farben rot, lila und weiß zu.

Matthias Grünewald, 1505/1516

Gekreuzigt, gestorben und begraben

- **Der Isenheimer Altar.** Wie stellt Grünewald Jesus am Kreuz dar? Schreibe nur Adjektive dazu auf. Was fällt dir besonders auf? Unterhalte dich mit deinem Nachbarn oder deiner Nachbarin darüber.
  Dieses Bild ist Teil eines Flügelaltars, der in einer Krankenhauskapelle stand. In dieses Krankenhaus wurden Menschen mit einer entstellenden Hautkrankheit eingeliefert. Der Maler Matthias Grünewald malte Jesus am Kreuz mit den gleichen Pusteln am Körper, wie sie die Patienten dieses Krankenhauses hatten. Warum wohl?

Ostermorgen

Maria aber stand draußen vor dem Grab und weinte. Während sie weinte, beugte sie sich in die Grabkammer hinein. Da sah sie zwei Engel in weißen Gewändern sitzen, den einen dort, wo der Kopf, den anderen dort, wo die Füße des Leichnams Jesu gelegen hatten. Die Engel sagten zu ihr: Frau, warum weinst du? Sie antwortete ihnen: Man hat meinen Herrn weggenommen und ich weiß nicht, wohin man ihn gelegt hat.
Als sie das gesagt hatte, wandte sie sich um und sah Jesus dastehen, wusste aber nicht, dass es Jesus war. Jesus sagte zu ihr: Frau, warum weinst du? Wen suchst du? Sie meinte, es sei der Gärtner, und sagte zu ihm: Herr, wenn du ihn weggebracht hast, sag mir, wohin du ihn gelegt hast. Dann will ich ihn holen. Jesus sagte zu ihr: Maria! Da wandte sie sich ihm zu und sagte auf Hebräisch zu ihm: Rabbuni!, das heißt: Meister.
Jesus sagte zu ihr: Halte mich nicht fest; denn ich bin noch nicht zum Vater hinaufgegangen. Geh aber zu meinen Brüdern und sag ihnen: Ich gehe hinauf zu meinem Vater und zu eurem Vater, zu meinem Gott und zu eurem Gott. Maria von Magdala ging zu den Jüngern und verkündete ihnen: Ich habe den Herrn gesehen. Und sie richtete aus, was er ihr gesagt hatte.

Johannes 20,11-18

- **Auferstehungsgeschichte.** Lies den abgedruckten Bibeltext Joh 20,11-18 und beschreibe die verschiedenen Gefühle, die Maria aus Magdala durchlebt. Gestalte diese Gefühle mit unterschiedlichen Farben und Formen und gib deinen Bildern jeweils eine Überschrift.
  Erkläre das seltsame Verhalten Jesu. Was sagt Maria wohl den anderen Jüngern? Schreibe das in eine Sprechblase in dein Heft.
  Spielt im Rollenspiel die Szene, als Maria Magdalena den Jüngern über das Erlebte berichtet (vgl. V. 18). Beachtet hierbei, dass Frauen zu dieser Zeit als so unglaubwürdig angesehen wurden, dass sie vor Gericht nicht als Zeuginnen aussagen durften (vgl. S. 74).

- **Ostergeschichten der Bibel.** Teilt euch in Zweiergruppen und lest in der Bibel die Ostergeschichten Mk 16,1-8 und Joh 20,1-11. Erstellt eine Tabelle, in deren linke Spalte ihr die Übereinstimmungen der beiden Texte festhaltet und in der rechten die Unterschiede. Besprecht eure Ergebnisse im Plenum und versucht die jeweilige Botschaft der Texte in einem Satz zusammenzufassen. Was fällt auf?

- **Auferstehungsbild.** Wie hat der Künstler das Thema »Auferstehung Jesu« dargestellt? Wie zeigt er, dass damit etwas Neues beginnt?
  Vergleiche die Darstellung noch einmal mit Grünewalds Bild des Gekreuzigten auf S. 117.
  Wie wirkt bei den Jesusdarstellungen auf den letzten drei Doppelseiten (Geburt, Tod, Auferstehung) der Kontrast von Licht und Schatten?

Rudolf Kurz, 1998

Auferstanden von den Toten

Beschäftigungen am Sonntag

Frage: »Was machen Sie heute im Allgemeinen am Sonntag? Bitte sagen Sie es mir nach dieser Liste.«

Den Tag gemütlich zu Hause verbringen	63 Prozent
Fernsehen	61 Prozent
Ausschlafen	56 Prozent
Spaziergänge machen	54 Prozent
Freunde, Verwandte besuchen	50 Prozent
Hausarbeit, Gartenarbeit	40 Prozent
Lesen	36 Prozent
Große Ausflüge, Wanderungen, Fahrradtouren machen	31 Prozent
Sich mit seinen Hobbys beschäftigen	29 Prozent
Beschäftigung mit Kindern, Spielen mit Kindern	27 Prozent
Großes Mittag- oder Abendessen mit der Familie	26 Prozent
Musizieren, Musik hören	21 Prozent
Sport treiben	20 Prozent
Karten spielen, Gesellschaftsspiele	19 Prozent
In die Kirche, zum Gottesdienst gehen	18 Prozent
Ausstellungen, Museen besuchen	16 Prozent

Stand 2002

- **Mein Lieblingssonntag.** Schreibe den Verlauf eines Sonntags mit der Überschrift »Mein Lieblingssonntag« in dein Heft. Vergleiche deinen »Lieblingssonntag« mit dem deiner Mitschülerinnen und Mitschüler.

- **Umfrage.** Gibt es weitere »Sonntagsbeschäftigungen«, die in obiger Umfragetabelle nicht vorkommen? Ergänzt diese und führt eine Umfrage in eurer Religionsgruppe durch. Wie erklärst du dir die Unterschiede zu den vorliegenden Ergebnissen?

Böse Tage sind diesen Leuten die Sonn- und Festtage; verdrießlich berechnen sie an denselben, wie viel an Werth ihnen durch diese Tage verloren gehe.

Sächsische Kirchenchronik von 1844

Meistens ist es am Sonntag ziemlich langweilig, mein Bruder nervt nur, weil seine Freunde nicht erreichbar sind, und die Eltern wollen ihre Ruhe haben nach der anstrengenden Arbeitswoche.

Thomas, 12 Jahre

An Sonn- und Feiertagen sollten wir das tun, was uns Erholung und Freude bereitet. Dazu gehören die Besinnung, die innere Einkehr … aber auch das gemeinsame Spiel, die Zerstreuung, die bereichernde Unterhaltung und der spielerische Wettbewerb.

Deutsche Bischofskonferenz und Rat der evangelischen Kirche in Deutschland (EKD)

Gedenke des Sabbats: Halte ihn heilig!
Sechs Tage darfst du schaffen
und jede Arbeit tun.
Der siebte Tag ist ein Ruhetag, dem Herrn,
deinem Gott geweiht.
An ihm darfst du keine Arbeit tun: du,
dein Sohn und deine Tochter,
dein Sklave und deine Sklavin,
dein Vieh und der Fremde,
der in deinen Stadtbereichen Wohnrecht hat.
Denn in sechs Tagen hat der Herr Himmel,
Erde und Meer gemacht und alles,
was dazugehört.
Am siebten Tag aber ruhte er.
Darum hat der Herr den Sabbat gesegnet
und ihn für heilig erklärt.

Ex 20,8-11

Ich finde, dass es in Deutschland endlich auch erlaubt sein sollte, am Sonntag die Geschäfte zu öffnen, weil das doch der einzige Tag ist, an dem jeder Zeit für einen Einkaufsbummel hat.

Susanne, 16 Jahre

Ohne Sonntag gibt's nur noch Werktage.

EKD (1999)

Die Vorstellung, dass Herren und Knechte am selben Tag ruhen sollen, ist etwas ganz Ungewöhnliches für die Strukturen der Zeit, aus der das Gebot stammt.

Schalom Ben-Chorin

Sonntag ist mein Lieblingstag: Wir können in unserer Familie endlich mal Dinge gemeinsam tun: Bei allen Mahlzeiten sind alle da und wir unternehmen vieles gemeinsam. Manchmal gehen wir auch zusammen in die Kirche.

Claudia, 11 Jahre

■ **Warum Sonntag?** Das grundsätzliche Arbeitsverbot an Sonntagen wird in der heutigen Zeit zunehmend aufgeweicht. Stelle in einer Tabelle die Argumente für und gegen die Einhaltung eines freien Sonntags zusammen.
Wie wird in der Bibel das dritte (Sabbat-)Gebot begründet?
Welche Argumente erscheinen dir am meisten nachvollziehbar? Führt eine Pro- und-Contra-Diskussion in eurer Klasse durch.

Verschiedene Jahreskreise

Jahreskreise. Vergleiche beide Jahreskreise miteinander und achte auf Übereinstimmungen bzw. Überschneidungen. Gestalte deinen persönlichen Jahreskreis mit den liturgischen Farben aus dem Jahreskreis auf der rechten Seite. In welcher Zeit des Kirchenjahres hast du Geburtstag? Im Umfeld welcher kirchlicher Feste sind Schulferien? An welchen kirchlichen Feiertagen haben Schülerinnen und Schüler in Baden-Württemberg schulfrei? Vergleiche dies mit anderen Bundesländern, z. B. mit Schleswig-Holstein.

Kirchengebäude sind so vielfältig wie die Menschen, die sie besuchen. Es gibt uralte Kirchen, die aussehen wie mittelalterliche Burgen. Es gibt große gotische Kathedralen, deren Spitzbögen in den Fenstern und Gewölben nach oben streben und so den Blick unweigerlich himmelwärts lenken. Es gibt Barockkirchen, die mit viel Gold, großen hellen Fenstern und üppigen Malereien etwas vom himmlischen Jubel abbilden. Und es gibt moderne Kirchen, die mal nüchtern und streng wirken, oft aber auch wohnlich und einladend. Auf dieser Seite seht ihr ein Beispiel für die Innenansicht einer modernen Kirche. Es ist die Maria-Magdalena-Kirche in Freiburg.

■ **Eine Kirche erkunden.** Auf dem Bild dieser Seite siehst du die Innenansicht einer Kirche. Du kannst auf dem Bild sicher viele Gegenstände und Orte entdecken, die du kennst. Zähle sie auf.
Kennst du weitere Gegenstände oder Orte in der Kirche, die auf dem Bild nicht zu sehen sind?

KEINER

GLAUBT ALLEIN

Zeugnis geben

In der Begegnung mit Jesus erfahren seine Freundinnen und Freunde, dass das Reich Gottes, Gottes Gegenwart in der Welt, ganz nahe ist. Menschen in den Pfarrgemeinden zeigen durch die Art, wie sie leben, sprechen und miteinander umgehen, dass das Reich Gottes auch in unseren Gemeinden angebrochen ist. Auch heute sind Christinnen und Christen dazu berufen, die Hoffnung, die sie bewegt, gegenüber anderen glaubhaft zu machen (vgl. 1 Petr 3,15). Christen tun dies immer dort, wo sie selbst im Leben stehen, indem sie verdeutlichen, was die Quellen ihres Lebens sind und welche Kräfte sie für sich und für andere aus diesen Quellen gewinnen können.

Dienst am Nächsten

Dass Gott sich dem Menschen zuwendet und ihn aus Not und Elend herausführt, haben die Menschen seit der Befreiung des Volkes Israel aus Ägypten immer wieder von Neuem erfahren. Auch Jesus stellte sich immer wieder auf die Seite der Armen, Kranken und Ausgestoßenen. Wir Christen sind deshalb dazu aufgerufen, auch dafür zu sorgen, dass den Menschen, denen es schlecht geht, geholfen wird. Unsere Pfarrgemeinden leisten in vielen Aktionen und durch die unterschiedlichsten Gruppen einen Beitrag dazu, dass diese Menschen wieder Hoffnung auf ein besseres Leben schöpfen können.

- **Kirche vor Ort.** Suche in deiner Pfarrkirche die vier abgebildeten Elemente und zeichne Bilder davon oder fotografiere sie. Vergleicht die Bilder miteinander.

- **Innenausstattung.** Die vier Bilder zeigen wichtige Elemente der Innenausstattung der Kirche. Beschreibt euch gegenseitig diese Elemente. Worum handelt es sich dabei? Was geschieht an diesen Orten?

In Gemeinschaft leben

Auch Jesus lebte in der Gemeinschaft der Jüngerinnen und Jünger. Die Pfarrgemeinde versteht sich deshalb als Gemeinschaft von Menschen, die miteinander unterwegs sind auf dem Weg zu Gott. Im gemeinsamen Beten, Feiern und Arbeiten erfahren sie Gottes Begleitung auf diesem Weg. Weil niemand allein liebt, hofft und glaubt, brauchen Christinnen und Christen die Erfahrung der Gemeinschaft, die sie stützt und trägt. Dies gilt für unsere Pfarrgemeinde ebenso wie für die in aller Welt.

Gottesdienst feiern

Die Gemeinde begeht ihre Feste, indem sie ihre Mitglieder einlädt, sich an die Taten Gottes in der Geschichte zu erinnern. Diese Erinnerung an das frühere Handeln Gottes gibt den Menschen Mut und macht sie fähig, für den Nächsten einzutreten und ihr Leben unter den Schutz Gottes zu stellen. Von der Geburt bis zum Tod begleitet die Kirche mit ihren Sakramenten die Menschen. An wichtigen Stationen des Lebens (Geburt, Eintritt ins Erwachsenenalter, Gründung einer eigenen Familie, schwere Krankheit, Tod) sind die Sakramente Zeichen der Gegenwart Gottes, der jeden Menschen auf allen seinen Wegen fürsorglich begleitet – in guten wie in schlechten Zeiten.

■ **Bibelstellen.** Mt 28,18-20; 1 Kor 11,23b-25; Apg 2,37-42 und Mt 25,40 bezeichnen die vier Hauptaufgaben der Kirche und jeder einzelnen Pfarrgemeinde. Überlegt gemeinsam, welche Aufgaben mit der jeweiligen Bibelstelle beschrieben werden. Welche Verbindung siehst du zwischen den Bibeltexten und den auf den Fotos abgebildeten Elementen des Kirchenraums? Vergleiche deine Ergebnisse mit den abgedruckten Texten.

Die Kirche feiert

Jeden Sonntag wird in der heiligen Messe gefeiert, dass Jesus Christus unter uns ist. Er ist es in Wort und Sakrament, wie er seinen Jüngerinnen und Jüngern zugesagt hat: »Wo zwei oder drei in meinem Namen zusammen sind, da bin ich mitten unter ihnen« (Mt 18,20).
Durch sein Wort, das Evangelium, das im Wortgottesdienst vom Ambo aus verkündet und ausgelegt wird, ist er gegenwärtig. Darin kommt die Liebe Gottes zu allen Menschen zum Ausdruck. Durch die Art und Weise, wie Jesus geredet und gehandelt hat, erlebten seine Jüngerinnen und Jünger, dass Gott nicht irgendwo weit weg und unerreichbar ist, sondern gegenwärtig in diesem Jesus von Nazaret – und das bis zum heutigen Tag: Durch seine Auferstehung hat Jesus auch den Tod überwunden. Er hat zu seinen Jüngern gesagt: »Siehe: Ich bin bei euch alle Tage bis zum Ende der Welt« (Mt 28,20).
Als sichtbares Zeichen dafür, dass Jesus gegenwärtig ist, hat er selbst das Abendmahl mit den Worten: »Tut dies zu meinem Gedächtnis« (1 Kor 11,24) eingesetzt. Dieses gemeinsame Mahl wurde als »Herrenmahl« schon bald zur Mitte der Zusammenkunft der christlichen Gemeinde. Das Herrenmahl wird auch als »Eucharistie« bezeichnet. Das ist ein griechisches Wort und heißt übersetzt »Danksagung«. Der Begriff leitet sich von Jesu Dankgebet an seinen Vater im Himmel beim letzten Abendmahl her.
Jedes Mal, wenn Christinnen und Christen die Eucharistie nach dem Willen Jesu feiern, ereignet sich ein Mysterium – das »Geheimnis des Glaubens«: Wenn der Segen über Brot und Wein als die Geschenke der Natur und der Arbeit der Menschen gesprochen wird, wenn die sogenannten Einsetzungsworte, mit denen Jesus selbst Brot und Wein beim letzten Mahl an die Jüngergemeinschaft austeilte, in seinem Auftrag wiederholt werden, wird seine Gegenwart in Brot und Wein spürbar. Es setzt die Feiernden nicht nur in Beziehung zu Gott, sondern auch in Beziehung untereinander.
Aus diesem Mahl hat die Gemeinde zu allen Zeiten Kraft geschöpft, ihren Glauben weiterzugeben und auch gegen allen Widerstand für die Botschaft Jesu Christi einzustehen. Die Eucharistie gibt ihr aber auch die Hoffnung und hält die Sehnsucht wach, dass Gott seine Verheißung wahr machen wird, die mit Jesus begonnen hat. Am Ende werden alle Menschen Gottes Liebe in einem großen Mahl in seinem Reich erfahren.
Die älteste Überlieferung der Einsetzungsworte findet sich im ersten Brief an die Korinther, den der Apostel Paulus um das Jahr 55 n. Chr. geschrieben hat (1 Kor 11,23-26). In den vielen Jahrhunderten, die seitdem vergangen sind, haben sich manche äußeren Formen und die Sprache verändert. So schrieb Paulus die Worte noch in Griechisch, heute hören sie die Menschen in ihren eigenen Sprachen. Das Innerste der Feier ist aber geblieben: Wie das Brot als Grundnahrung den Menschen leben lässt, so ist es Jesus Christus mit seiner Gegenwart, der in der Feier des Mahls uns Kraft, Stärke und Gemeinschaft schenkt.

■ **Eucharistie feiern.** Jeden Sonntag wird in der heiligen Messe ein gemeinsames Mahl gefeiert. Lies im Gotteslob Nr. 359-365 (»Die Eucharistiefeier«), aus welchen Teilen eine solche Feier besteht. Sprecht in Kleingruppen darüber, welche dieser Elemente mit einer Mahlzeit in eurer Familie zu vergleichen sind und welche sich davon unterscheiden.

■ **Brot des Lebens.** Zum Altar der Kirche werden Brot und Wein gebracht. Brot ist mehr als ein Nahrungsmittel: Lies das Gedicht von Hubertus Halbfas. Erkläre, warum die im Gedicht genannten Personen oder Dinge Brot für dich oder andere Menschen sein können.

Brot heißt alles,
was Menschen zum Leben brauchen.
Brot sind Vater und Mutter.
Brot sind Brüder und Schwestern.
Brot sind Freunde.
Brot ist Nehmen und Geben,
die Arbeit des Tages
und der Schlaf der Nacht.
Brot können auch wir füreinander sein.
Unser Wort – Brot für jedermann.
Unser Lachen – Brot für Eltern
und Lehrer.
Unsere Tat – wer braucht sie
brotnötig?
Sind wir wirklich Brot?

Hubertus Halbfas

■ **Bildreise.** Sieh dir das Bild an und beschreibe zunächst, was du darauf entdeckst: Farben, Formen, Einteilung. Überlege danach, was die einzelnen Teile bedeuten könnten, woran sie dich erinnern. Der Künstler gab diesem Bild den Titel »Für uns«. Betrachte das Bild unter diesem Aspekt noch einmal ganz genau. Stell dir vor, der goldene Fleck am unteren Bildrand wäre ein Mensch – nämlich du. Schließe deine Augen und gehe in deinen Gedanken in das Bild. Wie geht es dir dort, wo du stehst? Wohin möchtest du gehen? Welchen Weg nimmst du? Bist du allein oder gehen andere mit? Wo kommst du an? Was fühlst du? – Wenn du wieder zurück bist, nimm ein Blatt und schreibe oder zeichne auf, was dir wichtig ist.
Tauscht euch gegenseitig über eure Erfahrungen aus.
Lest anschließend Lk 22,14-20 und deutet auf dieser Grundlage das Bild neu.

Matt Lamb, 1996

■ **Vom Ambo aus.** Vom Ambo aus wird in der Kirche das Wort Gottes verkündet. Dazu gehört auch der Auftrag, die Frohe Botschaft durch die Art, wie wir als Christen leben, sprechen und für die Welt Verantwortung übernehmen, zu bezeugen. Sammelt Beispiele.

Sieger Köder

Wir können unmöglich
schweigen über das,
was wir gesehen und
gehört haben.

Apg 4,20

Denn wovon das Herz voll ist,
davon spricht der Mund.

Mt 12,34b

Darum geht zu allen Völkern
und macht alle Menschen
zu meinen Jüngern.

Mt 28,19a

■ **Ein Bild voller Symbole.** Die Zeichnung von Sieger Köder entwickelt sich in vier Teilen von oben nach unten. Verschiedene Gegenstände spielen dabei eine große Rolle. Benenne die Gegenstände, die du entdeckst, und erkläre, was sie bedeuten.

■ **Schlusssätze.** Suche dir einen der drei Sätze aus und schreibe eine Geschichte dazu. Lass deine Geschichte mit diesem Satz enden.

Was tun?

Die Vorsitzende des Peru-Arbeitskreises hatte am Ende des Gottesdienstes vom Ambo aus von ihrem Besuch bei der Partnergemeinde in Peru berichtet und erzählt, dass dort Geld für ein Krankenhaus fehlt. Die Ministrantengruppe steht nach dem Gottesdienst noch vor der Kirche und ist betroffen. »Reden allein hilft einfach nicht«, sagt Lena. »Wir müssen auch was tun.«

- **Ideenbörse.** Was könnte die Ministrantengruppe tun? Sammle verschiedene Möglichkeiten, wie man der Partnergemeinde helfen könnte.

- **Opferstock.** Im Opferstock sammelt die Pfarrgemeinde Woche für Woche Geld für Bedürftige. Finde heraus, wofür in letzter Zeit in deiner Gemeinde gesammelt wurde.

Wenn das Brot, das wir teilen

T: Claus-Peter März/M: Kurt Grahl © 1981 bei den Autoren

- **Ein Vergleich.** Lies den Text des Liedes genau durch und betrachte das Bild. Du wirst viel entdecken, das im Lied und dem Bild ähnlich oder sogar gleich ist. Tausche deine Beobachtungen mit deinen Mitschülerinnen und Mitschülern aus. Zeige auf, wie das Bild und das Lied die Aufgaben der Kirche zum Ausdruck bringen.

Die Kirche in Deutschland ist gespalten

■ **Typisch evangelisch – typisch katholisch.** Erstelle eine Tabelle, in der du einträgst, was typisch evangelisch bzw. typisch katholisch ist. Die Bilder auf dieser Seite helfen dir dabei. Kennzeichne farbig, was für beide Konfessionen gilt.

Als sich Martin Luther 1517 gegen das Papsttum und den damaligen Ablasshandel gewehrt hatte, spaltete sich die Kirche in Deutschland in zwei verschiedene Bekenntnisse (lat. *confessiones*). Die einen bekannten sich zum Papst und seiner Autorität in Glaubensfragen. Sie meinten, sie seien nach wie vor die allumfassende Kirche (griech. *katholos*). Daher nennt man sie Katholiken. Die Anhänger Martin Luthers forderten dagegen die Bibel und das Evangelium als alleinige Richtschnur des Glaubens. Man nennt sie daher »Evangelische«. Weil sie gegen ihre Unterdrückung und Verfolgung protestierten, nennt man sie bis heute auch »Protestanten«.
War in den letzten Jahrhunderten das Verhältnis der beiden großen christlichen Konfessionen von Gegnerschaft und zum Teil sogar Feindschaft geprägt, so ist es heute partnerschaftlich und oft sogar sehr herzlich.

Katholisch – evangelisch

■ **Kirchliche Einrichtungen vor Ort.** Sowohl die katholische als auch die evangelische Kirche unterhält auch in deiner Stadt oder deinem Ort (Kreis) viele Einrichtungen.
Schlage einmal im örtlichen Telefonbuch nach, welche Einrichtungen darin aufgeführt werden. Kennzeichne die Einrichtungen mit verschiedenfarbigen Stecknadeln auf einem Stadtplan oder einer Landkarte deines Heimatkreises, z. B. katholisch gelb und evangelisch blau. Gibt es auch gemeinsame Einrichtungen? Betrachte einmal die Verteilung der Stecknadeln. Was fällt auf?

■ **Wer war eigentlich Martin Luther?** Bei den evangelischen Christen ist Martin Luther eine ganz wichtige Person: Lutherstraßen, Lutherkirchen, Luthergemeinden zeugen davon. Wer aber war Martin Luther? Wann und wo lebte er? Was wollte er? Erstelle mithilfe eines Lexikons oder des Internets (www.luther.de) einen Lebenslauf Martin Luthers.

Pfarrei St. Bonifatius
in der Seelsorgeeinheit Philipp Neri, Heidelberg

Seelsorgeeinheit | St. Albert | St. Bonifatius | St. Michael | Impressum

Mosaiksteine in unserem Gemeindeleben

Dienst am Menschen
- Sozialausschuss des Pfarrgemeinderats
- Krankenbesuche
- Frühstückswoche für Wohnungslose

Gottesdienst
- Jeweils eine Gruppe bereitet Gottesdienste für Kleinkinder und Wortgottesdienste für Kinder vor.
- In den Gottesdiensten wirken KommunionhelferInnen und LektorInnen mit, die sich regelmäßig treffen

Kirchenmusik
- Chormusik (Chor an St. Bonifatius, Kinderchor, Jugendchor)
- Organist und Orgel
- Die Band Spontan stammt zum Teil aus unserer Gemeinde

für Kinder und Jugendliche
- Gottesdienste für Kinder
- Gruppen für Eltern mit Kindern
- Gruppen für Kinder und Jugendliche
- Ministranten
- Pfadfinder

für Erwachsene
- In einer Frauengruppe treffen sich Frauen jüngeren und mittleren Alters, um gemeinsam menschliche und spirituelle Erfahrungen zu machen
- Ein Frauengesprächskreis, der aus eher älteren Frauen besteht, trifft sich regelmäßig zum Gespräch
- Einige junge Familien treffen sich in einer Familiengruppe

für Senioren
- Tanzgruppe – wöchentliche Treffen im Gemeindehaus und gelegentlich Auftritte
- Kaffeeklatsch – immer am zweiten Donnerstag im Monat im Gemeindehaus

Eine-Welt-Arbeit
- Eine-Welt-Gruppe Weststadt-Wieblingen
- Partnerschaft mit Peru

Ökumene
- Ökumenische Kontakte der Gemeinde
- Ökumene-Ausschuss des Pfarrgemeinderats

Bildungswerk
- koordiniert Angebote verschiedenster Gruppen. Zusammen mit dem Ökumene-Kreis Gaiberg werden Studienreisen angeboten

Vernetzt. Viele Pfarrgemeinden und Seelsorgeeinheiten stellen sich und ihre Angebote im Internet vor. Untersuche die Internet-Auftritte auf dieser Seite und stellt zusammen,
– welche Angebote in jeder Gemeinde vorkommen;
– welche Angebote für eine bestimmte Gemeinde typisch sein könnten.
Sortiere die einzelnen Einträge nach den vier Grundaufgaben der Kirche.

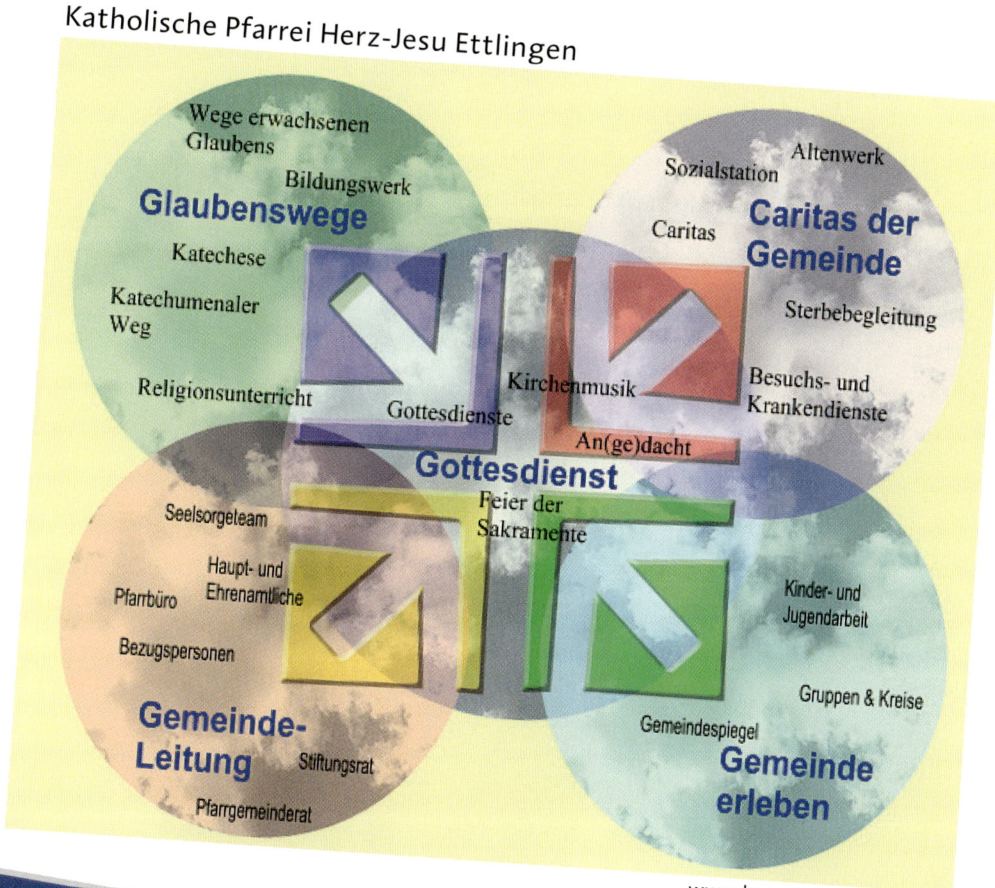

www.herz-jesu-ettlingen.de

■ **Die eigene Gemeinde im Netz.** Schau nach, ob deine Pfarrgemeinde auch eine Homepage hat, und notiere zwei Einträge, die dir besonders auffallen.
Wenn deine Pfarrgemeinde noch keinen Internet-Auftritt hat, kannst du gemeinsam mit anderen aus deiner Klasse eine Homepage für sie entwerfen. Vielleicht freut sich der Pfarrgemeinderat über eure Anregungen.
Schau dir auch die Homepage der evangelischen Gemeinde deines Ortes an und vergleiche sie mit der katholischen: Wo findest du Gemeinsamkeiten, wo gibt es Unterschiede?

Auf dieser Seite seht ihr zwei Bücher, die ihr sicher bereits kennt: einen Jugendroman und die Bibel.
Jedes Buch hat seine eigene Geschichte. Kein Buch wurde ohne einen bestimmten Anlass geschrieben. Meist haben die Autoren und Autorinnen von Büchern ihre Gründe, warum sie ein Buch geschrieben haben.
Kann man ein Buch erst einmal in der Buchhandlung kaufen oder in der Bibliothek leihen, so beginnt eine neue Geschichte, nämlich die des Buches selbst. Oft ist die Geschichte der Autoren und Autorinnen sowie die Geschichte des Buches ebenso spannend, wie die Geschichte, die das Buch erzählt.

Harry Potter. Das linke Plakat zeigt dir ein Buch, das du vielleicht schon gelesen hast. Kannst du etwas über das Buch erzählen? Was fällt dir zu den Stichwörtern des Plakates ein?

ERFAHRUNGEN MIT

GOTT – DIE BIBEL

■ **Buchausstellung.** Bringe dein Lieblingsbuch mit in den Unterricht. Fertigt in Gruppen mithilfe von Textkarten Plakate zu diesen Büchern an.

■ **Bibelplakat.** Was könntest du auf einem Plakat über die Bibel schreiben? Findest du auf alle Fragen eine Antwort? Bleiben noch Fragen offen?
Legt gemeinsam ein großes Plakat für die Bibel an, das euch in den nächsten Stunden begleitet. Immer wenn ihr Neues über die Bibel erfahren habt, könnt ihr eure Entdeckungen auf diesem Plakat eintragen.

Die Geschichte von Sita

Auf einer meiner Reisen traf ich auf Sita, eine junge, hübsche Inderin. Ihre Schwestern hatten – wie in Indien üblich – einen vorbestimmten Bräutigam geheiratet und das von ihrer Familie vorherbestimmte Leben als Ehefrau und Mutter angetreten. Diesen Weg war Sita nicht gegangen, sondern hatte sich dagegen zur Wehr gesetzt. Sie war Lehrerin in einem Missionszentrum geworden. Mich interessierte sehr, wie es Sita geschafft hatte, sich gegen ihre Familie und die Gesellschaft zur Wehr zu setzen. Also fragte ich sie, woher sie die Kraft dazu genommen habe.

■ **Wertvolle Bibel.** Du kannst Sitas Beispiel folgen: Bastle für deine Bibel einen eigenen Schutzumschlag, den du so gestalten kannst, wie du möchtest.

Zunächst lächelte Sita nur, doch dann stand sie auf, ging in ihr Zimmer und kehrte mit einem Holzkasten zurück. Der Holzkasten war eigentlich eine kleine reich verzierte Truhe, die ihr ein Freund gemacht hatte, wie sie erklärte. Als sie die Truhe öffnete, kam ein fein gewobenes Tuch zum Vorschein, das sie mitsamt dem Inhalt vorsichtig herausnahm. Ich dachte, das Geheimnis sei zerbrechlich, so vorsichtig ging Sita mit dem Tuch und seinem Inhalt um. Doch als Sita das Tuch zur Seite schlug, kam eine Bibel zum Vorschein, die vom vielen Lesen schon ganz zerblättert war. Nichts Besonderes, könnte man meinen. Doch der Blick, mit dem Sita das Buch betrachtete, und die Art, wie sie es in Händen hielt, sagte etwas ganz anderes.

Ich verstehe Sita nicht. Ich kann mit der Bibel nichts anfangen. Da stehen viele merkwürdige Sachen drin wie die Wunder, die es so gar nicht geben kann.

Ich kann Sita gut verstehen. Auch mir hat die Bibel schon geholfen, wenn ich mich einmal einsam gefühlt habe. In der Bibel stehen Geschichten von Menschen, denen es ähnlich ging und die Gott nie allein gelassen hat. Das hat mir Mut gemacht.

■ **Deine Meinung.** Was würdest du den beiden Jugendlichen oben antworten? Wie geht es dir mit der Bibel? Trage deine Antwort als Sprechblase in dein Heft ein. Stellt euch eure Antworten gegenseitig vor.

Gottes Wort begleitet Juden und Christen

Seit ungefähr viertausend Jahren schreiben Menschen ihre Erfahrungen mit Gott auf. So wie Sita machen sie dabei immer wieder die eine große Erfahrung: Gott will bei den Menschen sein und wird so zu einem Teil ihrer Geschichte. Diese Geschichte Gottes mit den Menschen hat ihre Höhen und Tiefen. Die Bibel erzählt diese Erfahrungen zu ganz unterschiedlichen Zeiten und auf ganz unterschiedliche Weisen. Immer geht es aber um das Ringen Gottes um die Menschen, die er bedingungslos liebt, die aber seine Liebe oft verschmähen.

■ **Stationen.** Auf den folgenden Doppelseiten findest du Stationen auf dem Weg Gottes mit den Menschen. Du kannst entweder dem Weg einfach folgen und Station für Station diesen Weg kennenlernen. Gemeinsam könnt ihr aber auch die einzelnen Stationen an Gruppen verteilen. Jede Gruppe sucht sich eines der sechs Symbole auf dieser Seite aus und bearbeitet die Doppelseite mit diesem Symbol.
Stellt eure Entdeckungen am Ende den anderen vor: In welcher Zeit spielen die Geschichten? Welche Personen kommen vor? Welche Erfahrungen mit Gott haben sie gemacht? Was ist euch sonst noch aufgefallen? Erklärt auch das jeweilige Symbol.
Ihr könnt eure Ergebnisse in einem Lernplakat festhalten und mit dem jeweiligen Symbol verzieren. Wenn ihr die Symbole in der richtigen Reihenfolge aufhängt, erhaltet ihr einen Fries zur Geschichte der Menschen mit Gott.

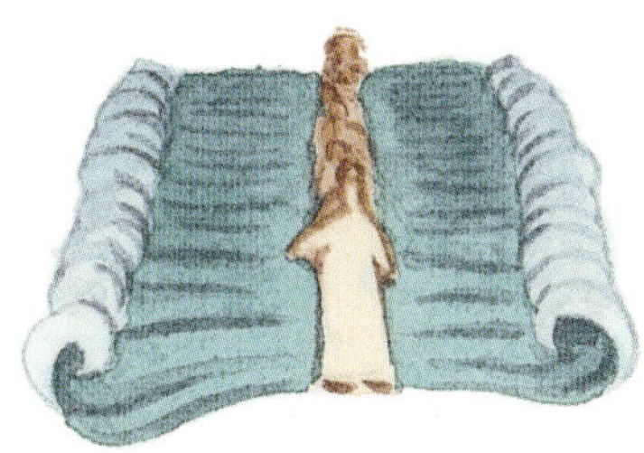

■ **Bibelstellen finden.** Da es eine große Anzahl verschiedener Bibelausgaben mit unterschiedlicher Seitenzählung gibt, hilft beim Finden der Bibelstellen die Seitenzahl nicht weiter. Deshalb werden biblische Texte immer mit der Abkürzung für das entsprechende Buch, der Kapitelzahl und der Verszahl angegeben. Die Abkürzungen für die biblischen Bücher findest du im Abkürzungsverzeichnis in deiner Bibel. Ein Beispiel dafür findest du im Lexikon am Ende des Buches unter dem Stichwort »Bibel«.
Folgende Bibelstellen passen zu den einzelnen Symbolen, die jeweils auf eine Doppelseite hinweisen. Schlage die Stellen nach und ordne sie je einem Bild zu: Gen 12,8; Ex 14,16; 2 Sam 5,4; Ps 137,1; Lk 23,33; Apg 21,2.

Gott begleitet Abraham

Die Geschichte Israels mit seinem Gott beginnt mit Abraham. Abraham war ein Nomade aus Ur. Auf der Suche nach Wasser und Weideplätzen zog er mit seiner Familie und seiner Herde am Rande der Steppe im fruchtbaren Gebiet umher und lebte in Zelten.

Eines Tages, so berichtet die Bibel, erging das Wort Gottes an Abraham: »Zieh weg aus deinem Land, von deiner Verwandtschaft und aus deinem Vaterhaus in das Land, das ich dir zeigen werde. Ich werde dich zu einem großen Volk machen, dich segnen und deinen Namen groß machen. Ein Segen sollst du sein ... Durch dich sollen alle Geschlechter der Erde Segen erlangen.« (Gen 12,1-3)

Und Abraham zog fort, wie ihm Gott gesagt hatte. Mit ihm gingen seine Frau Sarai, sein Neffe Lot und alle Mägde und Knechte. Sie nahmen ihr ganzes Hab und Gut mit und zogen fort nach Kanaan.

■ **Bleiben oder gehen?** Für einen Nomaden ist es nicht ungefährlich, seine bekannten Gefilde zu verlassen. Entwirf ein Streitgespräch zwischen einem Hirten Abrahams, der lieber bleiben will, und Abraham, der dem Wort Gottes folgen möchte.

Thomas

Thomas hatte neulich im Religionsunterricht eine lange Debatte mit seiner Lehrerin gehabt, als die Abraham-Geschichte besprochen wurde. »Gott kann man nicht hören«, hatte er behauptet. Er kenne keinen, der je Gott gehört hat. Zu Gott sprechen, beten, das ginge ja noch. Aber dass Gott zu einem spreche – unmöglich!

Thomas hat immer viel zu tun: Nachmittagsunterricht, Sportverein, Pfadfinder und Posaune, da ist die Woche schnell verplant. Neulich sprach ihn Nadine aus der SMV an und fragte, ob er nicht bei der *Charity-Group* Posaune mitspielen könnte. Sie bräuchten dringend Verstärkung. Und es wäre ja nur einmal im Monat Freitagnachmittag im Altenheim zu spielen. Nein, hat Thomas gesagt, dafür habe er keine Zeit.

In der letzten Reli-Stunde diskutierte die Klasse wieder darüber, ob man Gott hören könne. Thomas war ganz still und sah sehr nachdenklich aus.

■ **Geschichten um Abraham.** Vielleicht kennst du noch andere Geschichten von Abraham, z. B. von seiner Gastfreundschaft, seinem Bund mit Gott oder von seinem Sohn. Schlage in der Bibel bei Gen 15, Gen 18, Gen 22 nach. Erzähle deinen Mitschülerinnen und Mitschülern die Geschichten in eigenen Worten.

■ **Zeichen des Bundes.** Für den Bund, den Gott mit Abraham geschlossen hat, gibt es im Judentum ein besonderes Zeichen. Mehr darüber erfährst du auf S. 162 im Text »Von der Geburt bis zum Tod«. Lies die dort genannte Bibelstelle nach.

■ **Fruchtbarer Halbmond.** Nach biblischer Überlieferung wanderte Abraham vom Zweistromland über die Küste des Mittelmeeres bis nach Ägypten. Dieser Landstrich wird auch »fruchtbarer Halbmond« genannt und war die Wiege der frühen Hochkulturen im alten Orient. Übertrage die Karte aus dem Lexikon S. 204 mit den wichtigsten Gewässern und der Wüste in dein Heft und zeichne den »fruchtbaren Halbmond« ein.

■ **Gottes Wort wird nicht gehört.** Kannst du dir vorstellen, worüber Thomas nachgedacht hat? Siehst du Verbindungen zwischen Thomas und Abraham? Diskutiert auch ihr in eurer Klasse, ob man Gott hören kann.

Abrahams Glaube

Die Geschichte der Begegnung Gottes mit Abraham zeigt mit wenigen Worten viel über das Verhältnis zwischen Gott und den Menschen. Dabei ist das Vertrauen Abrahams auf Gott ganz entscheidend. Solches Vertrauen nennt die Bibel »Glauben«. Wer glaubt, verlässt sich auf das, was er hört, auf das Wort eines anderen. Das fällt oft nicht leicht.

Josef Krautwald, o. J.

- **»Ganz Ohr« sein.** »Ganz Ohr« werden kann man üben. Zum Beispiel:
  Schließe die Augen. Lege wie die Skulptur auf dem Bild eine Hand an dein Ohr und höre ganz aufmerksam auf die Geräusche, die dich umgeben, die Schritte am Boden, die Geräusche aus der Nachbarklasse, das Vogelgezwitscher, das Gluckern der Heizung usw. Erzähle den anderen, was du gehört hast.
  Sicherlich fallen dir noch andere »Ganz-Ohr«-Übungen ein. Probiert sie gemeinsam aus.

Ruhe und Stille

Abraham war »ganz Ohr« und nur so konnte er Gottes Wort hören. Auch ihr könnt »ganz Ohr« werden. Dazu müsst ihr euch »innerlich sammeln«. Wie das geht? Zunächst ist Stille wichtig. Stille ist mehr als nur den Mund halten. Stille entsteht immer dann, wenn jeder für sich selbst und alle zusammen eine innere Haltung eingenommen haben: Alles Störende ist beiseitegeschoben worden, Aufmerksamkeit hält Einzug, Gelassenheit kommt auf.
Stille ist das Gegenteil von Eindrücken und Reizen, die uns oft überfluten. Stille ist Sammlung nach innen, ein Atemholen der Seele. Und in dieser Stille werde ich »ganz Ohr«, d. h. ich nehme das, was zu mir gesprochen wird, mit all meinen Kräften ganz ernst – so wie Abraham.

- **Der Hörende.** Betrachte das Bild genau. Beschreibe Gesichtsausdruck und Haltung der Person. Überlege dir Situationen, in denen Menschen eine solche Haltung einnehmen. Hast du schon einmal selbst eine solche Haltung eingenommen? Berichte den anderen davon.

Exodus – der Auszug aus Ägypten

Die Bibel erzählt davon, dass die Vorfahren der Israeliten nach Ägypten einwanderten, weil in Kanaan eine Hungersnot ausgebrochen war. In Ägypten wurden sie zunächst freundlich aufgenommen, doch einige Generationen später, als die Nachkommen der Einwanderer bereits ein stattliches Volk in Ägypten bildete, begann sie der Pharao mehr und mehr auszubeuten und wie Sklaven zu behandeln. Unter der Führung des Mose gelang es den Israeliten schließlich, aus Ägypten zu fliehen, obwohl sie von der ägyptischen Streitmacht verfolgt wurden.
Diese Geschichte hatten die Israeliten von Generation zu Generation weitererzählt und schließlich im Buch Exodus aufgeschrieben. Sie waren davon überzeugt, dass sich Gott in diese Geschichte eingemischt und Israel zur Flucht in die Freiheit verholfen hatte. Die Erfahrung, dass Gott Freiheit schenkt, hat aber nicht nur den Glauben des alten Israel wesentlich geprägt, sondern lebt fort im Glauben der Juden und Christen bis heute.

2. *Thus spoke the Lord, bold Moses said, let my people go,*
if not, I'll smite your first born dead, let my people go.
Go down Moses …
3. *No more shall they in bondage toil, let my people go,*
let them come out with Egypt's spoil, let my people go.
Go down Moses …
4. *The Lord told Moses what to do, let my people go,*
to lead the children of Israel through, let my people go.
Go down Moses …

■ **Das wichtigste Fest der Juden.** Die Feier des Auszugs aus Ägypten ist für die Israeliten heute immer noch eines der wichtigsten Feste. Schlage in der Lernlandschaft »Judentum« (S. 170f.) nach und finde heraus, um welches Fest es sich handelt. Wie wird es gefeiert?

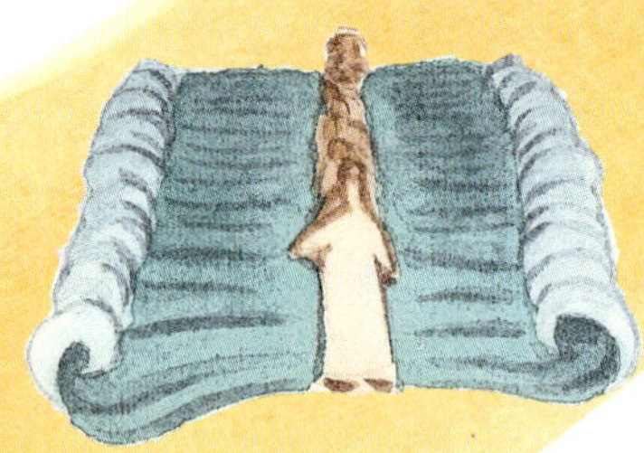

■ **Das Buch Exodus.** Wenn ihr wissen wollt, wie die biblischen Ursprungsgeschichten zu den jeweiligen Strophen genau lauten, findet ihr sie im Buch Exodus: Ex 3,1; Ex 5,1-19; Ex 7,1 – 11,10; Ex 13,17-22.

Gott befreit

Als die Schwarzen in Amerika im 19. Jahrhundert noch versklavt waren, erinnerten sie sich an die biblischen Geschichten von der Befreiung Israels durch Mose. Die zahlreichen Lieder, die damals entstanden und die während der Arbeit unter brütender Sonne auf den Baumwollplantagen gesungen wurden, um die Arbeit zu erleichtern, zeugen davon.
Und auch viele der Bürgerinnen und Bürger in Ostdeutschland, der ehemaligen DDR, die unter der Herrschaft der Sozialistischen Einheitspartei Deutschlands (SED) immer mehr litten, erinnerten sich an diese Geschichte. Sie fanden den Mut, um auf die Straße zu gehen und so lange zu demonstrieren, bis sie frei waren.

■ **Unterdrückung heute.** Sucht in Zeitschriften nach Bildern von unterdrückten Menschen heute und erstellt eine Collage zum Thema »Unterdrückung heute«.

Annegert Fuchshuber, 1992

■ **Durchzug durch das Schilfmeer.** Die Künstlerin Annegert Fuchshuber hat die Geschichte des Durchzugs durch das Schilfmeer nach Ex 13,17 – 14,31 gemalt. Überlege, was sie mit den Farben (vgl. S. 111), den Figuren, der ganzen Anordnung ausdrücken möchte.
Suche für die verschiedenen Tiere »Namen«, die deutlich machen, welche Stimmung und welche Gefühle die Tiere bei dir hervorrufen.

Ein Hoffnungslied

Die Wüste und das trockene Land sollen sich freuen,
die Steppe soll jubeln und blühen.
Sie soll prächtig blühen wie eine Lilie,
jubeln soll sie, jubeln und jauchzen.
Sagt den Verzagten: Habt Mut, fürchtet euch nicht!
Seht, hier ist euer Gott!
Die Rache Gottes wird kommen und seine Vergeltung;
er selbst wird kommen und euch erretten.
Dann werden die Augen der Blinden geöffnet,
auch die Ohren der Tauben sind wieder offen.
Dann springt der Lahme wie ein Hirsch,
die Zunge des Stummen jauchzt.

In der Wüste brechen Quellen hervor,
und Bäche fließen in der Steppe.
Der glühende Sand wird zum Teich
und das durstige Land zu sprudelnden Quellen.
An dem Ort, wo jetzt die Schakale sich lagern,
gibt es dann Gras, Schilfrohr und Binsen.
Die vom Herrn Befreiten kehren zurück
und kommen voll Jubel nach Zion.
Ewige Freude ruht auf ihren Häuptern.
Wonne und Freude stellen sich ein,
Kummer und Seufzen entfliehen.

Jes 35,1.2.4-7.10

■ **Hoffnung auf eine heile Welt.** Alle Menschen hoffen auf eine heilere Welt. Allerdings sind ihre Vorstellungen davon recht unterschiedlich. Macht eine Umfrage zum Thema »Woher kommt das Heil für die Menschen?«. Erkundige dich in der Parallelklasse, bei deinen Lehrerinnen und Lehrern, in der Schule, zu Hause bei Eltern, Verwandten und Geschwistern und gliedere die Antworten nach Gemeinsamkeiten und Unterschieden.

■ **Bildbetrachtung.** Betrachte das Bild auf dieser Seite genau. Welche Überschrift würdest du ihm geben? Lest euch gegenseitig das Lied des Jesaja laut vor. Könnt ihr Gemeinsamkeiten zwischen Text und Bild erkennen?
Welche Antworten könnten der Text und das Bild auf die Sehnsucht der Menschen nach einer heilen Welt geben?

Gott lässt sein Volk nicht im Stich

Nach dem Tod König Davids wurde sein Sohn Salomo Nachfolger auf dem Thron Israels.
Er sollte der letzte König des Gesamtreiches sein, denn nach seinem Tod spaltete es sich in das Nordreich Israel und das Südreich Juda. Die beiden kleinen Königreiche hatten auf Dauer keine Chance gegen die Großmächte der Assyrer, Babylonier und Ägypter. Das Nordreich wurde 722 v. Chr. von den Assyrern erobert, das Südreich mit der Hauptstadt Jerusalem 586 v. Chr. durch die Babylonier unter ihrem König Nebukadnezar. Der Tempel wurde zerstört und ein Teil der Israeliten nach Babylon verschleppt. In dieser Zeit des sogenannten Babylonischen Exils fragten sich viele Israeliten, ob sie nicht von Jahwe, ihrem Gott, verlassen worden seien. Manche wandten sich dem Götterglauben der Eroberer zu.
Wie so oft in Israels Geschichte traten auch jetzt wieder Propheten auf. Das sind Menschen, die das Volk Israel an seinen Bund mit Jahwe erinnerten und es davor warnten, seine Wurzeln und vor allem seinen Glauben aufzugeben. Sie machten den Israeliten aber auch Mut und Hoffnung, dass Gott sie auch in dieser schwierigen Situation nicht im Stich lassen und alles wieder zum Guten wenden werde.

Das Wort Gottes macht Mut

Die Bücher der Propheten berichten von Menschen, die es gewagt haben, auch in schwierigen Zeiten das Wort Gottes zu verkünden. Oft haben sie unbequeme Wahrheiten ausgesprochen und mussten diese auch noch den Mächtigen ins Gesicht sagen. Das brauchte Mut, der von Gott kam.
Auch heute macht die Bibel Menschen Mut, sich nicht vorschnell abzufinden mit den Gegebenheiten und dem Erreichbaren. Und so wirkt die Heilige Schrift durch die Jahrhunderte hindurch bis heute. Immer wieder treten Menschen mit der Bibel in der Hand und im Vertrauen auf Gott den Mächtigen gegenüber und verlangen von ihnen Gerechtigkeit für alle Menschen. Manchen kostet das ihr Leben. Menschen, die für das Wort Gottes und ihren Glauben daran ihr Leben gelassen haben, nennt man »Märtyrer« (deutsch: Blutzeugen).

Die Lebensgeschichten der Propheten und ihre Worte sind in den Prophetenbüchern, aber auch in den Geschichtsbüchern aufgeschrieben (vgl. S. 156). Die bekanntesten unter den Propheten sind Elija und Elischa aus der Zeit vor dem Exil, sowie Jesaja und Jeremia, die in der Zeit der Bedrohung durch Babylon und während des Babylonischen Exil selbst gewirkt haben.

■ **Man muss Gott mehr gehorchen als den Menschen.** In der Bibel finden sich viele Geschichten von Menschen, die im Vertrauen auf Gott den Mut gehabt haben, Gott mehr zu gehorchen als den Menschen (z. B. 1 Kön 21,1-29; Dan 6,2-29; Jona 1,1 – 2,11; Apg 5,12 – 6,33). Verteilt die verschiedenen Geschichten untereinander. Verfasst für eure Geschichte eine Kurzfassung und zeichnet dazu ein passendes Bild. Hängt eure Geschichten und Bilder zu einem Fries im Klassenzimmer zusammen.

■ **Unbequeme Mahner.** In der Geschichte des Christentums gab es viele Menschen, die wie die Propheten als unbequeme Mahnerinnen und Mahner auftraten. Einer von ihnen war Dietrich Bonhoeffer. Er selbst hat sein Verhalten mit den Worten umschrieben: »Dem Rad in die Speichen fallen«. Überlege, was er mit diesem Bildwort ausdrücken wollte. Suche nach vergleichbaren Bildworten mit gleicher Aussage. Finde heraus, wer Dietrich Bonhoeffer war.

Jesus verkündet das Reich Gottes

Im Jahr 538 v. Chr. erobern die Perser das für unbesiegbar gehaltene Babylonische Reich. Die Israeliten dürfen in ihre Heimat zurückkehren und den Tempel wieder aufbauen. Aber Israel wird nie mehr ein selbstständiger Staat und verbleibt zuerst unter persischer, später unter griechischer Oberherrschaft. 63 v. Chr. erobern die Römer den ganzen Vorderen Orient und mit ihm auch Israel. Zur Zeit Jesu haben die Römer einen eigenen Statthalter eingesetzt, der dafür sorgt, dass überall Steuern und Zölle gezahlt werden. Während es nur wenigen Menschen gut geht, leiden viele im Land an der Unterdrückung durch die Römer und dem großen Elend. Viele Menschen, vor allem die Ärmeren und Unterdrückten des Volkes sehnen sich nach einer besseren Welt und erwarten die neue einbrechende Herrschaft Gottes, das überwältigende Eingreifen Jahwes in die Geschichte.
In dieser Zeit tritt Jesus aus Nazaret auf. Er sammelt Frauen und Männer um sich, zieht durch Galiläa, er erzählt von der Liebe Gottes und heilt viele Menschen als Zeichen der nahen Gottesherrschaft. Doch die Worte, mit denen Jesus das Reich Gottes ankündigt, verwirren viele seiner Zuhörerinnen und Zuhörer. »Das Reich Gottes ist jetzt schon angebrochen unter euch, weil ich bei euch bin.«

Gleichnisse

Für Jesus war es wichtig, dass einfache Menschen, sogar Kinder, seine Botschaft vom Reich Gottes verstehen konnten. Deshalb erfand er kleine Geschichten und Bilder, die meist aus dem Alltag seiner Zuhörerinnen und Zuhörer stammten. Sie handelten vom Leben in der Familie, vom Säen und vom Ernten, vom Pflügen und vom Backen, vom Einladen und von Geldgeschäften.
Immer aber nahmen diese kleinen Geschichten einen überraschenden, manchmal fast ärgerlichen Ausgang. Damit wollte Jesus verdeutlichen: So ist Gott, so ist das Reich Gottes, es ist ganz anders, als man denkt, unerwarteter, überraschender, größer. Wir können diese Geschichten verstehen, wenn wir uns überlegen, was die Bilder über das Reich Gottes sagen wollen.

- **Gleichnisse.** In Mt 13 werden einige Gleichnisse Jesu erzählt. Tragt zusammen, was dort über das Reich Gottes ausgesagt wird und informiert euch im Lexikon am Ende des Buchs zu den Themen »Gleichnis« und »Reich Gottes«.

Jesu Gleichnisse laden aber auch dazu ein, uns selbst in seine Geschichten hineinzuversetzen: in den verlorenen Sohn und den daheimgebliebenen Bruder (Lk 15,11-32), in den säenden Bauern (Mk 4,26-29), ja sogar in das Senfkorn und die im Baum nistenden Vögel (Mk 4,30-32). Dann können wir die Gleichnisse nicht nur mit dem Kopf verstehen, sondern auch uns selbst und Gott in ihnen entdecken.

- **Verstanden!** Sicher waren auch viele Bauern unter den Zuhörerinnen und Zuhörern Jesu, als er das Gleichnis vom säenden Bauern erzählt hat (vgl. links). Einer von ihnen könnte sich dieses gedacht haben: »Das kenne ich gut, das mit dem Weizen. Jetzt verstehe ich, was Jesus mit dem Reich Gottes meint. Er will mir sagen, dass ich ...« Schreibe eine Fortsetzung.

Er sagte: Mit dem Reich Gottes ist es so,
wie wenn ein Mann Samen auf seinen Acker sät; dann schläft er und steht wieder auf,
es wird Nacht und wird Tag,
der Samen keimt und wächst
und der Mann weiß nicht, wie.
Die Erde bringt von selbst ihre Frucht,
zuerst den Halm, dann die Ähre,
dann das volle Korn in der Ähre.
Sobald aber die Frucht reif ist,
legt er die Sichel an;
denn die Zeit der Ernte ist da.

Mk 4,26-29

■ **Eine Körperreise.** Auf dieser Doppelseite siehst du die kleinen Weizenkörner sowie ein Feld voller reifer Ähren. Betrachte die Bilder ganz genau. Wenn du Lust hast, kannst du dich in eines der kleinen Weizenkörner hineinversetzen. Entferne alles Störende vom Tisch, setze dich bequem hin und schließe deine Augen. Deine Lehrerin, dein Lehrer oder eine Mitschülerin bzw. ein Mitschüler liest nun die weiteren Sätze ganz langsam vor:
Stell dir vor, wie es ist, ein Weizenkorn zu sein. Wie fühlt es sich an, so klein zu sein? Erfühle dein Äußeres. Wie sieht es in dir aus? Was ruht in dir? Jetzt wirst du in die Erde eingepflanzt. Es ist ganz dunkel und still um dich herum.
Halte Stille und Dunkelheit eine Weile aus. – Jetzt wirst du langsam größer und breitest dich in der Erde aus: Du wächst, durchbrichst mit deinem Keim den Boden und gelangst ans Tageslicht. Du spürst Sonne und Regen. Du spürst, wie du ganz langsam weiterwächst und immer größer wirst.
Jetzt bist du ein kleiner Halm, der sich im Wind wiegt. An deiner Spitze wachsen goldene Ähren. Du spürst die Wärme der Sonne. Körner entstehen in deinen Ähren, sie werden immer größer und voller ...
Spüre dich noch einmal als Halm, Ähre und Korn. Bleibe noch einmal einen Moment bei diesem Bild. Jetzt kehrst du langsam wieder zurück: Öffne wieder die Augen, atme tief durch und strecke dich.
Berichtet, wie es euch während der Übung ergangen ist. Wann hast du dich besonders gut gefühlt?
Wenn du möchtest, kannst du die Körperreise auch in einem Bild nachzeichnen: Beginne auf einem Blatt unten als kleines Weizenkorn in der Erde ...

Sieger Köder, o. J.

■ **Familienszene.** Das Bild zeigt eine Szene mit einem Vater und seinen zwei Söhnen. Schreibe eine Geschichte, die mit dieser Szene endet.

■ **Familiengleichnis.** Die Geschichte zum Bild, wie Jesus sie als Gleichnis erzählt, findest du in der Bibel. Schlage Lk 15,11-32 auf und lies sie dort nach. Ihr könnt nun in Gruppen verschiedene Szenen aus dem Gleichnis in ein Standbild umsetzen.
Verfasst zu den einzelnen Szenen Tagebucheinträge, in denen ihr das Geschehen aus der Sicht des jüngeren oder des älteren Bruders oder des Vaters berichtet.

Ein Mann predigt und schreibt Briefe

Paulus und die ersten Christen. Vielleicht habt ihr im Religionsunterricht schon die Lernlandschaft »Wie alles begann« bearbeitet. Dort ist ausführlich von den ersten Christen, von Pfingsten und von Paulus die Rede. Tragt an der Tafel zusammen, an was ihr euch bei diesen Begriffen noch erinnert. Natürlich könnt ihr als Erinnerungsstütze auch zurückblättern auf die Seiten 86-105.

Nach dem Tod Jesu in Jerusalem und seiner Auferweckung mussten sich seine Jüngerinnen und Jünger wieder neu finden. Es war die Gabe des Heiligen Geistes, die sie neuen Mut und Hoffnung schöpfen ließ. So brachen sie auf und verkündeten die Frohe Botschaft von Jesus: das Evangelium. Mit dem Apostel Paulus erhielt die Verbreitung des Evangeliums eine neue Dimension. Ursprünglich war er einer der erbittertsten Verfolger der Christen. Doch durch seine Begegnung mit dem auferstandenen Christus bei Damaskus (vgl. Apg 9,1-22) wurde er der größte Verfechter des Evangeliums, reiste im gesamten Mittelmeerraum umher und gründete viele Gemeinden. Bald sammelten sich Schülerinnen und Schüler um ihn, die in seinem Sinne sein Werk in den Gemeinden fortsetzten. Paulus selbst schrieb immer wieder Briefe an die Gemeinden. Einige von ihnen sind uns heute bei den »Paulinischen Briefe« im Neuen Testament überliefert. Aber auch seine Predigten haben in den Briefen, die auf seine Schüler zurückgehen, im Neuen Testament Eingang gefunden.

Das Besondere an Paulus wird in der Apostelgeschichte hervorgehoben. Dort wird erzählt, wie das Wort Gottes in die Welt ging. Mit Paulus kam es nach Griechenland, also in ein Land, in dem nach Ansicht der Juden nur Heiden lebten. Dort und von dort aus fand es dann rasch seine Verbreitung im gesamten Mittelmeerraum. Daher gilt bis heute Paulus als der Apostel der Heiden.

Ein Auftrag. Lies Mt 28,16-20. In dieser Schriftstelle erteilt Jesus seinen Jüngern und Jüngerinnen einen Auftrag. Gilt dieser auch heute noch?
Überlegt gemeinsam, was er für uns zu bedeuten hat.

Papyrus P 52, 2. Jh. n. Chr.

Codex Vaticanus, 4. Jh. n. Chr.

Bibeldetektive. Auf diesen beiden Seiten findest du Abbildungen von Bibelausgaben aus verschiedenen Jahrhunderten. Bringe mithilfe von Lexika oder dem Internet mehr über ihre Entstehungsgeschichte in Erfahrung. Folgende Internetadressen helfen dabei: www.gutenberg.de, www.frankfurterbibelgesellschaft.de, www.dbg.de (hier findest du unter Download/Publikationen eine Zeittafel zur Entstehungsgeschichte der Bibel bis heute).

Gottes Wort wird weitergegeben

Während noch die ältesten biblischen Texte auf Papyrus verfasst wurden, wurde im Mittelalter Pergament zu dem Schreibstoff, auf dem die Bibel wieder und wieder abgeschrieben wurde – und so um die ganze Welt ging. Pergament war nicht billig. Deshalb musste sehr sorgfältig damit umgegangen werden. Beim Abschreiben durfte kein Fehler gemacht werden. Und wenn man einen Text nicht mehr zu brauchen meinte, wurden die Buchstaben einfach abgeschabt und ein neuer Text darübergeschrieben. Der Fachausdruck für ein solches erneut beschriebenes Buch lautet »Palimpsest«. Um die Bedeutung der biblischen Texte zu betonen, und natürlich auch, um das Wort Gottes nicht zu verfälschen, wurde äußerst sorgfältig und ordentlich abgeschrieben. Solche »Schönschriften« bezeichnet man auch mit dem griechischen Wort »Kalligrafie«. Und um die Schönheit noch zu unterstreichen, wurde der erste Buchstabe eines Kapitels oder Absatzes besonders schön und meist auch deutlich größer geschrieben. Einen solchen Anfangsbuchstaben bezeichnet man als »Initiale«.
Die Erfindung der Buchdruckkunst durch Johannes Gutenberg in Mainz 1450 ermöglichte, die Bibel in großer Stückzahl zu drucken, statt mühsam abzuschreiben. Und die Geschichte der Bibel geht weiter. Heute können wir die Bibel als CD-Rom auf Computern oder im Internet, z. B. unter www.bibelwerk.de, lesen.

■ **Gottes Wort – ganz wertvoll.** Versetze dich doch mal in die Rolle eines mittelalterlichen Bibelschreibers hinein und fertige eine Kalligrafie eines Bibeltextes an:
Nimm einen wertvollen Schreibstoff, z.B. ein Posterplakat. Schreibe einen kurzen biblischen Text, der dir besonders gut gefällt, so sorgfältig, wie du kannst, ab. Gestalte dabei den ersten Buchstaben als prachtvolle Initiale. Und auch der Seitenrand oder andere Buchstaben dürfen ausgeschmückt werden.
Wenn ihr wollt, könnt ihr mit den Bibeltexten eurer Klasse eine kleine Bibelausstellung machen.

Bibeldruck von Johannes Gutenberg

Bibel-CD-ROM

■ **Neue Sprachen.** Die Bibel ist heute in viele Sprachen übersetzt. Bei uns wird sie meist als Bibel oder als Heilige Schrift bezeichnet. Wie heißt die Bibel aber z. B. im Englischen, Französischen, Italienischen, Russischen? Hör dich um und trage die Namen zusammen.
Wenn du wissen willst, in wie vielen Sprachen die Bibel bereits übersetzt worden ist, kannst du unter www.dbg.de nachsehen. Dort findest du bei der Weltbibelhilfe unter Zahlen/Fakten die Informationen.

Mehr als ein Buch

Die Bibel ist mehr als ein Buch, sie ist der Weg des Wortes Gottes durch die Jahrhunderte, wie Menschen es erfahren haben. Diese Erfahrungen wurden in 73 einzelnen Büchern aufgeschrieben. Daher kann man davon sprechen, dass die Bibel eine ganze Bibliothek darstellt.

Wie jede gute Bibliothek ist sie in Sachgebiete unterteilt. Zur Zeit des Alten Testamentes, das man auch »Erstes Testament« nennen kann, wurden die Texte in Buchrollen aufbewahrt. Erst später, zur Zeit der Abfassung des Neuen Testamentes, entstand die uns heute bekannte Buchform.

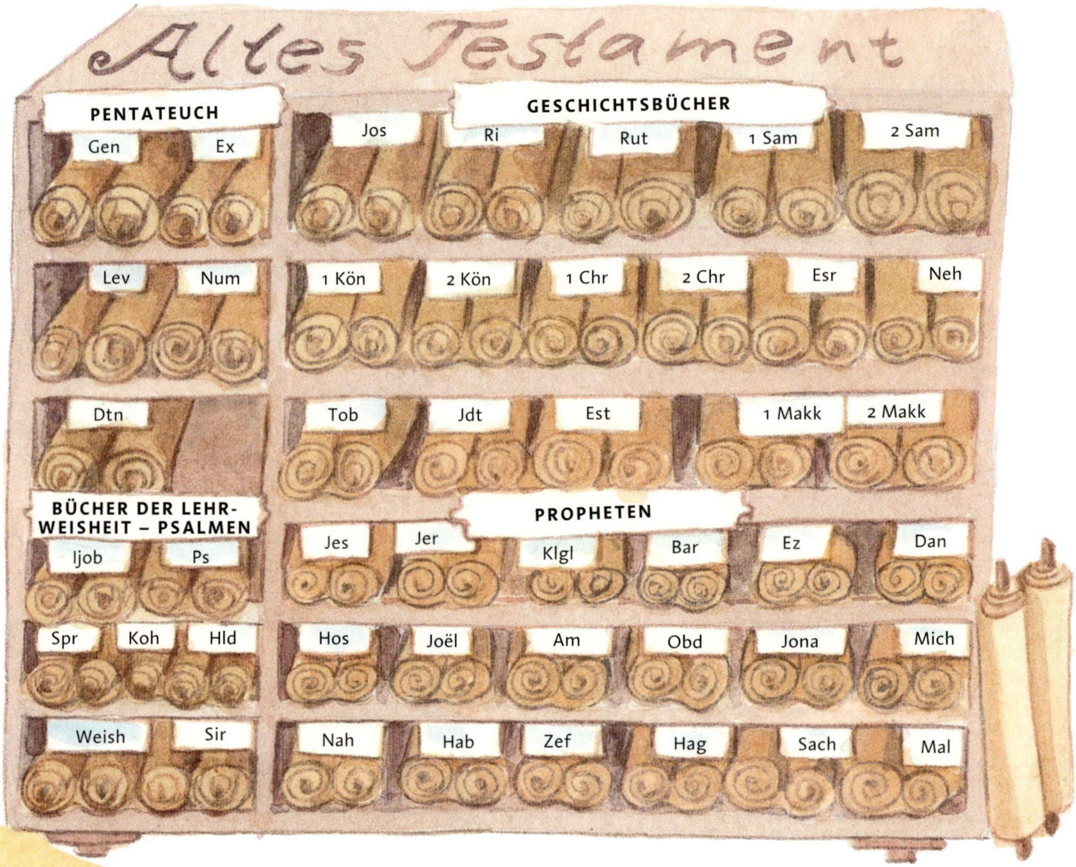

■ **Tora.** Die ersten fünf Bücher des Alten Testaments haben im Judentum eine besondere Bedeutung. Schlage auf S. 164 nach. Erkläre einem Partner, einer Partnerin die Bedeutung der Tora für Juden.

Die ersten fünf Bücher des Alten Testaments nennt man »Pentateuch« (griech. *penta* = fünf) oder »Die fünf Bücher des Mose«. Sie berichten über die Erschaffung der Welt, über Noach, Abraham, Mose, Mirjam und andere Israeliten. Die Geschichtsbücher handeln von Führern und Führerinnen der Israeliten und von den ersten Königen Israels. Sie enden mit der Erzählung von der Rückkehr des Volkes Israel aus dem babylonischen Exil um 500 v. Chr. Die Psalmen sind das Gebets- bzw. Gesangbuch der Bibel. Das Alte Testament kennt 150 Psalmen, von denen ein Großteil König David zugeschrieben wird, wohl aber nicht von ihm stammt. Die Bücher der Lehrweisheit enthalten Sprüche und Lehrmeinungen über das Leben und den Umgang der Menschen miteinander, die aus vielen Jahrhunderten immer wieder erzählt und so überliefert wurden. Die Bücher der Propheten berichten von Menschen, die von Gott einen besonderen Auftrag erhalten haben. Die Propheten treten daher im Namen Gottes auf und sagen den Menschen, was Gott von ihnen möchte.

Die Evangelien – Evangelium heißt übersetzt »Frohe Botschaft« (vgl. Lexikon) – erzählen über das Leben und Wirken Jesu, so wie es seine Jünger sich erzählt haben. Das älteste Evangelium ist das Markus-Evangelium, auch wenn es in der Bibel nicht an erster Stelle steht. Matthäus und Lukas kannten es bereits, übernahmen es und ergänzten es durch andere Erzählungen. Johannes schrieb sein Evangelium aus anderen Überlieferungen. Die Apostelgeschichte kann weder den Evangelien noch den anderen Schriften im Neuen Testament zugeordnet werden. Sie stammt jedoch vermutlich aus der gleichen Feder wie das Lukasevangelium und berichtet über das Schicksal der Jünger Jesu nach seinem Tod und die Missionstätigkeit des Apostels Paulus. Von Paulus und seinen Schülern stammen auch viele Briefe, in denen die ersten Christengemeinden wichtige Nachrichten über ihren Glauben austauschten. Sie erteilten sich in diesen Briefen Ratschläge bzw. spendeten sich Trost und machten sich Mut. Diese Briefe werden »Paulinische Briefe« genannt. Andere Briefe sind für die Kirche besonders wichtig, weil sie über das Zusammenleben und die allerersten Gottesdienste berichten. Man nennt sie deshalb »Katholische Briefe«. Das letzte Buch der Bibel, die Offenbarung des Johannes, enthält die Visionen des Johannes über das Ende der Welt.

■ **Bibelbibliothek.** Wie in einer Bibliothek Bücher mit Signaturen gekennzeichnet sind, so sind in der Abbildung unten auch nur die Abkürzungen der biblischen Bücher dargestellt. Schlage in deiner Bibel das Inhaltsverzeichnis auf. Dort findest du zu allen Abkürzungen die vollständigen Namen der Bücher. Jetzt kannst du deine eigene »Bibel-Bibliothek« basteln: Schreibe zuerst die Namen der biblischen Bücher auf beklebte Streichholzschachteln. Baue aus Sperrholz oder einem Schuhkarton ein Regal und stelle die Bücher in der richtigen Reihenfolge in die Sachgebiete ein.

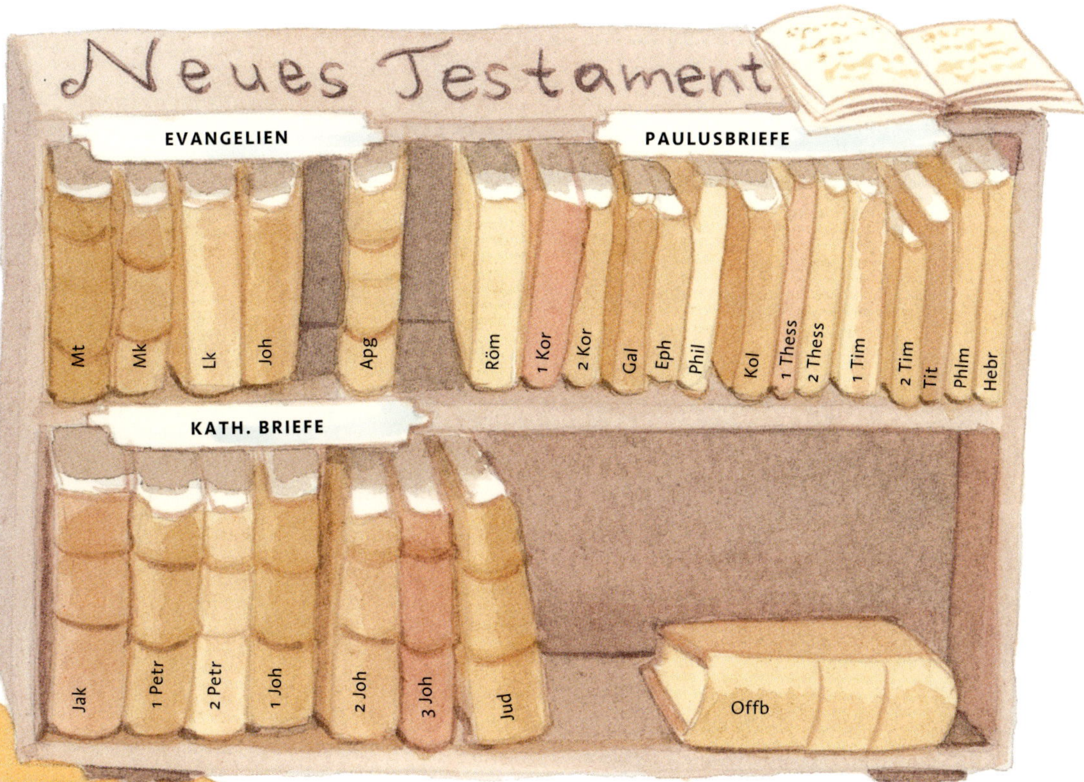

■ **Nicht vom Himmel gefallen.** Du hast jetzt gelernt, dass die Bibel, das Wort Gottes, nicht vom Himmel gefallen ist, sondern einen langen Weg durch die Jahrhunderte durchlaufen hat. Zeichne diesen Weg mit den wichtigsten Stationen in dein Heft. Du kannst auch eine kleine Entstehungsgeschichte schreiben.

■ **Orientierung.** Auf dieser Doppelseite findest du viele Gegenstände und Situationen, die im Judentum eine Bedeutung haben. Mithilfe der kurzen Erläuterungen auf der rechten Seite kannst du ihre Bedeutung bestimmen.
Alle Bilder tauchen auf den nächsten Seiten wieder auf. Willst du mehr über ein bestimmtes Bild erfahren, dann suche die entsprechende Seite auf. Mit welchem Bild wollt ihr eure »Reise« durch das Judentum beginnen?

JUDENTUM

Bar Mizwa – die Feier der Religionsmündigkeit eines Jungen im Alter von 13 Jahren, **Bat Mizwa** eines Mädchens.
Davidstern – ein wichtiges Symbol für das Judentum, das z. B. in der Flagge des Landes Israel wieder auftaucht. Oft wird der Davidstern auch als Fenster in Synagogen verwendet.
Grabsteine – Sie erzählen im Judentum oft sehr viel über die Menschen, die an diesem Ort begraben liegen. Besucht ein Jude ein Grab, so legt er einen Stein auf den Grabstein.
Jad – eine Lesehilfe, die beim Vorlesen der Tora in der Synagoge verwendet wird. Am vorderen Ende ist eine Hand mit einem ausgestreckten Finger dargestellt.
Mesusa – eine kleine Kapsel, die oft reich verziert und aus Metall ist, die an dem Türpfosten einer jüdischen Wohnung oder eines jüdischen Hauses angebracht wird.
Sabbatleuchter und -brot – Sie gehören zum Beginn des Sabbats. Mit dem Entzünden der Leuchter und dem Gebet der Mutter beginnt der wöchentliche Feiertag.
Schofar – ein Widderhorn, das am Jom Kippur, dem Versöhnungstag, geblasen wird.
Tora – die heilige Schrift des Judentums. Sie wird als Schriftrolle in jeder Synagoge im Toraschrein aufbewahrt.
Tefillin – Gebetsriemen, die zum Gebet angelegt werden.

Neue Synagoge in Stuttgart

Neue Synagoge in Mannheim

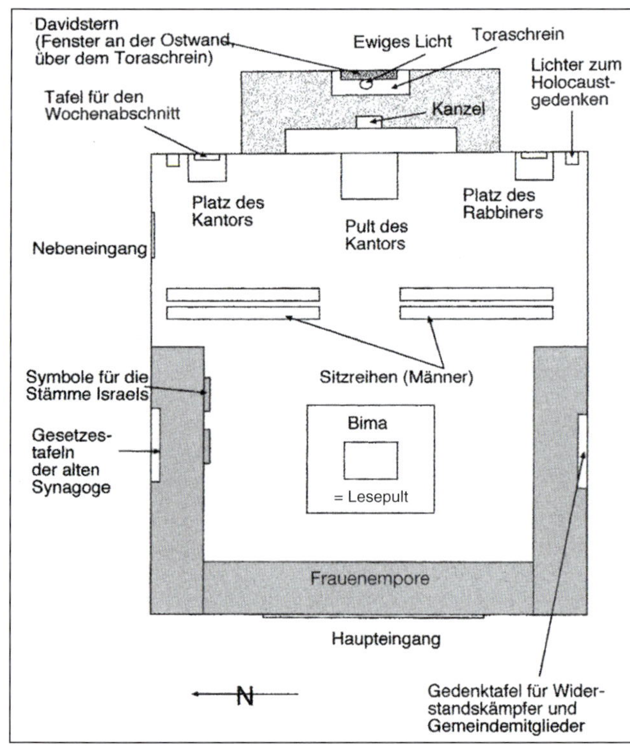

Innenraum der Synagoge in Stuttgart

Synagogen vergleichen. Vergleiche die hier abgebildeten Synagogen miteinander und beschreibe die Gemeinsamkeit, die du entdeckst. Die Zeichnung des Innenraums der Stuttgarter Synagoge hilft dir. Erkläre die entdeckten Gemeinsamkeiten.

Neue Synagoge in Freiburg

Die Synagoge

Der Mittelpunkt einer jüdischen Gemeinde ist die Synagoge. »Synagoge« ist das griechische Wort für Versammlung. Eine Synagoge ist also ein Versammlungshaus für den Gottesdienst, aber auch ein Bet- und Lehrhaus. So finden sich in Synagogen Räume für die Gemeindeversammlung und den Religionsunterricht. Außerdem findet sich dort in der Regel auch die *Mikwe*, ein Bad für die rituelle Reinigung.

Vor allem vor dem Sabbat versammelt sich die Gemeinde zu den Gottesdiensten in der Synagoge. Das Wichtigste, das Herz der Synagoge, ist der Toraschrein, in dem die Torarollen aufbewahrt werden. Um einen Gottesdienst feiern zu können, müssen nach orthodoxem Verständnis mindestens zehn religiös volljährige Männer anwesend sein. Diese verpflichtende Zahl heißt *Minjan*. Religiös volljährig wird ein jüdischer Junge mit 13 Jahren.

Den Gottesdienst in der Synagoge leitet ein Vorbeter, er spricht teilweise alleine, teilweise mit der Gemeinde die Gebete, während die Gesänge von einem Kantor vorgetragen werden. Der Rabbiner ist der Lehrer der Gemeinde.

■ **Davidstern.** Recherchiere die Bedeutung des Davidsterns, der in allen Synagogen auftaucht.

■ **Synagogen bei uns.** Informiere dich über eine der Synagogen, die hier abgebildet sind. Im Internet (z. B. unter www.alemannia-judaica.de) findest du zu allen diesen Synagogen Informationen über ihr Alter, ihre Architektur, ihren Aufbau und vieles mehr.
In der Zeit der Verfolgung der Juden durch die Nationalsozialisten im »Dritten Reich« wurden viele Synagogen zerstört. Recherchiere, ob es eine Synagoge in deinem Ort gibt oder gegeben hat.
Weitere Ideen findest du in dem Auftrag »Spurensuche vor Ort« beim Thema »Juden und Christen begegnen sich«.

Regenbogen. Woher stammt das Zeichen des Regenbogens? Genaueres erfährst du in Gen 9,8-17.
Der Regenbogen ist ein sichtbares Zeichen der Liebe Gottes zur gesamten Menschheit. Im Judentum ist er bis heute ein wichtiges religiöses Symbol. Wer einen Regenbogen sieht, spricht: *»Gepriesen seist du, Ewiger, unser Gott; du regierst die Welt. Du erinnerst dich an den Bund und bleibst ihm treu. Du stehst zu deinem Wort.«* Von einem weiteren wichtigen »Bundeszeichen«, das Gottes besondere Liebe zu seinem Volk Israel symbolisiert, ist im Text unten die Rede. Um welche Zeichen handelt es sich dabei?

Von der Geburt bis zum Tod

Wer als Kind einer jüdischen Mutter geboren wird, ist Jude und bleibt es sein ganzes Leben lang. Im Judentum wird keine Mission betrieben. Dennoch gibt es die Möglichkeit für Nichtjuden, nach einem bestimmten Aufnahmeverfahren zum Judentum überzutreten. Jungen werden in jüdischen Familien am achten Tag nach der Geburt beschnitten. Das hebräische Wort für Beschneidung heißt *berit*, übersetzt »Bund«. Die Beschneidung ist das Zeichen des Bundes Gottes mit Abraham und seinem Volk (Gen 17,7-14). Dabei wird ein Stück der Vorhaut des Penis des Jungen abgetrennt. Die Beschneidung ist ein großes Familienfest.

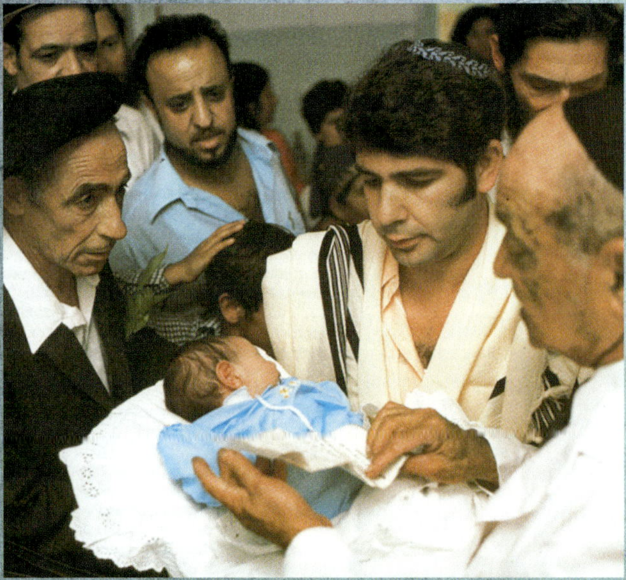

Am Sabbat nach ihrem 13. Geburtstag werden jüdische Jungen in einer großen Feier in die Selbstverantwortung für Religion und ihre Gebote gestellt: Sie werden zum »Sohn der Pflicht«, hebräisch *Bar Mizwa*. Während der Feier in der Synagoge dürfen sie zum ersten Mal einen Abschnitt der Tora vorlesen, selbstverständlich auf Hebräisch. Von diesem Augenblick an sind nicht mehr ihre Eltern, sondern sie selbst vor Gott für ihr Tun und Handeln verantwortlich – sie sind »religionsmündig«.
Auch für Mädchen gibt es ein Fest, wenn sie »Tochter der Pflicht«, hebräisch *Bat Mizwa*, werden. In der Regel wird dieses bereits im zwölften Lebensjahr gefeiert. In vielen Gemeinden dürfen dann auch sie im Gottesdienst aus der Tora lesen. Bei strenggläubigen Juden ist dies jedoch ausschließlich den Jungen vorbehalten.

Religionsmündig. Überlege, was es heißt, »religionsmündig« zu sein. Welche Rechte und welche Pflichten ergeben sich – für einen Juden wie für einen Christen – daraus?

Die Hochzeit von zwei Menschen gilt als Abbild des Bundes Gottes mit den Menschen. Die Brautleute treten unter einen Hochzeitsbaldachin, der das Haus symbolisiert. Braut und Bräutigam trinken gemeinsam einen Becher Wein und der Bräutigam steckt der Braut einen Ring an den Finger. Nach der Trauung trinken beide aus einem Glas zum Zeichen ihrer Liebe. Dann werfen sie das Glas auf den Boden. Die Scherben sollen am Tag der Freude an die Zerstörung des Tempels in Jerusalem erinnern. Aber sie sollen auch die Zerbrechlichkeit der menschlichen Liebe symbolisieren.

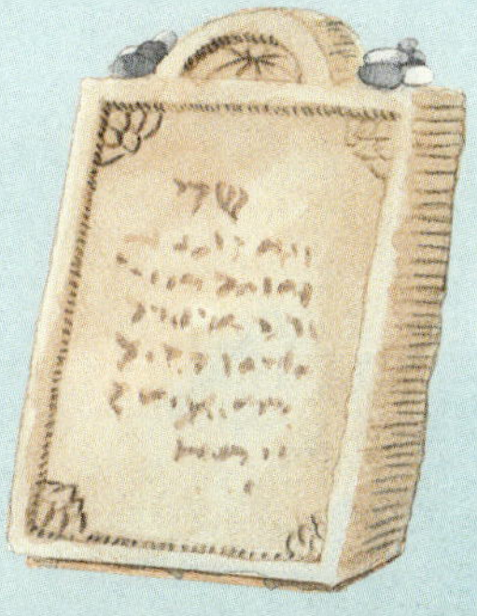

■ **Jesus, der Jude.** Auch Jesus hat als Jude die Lebensstationen eines gläubigen Juden – mit Ausnahme der Hochzeit – durchlaufen. Auch auf Hochzeiten war er eingeladen. Schlage folgende Bibelstellen nach und arbeite die verschiedenen Stationen des religiösen Lebensweges Jesu heraus: Lk 2,21-24; Lk 2,41-52; Mt 27,59-60.

■ **Auch Christen leben im Bund.** Im christlichen Lebenslauf gibt es ganz ähnliche Feste, die an den Bund mit Gott erinnern. Gestalte eine Seite in deinem Heft, indem du Bilder der entsprechenden christlichen Feste einklebst.

Der Bund Gottes, so der Glaube der Juden, wird im Tod vollendet. Für Juden gehört der Tod zum Leben wie die Nacht zum Tag. Wer den Tod bewusst nahen sieht, bringt seine Angelegenheiten in Ordnung und betet das *Schma Israel*.

Nach dem Tod wird der Leichnam in einen schlichten Sarg gelegt. Männer werden zuvor in ihren Gebetsmantel, den *Tallit*, gehüllt. Feuerbestattungen sind nicht erlaubt.

Die Trauerzeit beginnt mit sieben Trauertagen, während deren die Trauernden keine Arbeit verrichten. Eine zweite Phase der Trauer dauert bis zum 30. Todestag. Im ganzen Trauerjahr wird von den Kindern im Gottesdienst das *Kaddisch* für den Verstorbenen gebetet. Am ersten Jahrestag wird der Grabstein gesetzt. Die Gräber werden nicht mit Blumen geschmückt, sondern Besucher legen zur Erinnerung einen Stein auf den Grabstein.

Die Tora

Die Tora ist ein besonders heiliger Gegenstand des jüdischen Lebens. In der Tora wird die Beziehung des Menschen zu Gott, aber auch die Beziehung zu seinen Mitmenschen gelehrt. Daher auch der Name »Tora«, was so viel wie »Lehre, Unterweisung, Gesetz« bedeutet. Sie ist das Wort Gottes an den Menschen und so die Hauptquelle jüdischen Rechts, jüdischer Ethik und der Wegweiser für das Denken und den Lebenswandel. Die Tora umfasst fünf Bücher. Sie werden einfach mit dem ersten Wort, mit dem das Buch beginnt, benannt: *Bereschit*, *Schemot*, *Wajikra*, *Ba Midbar* und *Debarim*.

Auch heute noch werden die Torarollen von einem speziell ausgebildeten Schreiber, dem sogenannten *Sofer*, mit Gänsekielen und Tinte auf Pergament geschrieben. Eine schwierige Aufgabe, denn jeder Buchstabe hat eine bestimmte Schreibweise und der kleinste Fehler würde die Torarolle unbrauchbar machen.
Die Tora wird besonders geachtet. Im Gottesdienst wird sie feierlich aus dem Toraschrein gehoben. Nie wird sie mit den Händen berührt. Zum Lesen wird aus diesem Grund ein aus Silber gefertigter Stab, an dessen Ende eine Hand mit ausgestrecktem Finger dargestellt ist, verwendet (*Jad*). So kann der Leser oder die Leserin die Textzeilen der Torarolle entlangfahren ohne zu verrutschen, aber auch ohne die Rolle zu berühren. Als Zeichen der Verehrung wird die Tora nach dem Lesen zusammengerollt, mit dem Wimpel verschnürt und der *Mappa*, einem einfachen Tuch, umhüllt. Danach wird sie mit dem *Me´il*, einem reich bestickten Mantel bekleidet. Häufig trägt die Torarolle auch die *Kether*, die Krone, oder mit Glöckchen verzierte Aufsätze, die *Rimonim*. Geschmückt wird die Rolle auch mit dem *Tass*, einem Schild. Auf diese Weise ausgestattet wird die Torarolle in den Toraschrein gehoben, der das Zentrum der Synagoge bildet. Dort bleibt die Rolle, bis sie zur nächsten Lesung herausgehoben wird.

■ **Ein Lexikon.** Im Text hast du viele neue Begriffe kennengelernt. Schreibe sie in alphabetischer Reihenfolge in dein Heft und erkläre ihre Bedeutung. Welche der Gegenstände findest du auf dem Bild rechts wieder?

■ **Die fünf Bücher der Tora.** Die fünf Bücher der Tora sind auch den Christen bekannt. Es sind die ersten fünf Bücher des Alten Testaments. Fertige zu jedem dieser fünf Bücher im Heft eine Informationstafel an, die den hebräischen Namen, den Namen im Alten Testament und seine deutsche Übersetzung sowie eine kurze Beschreibung des Inhaltes wiedergibt. Deine Bibel und ein Bibellexikon helfen dabei. – Finde auch heraus, wie diese Bücher in der Bibel eurer evangelischen Mitschüler und Mitschülerinnen heißen.

■ **Bildbetrachtung.** Was zeigt das Bild rechts? Beschreibe die Haltung des Mannes und seinen Gesichtsausdruck. Welchen Eindruck hinterlässt das Bild bei dir? Schreibe die Gedanken, die Gefühle des Mannes. Sammelt eure Ergebnisse in der Klasse.

Ernst Alt, 1975

Schma Israel

Höre, Israel!
Jahwe, unser Gott, Jahwe ist einzig.
Darum sollst du den Herrn, deinen Gott,
lieben mit ganzem Herzen,
mit ganzer Seele und mit ganzer Kraft.
Diese Worte, auf die ich dich heute verpflichte,
sollen auf deinem Herzen geschrieben stehen.
Du sollst sie deinen Söhnen wiederholen.
Du sollst von ihnen reden, wenn du zu Hause sitzt
und wenn du auf der Straße gehst,
wenn du dich schlafen legst und wenn du aufstehst.
Du sollst sie als Zeichen um das Handgelenk binden.
Sie sollen zum Schmuck auf deiner Stirn werden.
Du sollst sie auf die Türpfosten deines Hauses
und in deine Stadttore schreiben.

Dtn 6,4-9

Die Mesusa

Einer der wichtigsten Texte des jüdischen Glaubens ist das Bekenntnis »Höre Israel« (hebräisch: *Schma Israel*) aus Dtn 6,4-9. Diese Worte werden zu den Feiern des Sabbats und der anderen Festtage gesprochen, sind aber auch Teil der Morgen- und Abendgebete. In diesem Bekenntnis drückt sich die Anerkennung der Herrschaft Gottes und seiner Gebote aus und es erinnert an die Befreiung Israels aus der Sklaverei in Ägypten.
Weil dieses Bekenntnis für den gläubigen Juden so wichtig ist, wird an jeder Haus- oder Wohnungstür eine *Mesusa* am rechten Türpfosten angebracht. Eine Mesusa ist eine verzierte Metallkapsel mit einem kleinen Fensterchen, in deren Innern sich eine kleine Pergamentrolle befindet. Auf dieser befinden sich drei Abschnitte aus der Tora: Dtn 6,4-9 (das *Schma Israel*); Dtn 11,13-21 und Num 15,37-41. Auf der Rückseite steht das Wort *schadai*, was so viel wie »Allmächtiger« bedeutet. Die kleine Schriftrolle steckt so in die Mesusa, dass durch das kleine Fensterchen das Wort *schadai* zu lesen ist. Beim Verlassen des Hauses oder der Wohnung berühren Juden die Mesusa mit den Fingerspitzen und küssen diese dann. Dabei sprechen sie die Worte: »Gott schütze mich bei meinem Fortgehen und bei meinem Ankommen, jetzt und in Ewigkeit.«

■ **Schma Israel.** Das ist das erste Gebet, das ein jüdisches Kind lernt. Es ist seit Jahrtausenden unverzichtbarer Bestandteil des jüdischen Gottesdienstes. Das *Schma Israel* ist kein Gebet im eigentlichen Wortsinn, sondern es ist vielmehr das jüdische Glaubensbekenntnis, im weitesten Sinne das Bekenntnis zum Judentum. Übertrage dieses Bekenntnis schön gestaltet in dein Heft.

■ **Drei Texte der Tora.** Der Text erwähnt drei Bibelstellen, die auf der Pergamentrolle der Mesusa zu finden sind. In ihnen werden die Pflichten eines Juden genannt, Mahnungen erteilt und Verheißungen gegeben. Suche dir einen Partner oder eine Partnerin und stelle diese zusammen. Sammelt dann gemeinsam, an welche anderen biblischen Texte euch diese Pflichten, Mahnungen und Verheißungen erinnern.

Juden beten zu Gott

Fromme Jüdinnen und Juden begleitet das Gebet ihr ganzes Leben. Im Vordergrund des jüdischen Glaubens steht es, Gott als Herrn und Schöpfer zu bekennen. Mit dem Morgengebet wird der Tag geweckt. Er endet mit dem Nachtgebet, in dem die Bilanz des Tages gezogen wird. Auch anlässlich der Mahlzeiten werden Gebete gesprochen. Gebete gibt es für besondere Ereignisse, bei der Beschneidung, der Hochzeit und im Todesfall.

Zum Morgengebet und zum Gottesdienst tragen männliche Juden den *Tallit* (Gebetsmantel), ein großes, viereckiges Tuch mit »Schaufäden« an den Ecken. Ein weiteres wichtiges Zeichen sind die Gebetsriemen (*Tefillin*) mit kleinen Kästchen, in denen Pergamente mit den Bibelstellen Ex 13,1-16 und Dtn 6,4-9 (*Schma Israel*) enthalten sind.

Als Zeichen der Demut wird eine Kopfbedeckung getragen. Die Hände werden beim Beten nicht gefaltet. Einige bewegen den Oberkörper vor und zurück, andere hüllen sich in den Gebetsmantel.

So bestimmt das Gebet das gesamte Denken und Tun des Menschen. Im Gebet wird er von Gott mit Kopf, Herz und Hand ergriffen.

Jüdischer Junge mit Tallit und Tefillin

■ **Mit Kopf, Herz und Hand.** Auch Christen beten »mit Kopf, Herz und Hand«. Probiert gemeinsam die Gebetshaltungen aus, die ihr kennt.

■ **Bekenntnis im Alltag.** Für Juden war von Anfang an wichtig, das *Schma Israel* als Bekenntnis nicht nur zu sprechen, sondern ganz in ihrem alltäglichen Leben zu verankern. Der Text des Gebetes selbst gibt Auskunft darüber, wie dies geschehen soll. Beschreibe, wie der Junge auf dem Bild die Vorschriften des *Schma Israel* erfüllt. Welche Gegenstände erkennst du auf dieser Doppelseite noch? Benenne sie und beschreibe ihre Aufgabe für das jüdische Gebet.

Ruth muss sich entscheiden

Ruth ist ratlos. In der Klasse hatten sie vereinbart, eine Musical-Aufführung zu besuchen. Der einzige freie Termin war ein Freitagabend. Die Lehrerin und alle anderen Eltern, die Mitschülerinnen und Mitschüler sowieso, waren einverstanden. Nur nicht Ruth. Sie wusste genau, dass ihre Eltern ihr das nie erlauben würden. Denn Ruth ist Jüdin und für Juden ist ab Freitagabend Sabbat. Der Sabbat ist heilig und gehört der Familie. Aber sie hat sich nicht getraut, den anderen davon zu erzählen.

Die Lehrerin hatte bald bemerkt, dass mit Ruth etwas nicht stimmte. Da sie wusste, dass Ruth Jüdin ist, ahnte sie den Grund. Nach einem langen Gespräch zwischen den beiden war Ruth bereit, der Klasse ihre Sorgen zu erzählen:

»Ab Freitagabend bis zum Sonnenuntergang am Samstag ist bei uns Sabbat, der heilige Tag der Woche und strenger Ruhetag. Wir erinnern uns an den siebten Tag der Schöpfung, als Gott ruhte. Er hat alles so wunderbar geschaffen, dass nichts mehr zu tun war. Daher wollen auch wir Menschen der Schöpfung nichts mehr hinzufügen und tun am Sabbat nichts. Sabbat fängt bereits am Freitagabend an, wenn die ersten Sterne am Himmel erscheinen. Alle haben sich vorbereitet, das Haus ist geputzt und geschmückt, der Tisch schon gedeckt und auch wir, meine ganze Familie, haben uns schöne Kleider angezogen. Meine Mutter holt die beiden Kerzenleuchter, die nur für den Sabbat verwendet werden, und zündet die Lichter an. Sie hält die Hände vor die Augen und segnet uns alle. Sie schließt mit den Worten: ›Schalom! Gut Schabbes!‹ Jetzt ist der Sabbat zu uns gekommen. Danach setzen wir uns alle an den festlich geschmückten Tisch, auf dem zwei Hefezöpfe liegen. Mein Vater bricht für uns und für sich ein Stück ab und teilt es aus. Dann spricht er einen Segen über ein Glas Wein und wir alle trinken davon. Jetzt beginnt das Essen, bei dem wir auch Lieder singen. Lange sitzen wir zusammen und oft spielen wir etwas miteinander. Kein Telefon stört uns, keiner hat etwas vor. Am Morgen des Sabbat gehen meine Eltern in den Synagogengottesdienst. Manchmal gehe ich mit. Mittags gibt es nochmals ein besonders leckeres Essen. Den ganzen restlichen Tag verbringen wir in der Familie. Der Sabbat mit seinem Sabbatfrieden ist uns Juden heilig. Und deswegen kann ich auch nicht mit auf den Ausflug gehen.«

Ruth ist erleichtert, ja sogar ein bisschen stolz. Jetzt wissen alle zumindest, warum sie nicht mitgehen kann. Und als sie mittags nach Hause geht, ist sie froh. Nach einer lebhaften Fragerunde und einer kurzen Diskussion hat die Klasse einstimmig beschlossen: Das Musical kann warten.

■ **Eine schwere Entscheidung.** Welche der Gründe Ruths kannst du verstehen, welche nicht? Diskutiere in der Klasse darüber. Wie hättet ihr als Klasse entschieden?

■ **Sabbat = Sonntag?** Der christliche Sonntag ist vergleichbar mit dem jüdischen Sabbat, es gibt aber auch Unterschiede (vgl. Lexikon). Schreibe Ruth einen Brief, in dem du beschreibst, wie der Sonntag bei dir zu Hause gefeiert wird.

■ **Die Sabbatfeier.** Fertige mithilfe von Ruths Erzählung und der Bilder auf dieser Doppelseite ein Protokoll an über den Ablauf einer Sabbatfeier und über die Gegenstände und Handlungen, die währenddessen zum Einsatz kommen.

Koscher essen

Die Speisegesetze im jüdischen Glauben sind oft das Erste, was Nichtjuden auffällt. Da sie eine Besonderheit des Judentums sind, werden sie oft belächelt oder als seltsam betrachtet, doch haben sie einen tiefen Sinn: In der Vorstellung des Judentums gehören Seele und Körper zusammen und nur in dieser Einheit kann der Mensch seiner Bestimmung durch Gott folgen. Daher ist es wichtig, körperlich und geistig rein zu sein, dies bedeutet nämlich *koscher*. Zu den Bemühungen des Juden und der Jüdin um Reinheit zählen auch die Speisegesetze, die zum größten Teil aus der Tora stammen.

Was heißt »koscher«?

Viele Menschen fragen mich immer wieder, was »koscheres Essen« eigentlich bedeutet. Dass Schweinefleisch nicht koscher ist, wissen die meisten, aber damit hört das Wissen über diesen Begriff auch auf.
Ehe ich auf unsere Speisegesetze *(Kaschrut)* eingehe, möchte ich erklären, was »koscher« überhaupt bedeutet. Dieses Wort stammt vom hebräischen *cascher* und heißt »gut« oder »angemessen«. Heute wird es vielfach mit der Bezeichnung »rein« übersetzt. Übrigens werden auch Personen, die geeignet sind, als Zeuge aufzutreten, als »koscher« bezeichnet.
Koscher essen heißt also, die Speisegesetze einzuhalten. Grundregel ist, Milchiges mit Fleischigem nicht zu vermischen. Das heißt im Klartext, dass wir keine Milchprodukte mit Fleisch zusammen essen dürfen. Kein Rahmschnitzel, kein Cheeseburger … für manche sicher unvorstellbar! Aber das ist nur eine Gewohnheitssache und bekanntermaßen ist die jüdische Küche sehr lecker, auch für Soßen gibt es sehr viele andere Zubereitungsmöglichkeiten.
Der Genuss von Blut ist verboten, deshalb müssen die Tiere nach dem Schächten ausgeblutet werden. Zu medizinischen Zwecken im Notfall (Bluttransfusion) ist Blut allerdings erlaubt, so wie unsere Schabbat-Verbote im Notfall generell aufgehoben sind. Schließlich kann ich nicht mit ansehen, wie das Haus des Nachbarn an Schabbat abbrennt, nur, weil ich an diesem Tag keine Arbeit verrichten darf!
Interessant wäre noch, dass Milchprodukte und Fleisch in verschiedenen Töpfen und Pfannen zubereitet werden. Eine koschere Küche hat alles doppelt: Kochutensilien und Zubehör, Geschirr und Besteck.
Das klingt kompliziert, ist es aber nicht, wenn man daran gewöhnt ist.
Strenggläubige Juden halten sich an die Speisegesetze. Es gibt aber auch Juden, die die Kaschrut weniger streng auslegen, manche empfinden die Gesetze sogar als veraltet und nicht mehr zeitgemäß. Jeder Jude muss selbst entscheiden, ob er die Vorschriften einhält oder nicht, und trägt damit auch die alleinige Verantwortung gegenüber G`tt.
Im Übrigen gibt es bei uns – wie in allen anderen Religionen auch – Menschen, die ihren Glauben leben, und solche, die es nicht tun.

Leah Schurr

(*Anmerkung zu der Schreibweise G`tt:* Sie wird von der Autorin aus Hochachtung vor dem Namen Gottes verwendet, den gläubige Juden und Jüdinnen heiligen und nicht aussprechen).

■ **Menükarten.** Wenn du herausfinden willst, woher die Speisevorschriften stammen, schlage nach unter Lev 11,1-47; Dtn 14,3-21 und Ex 23,19. Erstelle eine Tabelle, in der du die Speisen nach »koscher« und unrein (»trefe«) unterteilst. Ergänze die Tabelle mit einem Partner oder einer Partnerin.
Jetzt kannst du bestimmt begründen, welche der beiden Menükarten du nicht in einem koscheren Restaurant findest.

Menü 2

Vorspeise
Kleiner Muschelteller
mit Knoblauchbrot

Hauptgang
Wildhase mit Nudeln und
Preiselbeeren

Nachspeise
Konafa (Gebäck mit Sirup,
Mandeln und Pistazien)

Menü 1

Vorspeise
Pastete mit Kalbfleisch
und Walnüssen

Hauptgang
Of sum-sum
(Hähnchen mit Sesam)
Reis und Erbsen

Nachspeise
Baklava (Blätterteiggebäck)
Kaffee oder Tee

Ein Gott der Geschichte

Das Volk Israel hat Gott immer wieder als denjenigen erfahren, der in die Geschichte seines Volkes eingreift, der sein Volk begleitet und tröstet, der es befreit und errettet. Er ist ein Gott, der den Menschen sagt, was gut für sie ist, und ihnen vergibt, auch wenn sie seine Gebote brechen. In einer Vielzahl von Festen erinnert sich Israel an diese Erfahrungen mit Gott und erzählt sich von Jahr zu Jahr neu diese Geschichten weiter.

***Schawuot* – Gott gibt das Gesetz**
Das sogenannte Wochenfest wird gefeiert zur Erinnerung an die Übergabe der Gebote Gottes an Mose auf dem Berg Sinai.

***Pessach* – Gott befreit**
***Pessach* bedeutet »Vorübergehen«. Gemeint ist damit, dass der Todesengel an den Hütten der Hebräer vorüberging, als er die erstgeborenen Söhne der Ägypter tötete. Die Juden erinnern sich somit in dieser Woche an die Befreiung aus Ägypten. Höhepunkt des Festes ist der Sederabend, an dem der Nacht des Auszugs gedacht wird.**

- **In der Bibel.** Alle Feste des jüdischen Festkreises können in ihrem Ursprung auf biblische Texte zurückgeführt werden. Schlage die folgenden Stellen nach und ordne sie den einzelnen Festen zu: Ex 12; Dtn 16,13-17; Dtn 16,9-12; Lev 23,23-25; Lev 23,26-32; 1 Makk 4,36ff.; Ester 9,20-32.

***Purim* – Gott rettet**
Dieses Fest wird gefeiert in Erinnerung an die Errettung der Juden in Persien. Dort wollte der Hofbeamte Haman alle Juden töten lassen. Die Jüdin Ester aber legte beim persischen König ein gutes Wort für die Juden ein und vereitelte so den Plan des Haman. Schließlich wurde dieser selbst hingerichtet. Die Erinnerung an die Rettung wird mit einem ausgelassenen Fest gefeiert, bei dem die Kinder sich verkleiden dürfen.

***Chanukka* – Gott macht die Welt hell**
Das Lichterfest erinnert an die Wiedereinweihung des Tempels im Jahr 164 v. Chr. Nachdem die Feinde Israels, die den Tempel entweiht hatten, abgezogen waren, suchten die Juden im Tempel nach geweihtem Öl für die Tempelleuchten, fanden jedoch nur Öl für einen einzigen Tag. Wie durch ein Wunder hielt dieses Öl aber acht Tage lang – so lange, bis neues geweihtes Öl zur Verfügung stand.
Zur Erinnerung an dieses »Chanukka-Wunder« wird während des Festes jeden Abend ein neues Licht am achtarmigen Leuchter entzündet.

- **Große Ereignisse.** In vielen Festen feiert Israel Ereignisse seiner Geschichte mit Gott. Finde heraus, wann sich die Ereignisse der Bibel zufolge zugetragen haben, und ordne die Feste in dieser Reihenfolge.

Rosch Haschana – das Jahr beginnt
Mit dem Blasen des Schofar-Hornes wird das neue Jahr angekündigt. Die ersten zehn Tage des Jahres sind Tage der Besinnung und der Buße.

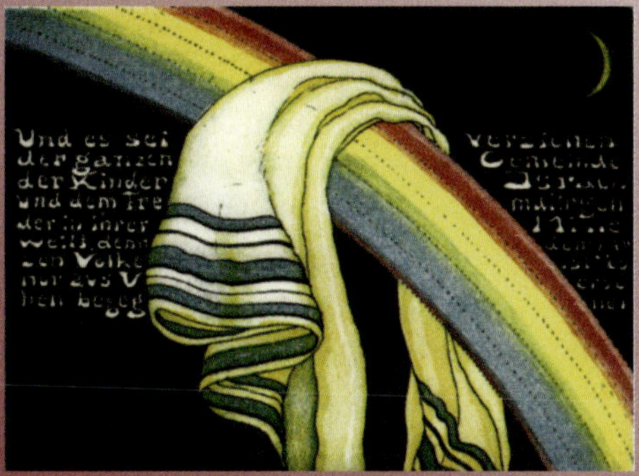

Jom Kippur – Gott verzeiht
Mit dem Versöhnungstag *Jom Kippur* endet die zehntägige Bußzeit. Früher wurde ein Ziegenbock symbolisch mit allen Sünden beladen und in die Wüste gejagt. Heute ist der *Jom-Kippur*-Tag ein strenger Fastentag.

Sukkot – Gott geht mit
***Sukkot* ist das Laubhüttenfest: Fromme Juden verbringen die acht Tage des Festes in einer selbst gebauten Laubhütte, um sich daran zu erinnern, dass Gott das Volk Israel auch in der Zeit der Wüstenwanderung, als es in Zelten wohnen musste, nicht verlassen hat.**

Der neunte und letzte Tag der Festes ist *Simchat Tora*, der Tag des Tora-Freudenfestes, mit dem die Leseabschnitte der Tora von Neuem beginnen.

■ **Ein großer Jahreskreis.** Ihr könnt die Feste untereinander verteilen und für das Klassenzimmer einen großen Jahreskreis mit weiteren Informationen und Bildern gestalten. Mehr Infos zu jüdischen Festen findet ihr zum Beispiel im Internet. Eine gute Startadresse ist www.payer.de/judlink.htm.

■ **Der christliche Festkreis.** Wenn ihr euch im Religionsunterricht schon mit der Lernlandschaft »Feste feiern« beschäftigt habt (vgl. S. 106-123), wisst ihr bestimmt schon viel über den christlichen Festkreis. Erstellt eine Liste christlicher Feste. Klärt gemeinsam, welche Bedeutung diese Feste haben, und erfinde für jedes Fest ein geeignetes Symbol. Untersuche die Feste auf Gemeinsamkeiten und Unterschiede zu den jüdischen Feiern. Nun kann jeder einen Jahreskreis für beide Religionen in sein Heft übertragen. Könnt ihr auch die Festtage der Muslime mit eintragen?

Geschwister im Glauben

Juden und Christen sind Geschwister im Glauben: Die hebräische Bibel bzw. das Alte Testament ist für beide Religionen die heilige Schrift, das Wort Gottes, die Grundlage des Glaubens. Psalmen werden sowohl im Synagogengottesdienst als auch in den Kirchen gebetet und gesungen. Abraham ist beiden Vorbild wegen seines Glaubens und Gehorsams gegenüber Gott. Gemeinsam ist beiden auch der Glaube an Gott, den Schöpfer der Welt und Vater aller Menschen. Die Zehn Gebote und das Gebot der Gottes- und Nächstenliebe ist die gemeinsame zentrale Weisung für ein gelingendes Leben. Auch die Hoffnung auf Auferstehung und das ewige Leben verbindet die beiden Religionen.

Es gibt aber auch Unterschiede, v. a. bei der Bewertung der Person Jesu: Juden warten auf das Kommen des Erlösers. Für sie ist Jesus ein großer Prophet, aber nicht der Messias. Wir Christen glauben dagegen, dass in Jesus Gott Mensch geworden ist. Daher ist Jesus für uns der Messias (griech. »der Christus«), der schon gekommen ist. Deshalb glauben Juden an den Einen Gott, während das christliche Glaubensbekenntnis davon spricht, dass sich dieser eine Gott als Vater, Sohn und Heiliger Geist geoffenbart hat.

Für Juden führt der Weg zu Gott über die Beachtung der Tora und ihrer Gebote. Für Christen besteht dieser Weg im Leben Jesu, das als Vorbild zur Nachfolge auffordert. Juden verstehen sich als von Gott auserwähltes Volk Israel, mit dem Gott seinen Bund geschlossen hat. Christen verstehen sich als Kirche, das heißt als Gemeinschaft der an Jesus Christus Glaubenden.

Oft ist das Verhältnis zwischen Juden und Christen kein geschwisterliches gewesen. Oft haben auch Christen den Juden das Trennende zum Vorwurf gemacht. Beleidigungen, Verfolgungen, Zwangstaufen bis hin zur Ermordung waren in den vergangenen Jahrhunderten die Folge. Zur schlimmsten Verfolgung kam es zur Zeit der Hitler-Herrschaft (1933-1945), als in Deutschland und ganz Europa sechs Millionen Juden in Konzentrationslager verschleppt und ermordet wurden.

■ **Spurensuche vor Ort.** Nach der Verfolgung und Vernichtung von Millionen von Juden in Europa leben heute nur noch wenige Menschen jüdischen Glaubens bei uns in Deutschland. Erkundige dich …
- … ob und wie viele jüdische Mitschülerinnen und Mitschüler es an deiner Schule gibt. Haben sie auch Religionsunterricht? Wann und wo? Und was lernen sie dort?
- … wo die nächstgelegene Synagoge ist: Wann finden dort Gottesdienste statt? Gibt es auch einen jüdischen Friedhof?
- … welche Straßennamen in deinem Ort auf Juden verweisen: Gibt es bekannte Juden in deinem Ort?
- … welches Schicksal die Juden in deinem Ort während des Nationalsozialismus hatten.
- … wann in diesem Jahr das jüdische Neujahrsfest ist.

■ **Verbindendes und Trennendes.** Erstelle mithilfe des Sachtextes »Geschwister im Glauben« eine Tabelle mit Verbindendem und Trennendem zwischen Juden und Christen. Ergänze diese durch die Informationen der vorangehenden Seiten.
Stellt euch vor: Ein Jude und ein Christ begegnen sich und berichten von ihrem Glauben. Spielt das Gespräch einander vor. Beobachtet, ob es mehr Verbindendes oder mehr Trennendes gibt.
Formuliert gemeinsam Regeln für den Umgang von Juden und Christen.

Während der Reichspogromnacht vom 9. auf den 10. November 1938 wurden in ganz Deutschland jüdische Einrichtungen geplündert und zerstört sowie die Synagogen in Brand gesetzt. Das Bild zeigt die brennende Synagoge von Eberswalde in Brandenburg.

Seht doch, wie gut und schön ist es,
wenn Geschwister miteinander
in Eintracht wohnen.

Psalm 133,1

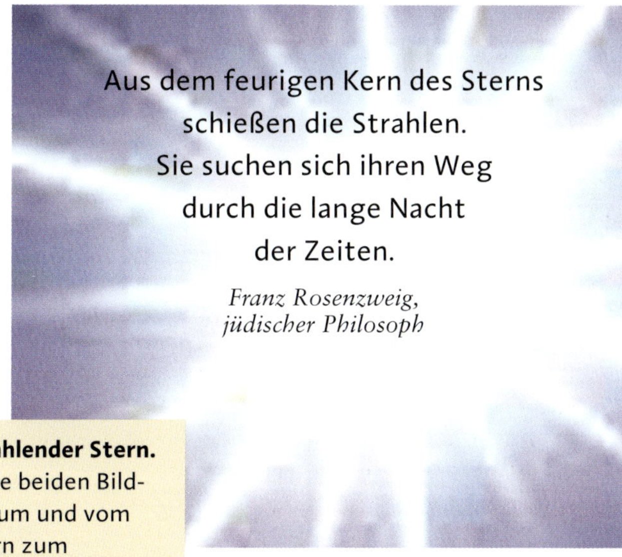

■ **Ölbaum und strahlender Stern.** Überlege, was die beiden Bildworte vom Ölbaum und vom strahlenden Stern zum Verhältnis Juden und Christen ausdrücken.
Suche ein weiteres passendes Bildwort und zeichne es.

■ **Schön ist es, wenn ...** Wenn was? Dichte zu dem jüdischen Lied weitere Strophen, die zum Miteinander von Juden und Christen passen.

Hinnei matóv

*wahlweise Schwestern

■ **Lesen.** Dein Lieblingsbuch – was gefällt dir an ihm besonders? Diskutiert in der Klasse und stellt Kriterien für ein gutes Buch auf: »Ein gutes Buch ist/hat ...« Schreibt diese Kriterien auf ein Poster, das euch bei der Klassenlektüre in Deutsch oder Religion begleitet.

Die zwei scheinen sich ja prächtig mit ihren Büchern zu amüsieren!
Sicher bist du auch eine Leseratte oder ein Bücherwurm ... oder etwa nicht?
Wie wär's mit einem Jugendbuch, ausnahmsweise auch im Religionsunterricht?
Auf den folgenden Seiten findest du immer wieder Auszüge aus dem Kinder- und Jugendbuch »Der Hund mit dem gelben Herzen oder die Geschichte vom Gegenteil«.
Die Texte im Religionsbuch wollen dich neugierig machen auf das ganze Buch.*
Es geht um ein Thema, das Menschen zu aller Zeit interessiert hat:
Wie ist die Welt entstanden? Wo kommen wir her? Gibt es einen Schöpfer?

* Jutta Richter, Der Hund mit dem gelben Herzen oder die Geschichte vom Gegenteil, München 1998 (auch als Taschenbuch und Sonderausgabe erhältlich).

ERLESEN:

■ **Eine Geschichte.** Betrachte das Titelbild dieses Buches. Welche Geschichte fällt dir spontan zu Bild und Titel ein? Erzählt euch eure Geschichten.

DIE SCHÖPFUNG

Die Sicht der Naturwissenschaften

Wissenschaftler gehen von der Theorie des Urknalls aus, um das »Wie« der Entstehung der Erde zu beschreiben. Sie besagt, dass vor 20 Milliarden Jahren, am Beginn der Entstehung unseres Weltalls, eine Explosion von unvorstellbarem Ausmaß stand. Diese Explosion trieb die Urmaterie in riesigen, glühenden Gaswolken auseinander. Im Laufe der Zeit fielen diese Gaswolken in sich zusammen und bildeten Materieklumpen, die zunächst noch glühend heiß waren. Die größeren dieser Materieklumpen brennen auch noch heute, wir nennen sie »Sonnen« oder »Sterne«. Die kleineren Materieklumpen kühlten schneller ab und bildeten auf ihrer Oberfläche eine feste Kruste, während es in ihrem Inneren weiterhin brannte und glühte. Wir nennen sie Planeten. Zu ihnen gehört unsere Erde. Sie ist vor etwa 4,5 Milliarden Jahren entstanden.

Nachdem die Erde abgekühlt und eine feste Oberfläche entstanden war, bildeten sich das Land, die Meere, Seen und Flüsse. Das erste Leben entstand vor etwa 3,5 Milliarden Jahren, zunächst im Wasser. Es waren sogenannte Einzeller: Lebensformen, die nur aus einer einzigen Zelle bestehen. Vor 1,5 Milliarden Jahren entstanden aus ihnen Pflanzen und die ersten Wasserbewohner wie Schwämme, Quallen und Muscheln. Vor 500 Millionen Jahren bevölkerten dann die ersten Fische das Wasser. In einer langen Zeitspanne entwickelten sich aus ihnen Lebewesen, die über Land kriechen können: die Quastenflosser. Sie sind die Vorfahren der ersten Landbewohner. Wir schreiben etwa 300 Millionen Jahre vor unserer Zeit. Vor 230 Millionen Jahren entstanden die ersten Reptilien. Es dauerte weitere 100 Millionen Jahre, bis große Echsentiere auf unserer Erde leben, die Saurier. Manche dieser Echsen entwickeln sich zu Flugsauriern, den Vorfahren unserer Vögel.

Vor 160 Millionen Jahren bevölkerten Säugetiere zunehmend unseren Planeten. 75 Millionen Jahre vor unserer Zeit treten die ersten affenähnlichen Tiere auf. Erst etwa vor 40 000 Jahren erscheint der Mensch, wie wir ihn kennen, auf der Erde. Würden wir die Entstehung der Welt mit zwölf Stunden eines Tages gleichsetzen, wäre die Erde also um 0 Uhr entstanden, würde der Mensch erst in der letzten Sekunde vor zwölf Uhr auf der Welt auftreten.

Hubertus Halbfas

■ **Wunder der Erde.** Spuren der Wunder dieser Erde findest du sicher bei einem Spaziergang durch die Natur. Sammle sieben wunderschöne Gegenstände in einer »Wunderkiste« und stelle sie deinen Mitschülerinnen und Mitschülern vor.
Informiere dich in einem Lexikon oder im Internet über die »sieben Weltwunder«. Diskutiert: Worin unterscheiden sich diese Weltwunder von den Gegenständen eurer Wunderkisten?

■ **Erdenuhr.** Betrachte das Bild auf dieser Seite und achte dabei besonders auf die Zeiteinteilung. Eine Stunde auf dieser »Erdenuhr« entspricht etwa 400 Millionen Jahren! Verfasse mit diesem Wissen einen Sachtext über die Entstehung des Lebens auf der Erde.

Die Sicht der Bibel

Die Bibel beschreibt die gesamte Entstehung des Universums in einem Satz: *Im Anfang erschuf Gott Himmel und Erde* (Gen 1,1). Die Bibel erzählt nicht, wie eins aus dem anderen hervorging: das sehen die Augen der Wissenschaft. Die Bibel erzählt, dass Blumen und Bäume, Fische, Vögel, Landtiere und der Mensch aus der Hand Gottes hervorgingen und dass alles sehr gut ist. Sie sieht mit inneren Augen.

Schöpfungslob

Meine Seele, lobe meinen Gott!
Wie groß du bist!
Mit Herrlichkeit und Kraft
bist du bekleidet.
Du hüllst dich ein in ein Kleid
aus Licht.
Der Himmel ist dein Zelt.
Die Erde hast du auf festem Grund gebaut,
in Ewigkeit wird sie nicht untergehen.
Einst hat die Urflut die Erde bedeckt,
die Wasser standen über den Bergen.
Doch das Wasser ist geflohen vor deiner Macht,
du hast dem Wasser eine Grenze gesetzt,
nie mehr überflutet es die ganze Welt.
Du lässt Quellen hervorsprudeln in den Tälern,
allen Lebewesen spenden sie Trank,
aus deinen Wolken wird die Erde satt.
Du lässt Gras wachsen für das Vieh
und Pflanzen für den Menschen,
damit sie Brot gewinnen von der Erde
und Wein, der ihr Herz erfreut.
Du hast den Mond gemacht
als Maß für die Zeit,
die Sonne weiß, wann sie untergeht.
Du bringst die Finsternis und es wird Nacht,
die Tiere erwachen und fordern von Gott
ihre Nahrung.
Strahlt die Sonne wieder,
kommt der Mensch
und macht sich an die Arbeit bis zum Abend.
Mein Gott,
wie zahlreich
sind deine Werke,
mit Weisheit hast du
sie alle geschaffen,
die Erde ist voll von
deinen Geschöpfen.
Sie warten auf dich, du gibst ihnen Nahrung
zur rechten Zeit.
Öffnest du deine Hand,
werden sie satt an Gutem.
Versteckst du dich, sind sie verwirrt.
Lässt du sie nicht mehr atmen, ist das ihr Tod.
Sie kehren zurück zum Staub der Erde.
Wenn du es willst, dann kommen sie
zu neuem Leben,
und auch die Erde wird neu.
Ich will meinem Gott singen, solange ich lebe.
Ich will meinem Gott spielen,
solange ich da bin.
Mögen ihm meine Gedichte gefallen.
Ich freue mich an meinem Gott.
Es sollen keine
Unmenschen mehr
auf der Erde leben,
keine Bösen sollen
mehr da sein.
Meine Seele, lobe
meinen Gott!

Psalm 104 in der Übertragung von Rainer Oberthür

■ **Begeistert.** Der Psalmist preist den Schöpfer und alles, was er geschaffen hat.
Schreibe dir drei Schöpfungstaten heraus, die dich besonders begeistern.

■ **Farben.** »Übersetze« den Schöpfungspsalm in Farben. Wähle zu jeder Psalmaussage eine Farbe und male so Psalm 104 als »Farbgedicht«.

■ **Wahrheiten.** »Die Bibel stimmt nicht! Die Welt wurde gar nicht in sechs Tagen geschaffen! Und auch der Psalm beschreibt nicht, wie es am Anfang war!«
Der Text »Die Sicht der Bibel« spricht von unterschiedlichen Augen, mit denen Menschen sehen können.
Diskutiert: Wann sehen wir mit inneren, wann mit wissenschaftlichen Augen? Und was ist dabei wahr?
Wenn du genauer wissen willst, was mit »inneren Augen« gemeint ist, informiere dich auf S. 198.

Die Begegnung

Eines Tages läuft den beiden Kindern Lotta und ihrem Bruder, genannt Prinz Neumann, ein verwahrloster, struppiger Hund zu. Sie bringen ihn vorläufig im alten Schuppen von Opa Schulte unter, jedenfalls so lange, bis er weiß, wo er hingehört. Der Hund ist etwas Besonderes, denn er kann andere Sprachen, wie »Menschisch«, »Kätzisch«, »Täubisch« und auch ein wenig »Rättisch«.
Die Geschichte ist aus der Perspektive von »Hund«, so ist der Name des Hundes, beschrieben. In den folgenden Tagen verbringen die drei viel Zeit miteinander: Die Kinder versorgen den Hund und er erzählt ihnen seine spannenden Erlebnisse. Hierbei macht der Hund eine für ihn ganz neue Erfahrung:

■ **Hund und Prinz Neumann.** Lege eine Tabelle mit vier Spalten an. Schreibe stichwortartig in die erste Spalte das Verhalten, in die zweite die Gedanken des Hundes. In der dritten Spalte beschreibst du das Verhalten von Prinz Neumann. Und in die vierte Spalte schreibst du Vorschläge zu dem, was der Junge in dieser Szene denken könnte.

Prinz Neumann hockt sich neben ihn.
»Darf ich dich streicheln?«, fragt er leise.
Der Hund antwortet nicht.
Da streckt Prinz Neumann ganz vorsichtig die Hand aus und streichelt ihn.
Der Hund hält ganz still. Er kann sich nicht erinnern, wann er je zuvor so angefasst worden ist. Menschenhände schlagen. Vor Menschenhänden muss man sich fürchten, am besten, man beißt sofort zu. So, wie man in die Beine beißen muss, weil die ja treten, immer nur treten.
Der Hund hat gelernt, schnell zu sein, misstrauisch und schnell. Zähne fletschen, zubeißen, weglaufen.
Das hier ist ganz anders, denkt der Hund und erinnert sich plötzlich an früher, als er klein war und warme Milch getrunken hat bei seiner Mutter. Danach hat sie ihn abgeleckt mit ihrer weichen warmen Zunge. So hat sich das angefühlt: Genauso wie sich die Hand von Prinz Neumann jetzt anfühlt.
Und der Hund hält ganz still, und je länger Prinz Neumann ihn streichelt, desto weniger fürchtet er sich.
Die Sonne fällt schräg durch die blind staubigen Fenster.
Eine Spinne seilt sich an einem Silberfaden ab und es ist, als ob sie schon immer zusammengehört hätten: der kleine magere schwarze Hund und der Junge, den man Prinz Neumann nennt.
Jetzt müsste die Zeit stehen bleiben, denkt Prinz Neumann.
Jetzt müsste die Zeit stehen bleiben, denkt der Hund.
Und während sie das denken, treffen sich ihre Blicke. Und der Hund weiß plötzlich, er hat das große Los gezogen. Und es wird ihm ganz schwindelig, und seine Augen sind groß und feucht.

S. 14f.

■ **Eigene Tiererlebnisse.** Hast du ein Lieblingstier? Was gefällt dir an ihm besonders?
Erzählt euch gegenseitig Erlebnisse, die ihr mit (euren) Tieren gemacht habt. Gibt es ähnliche »Freundschaftsgeschichten«?

■ **Tiere »sprechen« anders.** Dein Haustier kann keine Fremdsprachen wie der Hund hier im Buch.
Trotzdem gibt es eine Art »Sprache«. Tausche dich mit deinen Mitschülerinnen und Mitschülern über die besondere »Sprache« deines Haustieres oder eines Tieres, das du beobachtet hast, aus.

■ **Tierbeschreibung.** Unterhaltet euch über die Darstellung des Hundes in Jutta Richters Roman: Findet ihr sie passend oder eher übertrieben? Begründet eure Meinung.

Zu Hause

Am Morgen nach seiner Ankunft hat Prinz Neumann für den Hund etwas ganz Besonderes:

- **Was haben Menschen und Tiere voneinander?** Stelle Merkmale der Freundschaft zwischen dem Jungen und dem Hund zusammen. Was sagt die Geschichte über das Verhältnis von Menschen und Tieren? Vergleiche dazu in der Bibel Gen 2,18-25 oder im Buch S. 53.

Prinz Neumann streckt die linke Faust vor und öffnet sie, und der Hund sieht ein gelbes Herz an einem gelben Band.

»Das ist deins«, sagt Prinz Neumann schnell. »Damit du nicht mehr verloren gehst! Das kannst du doch brauchen, du wohnst doch jetzt hier, oder?«

Der Hund bringt keinen Ton raus.

Da ist plötzlich ein dicker Kloß in seinem Hals, ein Weinen, und er schluckt und schluckt, und der Kloß rutscht kein bisschen tiefer.

Nicht mehr verloren gehen! Wissen, zu wem ich gehöre! Zu Haus!, denkt der Hund. Das ist zu Hause! Nicht nur für heute und morgen! Nicht nur für eine Woche! Einen Monat! Einen Winter! Das ist zu Hause für immer!

Wenn ich will, denkt der Hund, bin ich für immer zu Hause!

Mit Streicheln und Kraulen und Hähnchenhaut und Leberwurstbrot und Wassernapf und Hundedecke und Spazierengehen und Stöckchensuchen und Bellen und Toben!

Jetzt muss der Hund nur noch mit dem Kopf nicken und stillhalten.

Und dann wird Prinz Neumann ihm das Herz um den Hals binden, und der Hund ist endlich zu Hause.

Er schluckt und schluckt, aber der Kloß will nicht rutschen.

»Du, sag doch was, Hund!«, bittet Prinz Neumann, und seine Stimme wird ganz klein. Er fürchtet, der Hund könnte Nein sagen.

Da hat der Hund plötzlich alle Fremdsprachen vergessen und heult plötzlich los, so wie Hunde heulen, wenn sie sich freuen.

Und heult und bellt und winselt und hüpft und springt und wedelt mit dem Schwanz. Und legt sich dann auf den Rücken, so wie es Hunde tun, wenn sie Ja sagen wollen.

- **Zuhausesein.** Stelle zusammen, was für den Hund zum Zuhausesein gehört. Was gehört für dich dazu? Diskutiere mit deinen Mitschülerinnen und Mitschülern über Gemeinsamkeiten und Unterschiede.

»Was hat er denn?«, fragt Lotta erstaunt. »Tut ihm was weh?«

Prinz Neumann hockt sich neben den Hund und will ihn beruhigen. Da leckt ihm der Hund die Hand, so wie es Hunde tun, wenn sie Freundschaft schließen.

Und Prinz Neumann versteht.

Er umarmt seinen Hund, drückt ihm die Nase ins Fell und flüstert ganz leise: »Ist ja gut, Hund! Du bist ja mein Hund, mein allerbester Hund! Du bleibst hier!«

Der Hund hält ganz still, damit ihm Prinz Neumann das gelbe Herz umbinden kann, während Lotta immer noch staunt.

»Was war los?«, fragt sie dann. »Was habt ihr geredet? Will der Hund bei uns bleiben? Nun sag schon!«

Prinz Neumann lacht, und der Hund lacht auch.

Überhaupt sieht der Hund jetzt ganz anders aus, irgendwie frisch gebadet. Gar nicht mehr schmutzig.

Zu so einem Hund würde niemand sagen: »Hau ab!«

Zu so einem Hund würde man sagen: »Komm mal her!« und »Wie heißt du denn?«

Und das macht das Halsband mit dem gelben Herzen.

S. 38ff.

- **Verantwortung.** Der Junge übernimmt für den Hund Verantwortung. Erkläre, wie er das tut.
Tragt zusammen, inwiefern ihr selber Verantwortung für Tiere übernehmen könnt oder es bereits tut.

Der Weltenschöpfer

Der »Hund mit dem gelben Herzen« ist eine Geschichte vom Erfinden der Welt und vom verlorenen Garten. Die ursprüngliche Geschichte vom »Erfinden« der Welt steht in der Bibel, genauer gesagt, im ersten Buch des Alten Testamentes, des Buches Genesis. Es ist die sogenannte Sieben-Tage-Schöpfung. Was in den ersten fünf Tagen geschah, kannst du hier lesen.

Im Anfang schuf Gott Himmel und Erde; die Erde aber war wüst und wirr, Finsternis lag über der Urflut und Gottes Geist schwebte über dem Wasser. Gott sprach: Es werde Licht. Und es wurde Licht. Gott sah, dass das Licht gut war. Gott schied das Licht von der Finsternis und Gott nannte das Licht Tag und die Finsternis nannte er Nacht. Es wurde Abend und es wurde Morgen: erster Tag. Dann sprach Gott: Ein Gewölbe entstehe mitten im Wasser und scheide Wasser von Wasser. Gott machte also das Gewölbe und schied das Wasser unterhalb des Gewölbes vom Wasser oberhalb des Gewölbes. So geschah es und Gott nannte das Gewölbe Himmel. Es wurde Abend und es wurde Morgen: zweiter Tag. Dann sprach Gott: Das Wasser unterhalb des Himmels sammle sich an einem Ort, damit das Trockene sichtbar werde. So geschah es. Das Trockene nannte Gott Land und das angesammelte Wasser nannte er Meer. Gott sah, dass es gut war. Dann sprach Gott: Das Land lasse junges Grün wachsen, alle Arten von Pflanzen, die Samen tragen, und von Bäumen, die auf der Erde Früchte bringen mit ihrem Samen darin. So geschah es. Das Land brachte junges Grün hervor, alle Arten von Pflanzen, die Samen tragen, alle Arten von Bäumen, die Früchte bringen mit ihrem Samen darin. Gott sah, dass es gut war. Es wurde Abend und es wurde Morgen: dritter Tag. Dann sprach Gott: Lichter sollen am Himmelsgewölbe sein, um Tag und Nacht zu scheiden. Sie sollen Zeichen sein und zur Bestimmung von Festzeiten, von Tagen und Jahren dienen; sie sollen Lichter am Himmelsgewölbe sein, die über die Erde hin leuchten. So geschah es. Gott machte die beiden großen Lichter, das größere, das über den Tag herrscht, das kleinere, das über die Nacht herrscht, auch die Sterne. Gott setzte die Lichter an das Himmelsgewölbe, damit sie über die Erde hin leuchten, über Tag und Nacht herrschen und das Licht von der Finsternis scheiden. Gott sah, dass es gut war. Es wurde Abend und es wurde Morgen: vierter Tag. Dann sprach Gott: Das Wasser wimmle von lebendigen Wesen und Vögel sollen über dem Land am Himmelsgewölbe dahinfliegen. Gott schuf alle Arten von großen Seetieren und anderen Lebewesen, von denen das Wasser wimmelt, und alle Arten von gefiederten Vögeln. Gott sah, dass es gut war. Gott segnete sie und sprach: Seid fruchtbar und vermehrt euch und bevölkert das Wasser im Meer und die Vögel sollen sich auf dem Land vermehren. Es wurde Abend und es wurde Morgen: fünfter Tag. Dann sprach Gott: Das Land bringe alle Arten von lebendigen Wesen hervor, von Vieh, von Kriechtieren und von Tieren des Feldes. So geschah es. Gott machte alle Arten von Tieren des Feldes, alle Arten von Vieh und alle Arten von Kriechtieren auf dem Erdboden. Gott sah, dass es gut war.

Gen 1,1-25

■ **Gott erschafft die Welt.**
Gestalte den Verlauf der biblischen Schöpfungsgeschichte in einem »Schöpfungsleporello«. Ein Leporello ist ein ziehharmonikaartig gefaltetes Bilderbuch. Du brauchst für jeden Schöpfungstag eine Seite. Vorne ist Platz für den Titel und ein schönes Titelbild. Schreibe in die entsprechenden Bilder die für diesen Tag wichtigsten Wörter und Sätze. Vergleiche dein Leporello mit denen deiner Mitschülerinnen und Mitschüler. Überlegt, warum sich manche Wörter und Redewendungen in dem Text dauernd wiederholen.

Die große »Erfindung«

Der Hund berichtet den gespannt zuhörenden Kindern von seinem langen Aufenthalt in Haus und Garten eines freundlichen alten Mannes namens Gustav Ott. Mit ihm hat er viele ausführliche Gespräche geführt ...

Gustav Ott war, wie gesagt, Erfinder. Und ich bin sicher, einen besseren Erfinder hat die Welt nie gesehen. Er war einfach perfekt. Was auch immer er anpackte, wurde gut. Das sah man ja schon am Garten. Das blühte und wuchs wie verrückt. Das war einfach wahnsinnig schön.

Die Paradiesäpfel, wie G. Ott die Tomaten nannte, die Paradiesäpfel schmeckten nach Abendsonne: rot und warm.

Und die richtigen Äpfel erst! Mindestens achtzig, was sag ich, hundert verschiedene Apfelsorten reiften an seinen Bäumen, und jede Sorte schmeckte anders:

Es gab Äpfel, die schmeckten nach Herbstwind, würzig und wild und kalt. Es gab Äpfel, die schmeckten nach Rosen, zart und mild und warm. Es gab Äpfel, die schmeckten nach Lachen und Weinen, bitter und süß zugleich. Es gab die harten sauren Winteräpfel und die weichen süßen Sommeräpfel. Und obwohl ich schon damals Hähnchenhaut am liebsten aß: Bei G. Ott hab ich nicht eine Sekunde etwas vermisst ...

Über seine Arbeit sprach er nicht gern, wenigstens nicht freiwillig. Ich konnte das nicht verstehen, denn wenn ich so ein Erfinder gewesen wäre wie G. Ott, ich hätte der Welt schon sagen wollen, was in mir steckt.

Eines Nachmittags, er saß gerade mal wieder an seinem Küchentisch und zeichnete, habe ich ihn dann einfach gefragt.

»Wie machst du das mit dem Erfinden«, habe ich gefragt. »Wie geht so was eigentlich?«

Er blickte von seiner Arbeit auf und sah mich verständnislos an.

»Was meinst du, Hund?«

»Na, das mit dem Erfinden«, hab ich gesagt. »Wie das geht?«

»Ach, das Erfinden«, antwortete er zerstreut. »Genau muss man sein, Hund. Das ist das Wichtigste. Sehr genau muss man sein und viel überlegen.«

Er blätterte in dem *Meine-Welt*-Buch.

»Schau hier«, sagte er dann und zeigte mir eine Doppelseite, die mit *VOGEL* überschrieben war. Er hatte dort Federn und Flügel gezeichnet und verschiedene Vögel, die verschiedene Namen hatten: Waldohreule, Wiesenweihe, Silbermöwe und Schnatterente.

»Schau dir die Federn an, Hund: Die Feder zu erfinden, war sehr schwierig. Leicht muss sie sein und doch fest. Biegsam und trotzdem widerstandsfähig. Sie muss gegen Kälte schützen, gegen Nässe und gegen Verletzungen, sie dient als Tarnung und bildet die Tragfläche für den Flug in der Luft.

Ich hatte zuvor die Schlangen, die Drachen und Eidechsen erfunden und sie mit Hornschuppen zu schützen versucht«, erklärte G. Ott. »Hornschuppen, wie auch die Fische sie haben, damit sie sich nicht verletzen, wenn sie an rauen Felsen vorbeischwimmen. Der Hornschuppenstoff war sehr gut gelungen, aber fürs Fliegen taugte er nicht.

Die Luft ist zwar dem Wasser sehr ähnlich, verstehst du, und das Fliegen ist wie das Schwimmen. Aber die Luft ist leichter und dünner als Wasser. Deshalb war der Hornschuppenstoff einfach zu schwer und zu dicht.

Ich dachte und dachte und jeder Gedanke dauerte hundert Jahre. Denn das Denken ist langsam, wenn man genau sein will. Und dann fand ich die Lösung! Ich musste die Schuppen zerfasern, wollte ich Federn erfinden. Sie wurden so größer und leichter und waren doch immer noch fest genug für die Luft.«

G. Ott schaute mich an und lächelte. Denn ich saß mit offenem Mund vor dem Buch und versuchte, das alles zu verstehen. Dass das Erfinden so schwierig war, hätte ich nicht geglaubt, und am meisten beeindruckte mich, wie lange, wie unendlich lange so etwas dauert.

S. 41ff.

■ **Schöpfungsgeschichten.** Vergleiche die beiden Geschichten auf dieser Doppelseite. Lege eine Tabelle mit drei Spalten an. Schreibe in die erste Spalte die folgenden Fragen:
Was wird erschaffen?
Wie wird es erschaffen?
Wie lange dauert die Schöpfung?
Wer und wie ist der Schöpfer/»Erfinder«?
Lass genügend Platz zwischen diesen Fragen. In der zweiten Spalte beantwortest du die Fragen für den Bibeltext, in der dritten für das Buch.
Sprich mit deinen Mitschülerinnen und Mitschülern über Gemeinsamkeiten und Unterschiede in beiden Texten und überlegt gemeinsam, was den jeweiligen Autoren in ihren Geschichten in Bezug auf Schöpfung besonders wichtig ist.

Die Erschaffung des Menschen

Den Beginn der ersten Schöpfungserzählung der Bibel hast du vielleicht schon auf S. 180 gelesen. Sie erzählt von der Schöpfung der gesamten Welt, bevor der Mensch ins Spiel kommt. Die Fortsetzung findest du auf dieser Seite. Doch es gibt in der Bibel zwei Schöpfungserzählungen, die unterschiedlich alt sind und einen unterschiedlichen geschichtlichen Hintergrund haben. Die zweite Schöpfungsgeschichte (Gen 2,4b-26) hat wesentlich ältere Wurzeln als die erste. Sie reichen zum Teil vielleicht schon in das Jahr 1000 v. Chr. zurück.

Aus der ersten Schöpfungserzählung:

Dann sprach Gott: Lasst uns Menschen machen als unser Abbild, uns ähnlich. Sie sollen herrschen über die Fische des Meeres, über die Vögel des Himmels, über das Vieh, über die ganze Erde und über alle Kriechtiere auf dem Land. Gott schuf also den Menschen als sein Abbild; als Abbild Gottes schuf er ihn. Als Mann und Frau schuf er sie. Gott segnete sie und Gott sprach zu ihnen: Seid fruchtbar und vermehrt euch, bevölkert die Erde, unterwerft sie euch und herrscht über die Fische des Meeres, über die Vögel des Himmels und über alle Tiere, die sich auf dem Land regen. Dann sprach Gott: Hiermit übergebe ich euch alle Pflanzen auf der ganzen Erde, die Samen tragen, und alle Bäume mit samenhaltigen Früchten. Euch sollen sie zur Nahrung dienen.

Gen 1,26-29

■ **Nicht allein.** Die Autoren der beiden Schöpfungserzählungen wollten Wichtiges über den Menschen und seinen Schöpfer aussagen. Schreibe auf:
Wer/wie/was ist der Mensch?
Was ist seine Aufgabe?
Welches Verhältnis hat er zu seinem Schöpfer?

Aus der zweiten Schöpfungserzählung:

Da formte Gott, der Herr, den Menschen aus Erde vom Ackerboden und blies in seine Nase den Lebensatem. So wurde der Mensch zu einem lebendigen Wesen …
Dann sprach Gott, der Herr: Es ist nicht gut, dass der Mensch allein bleibt. Ich will ihm eine Hilfe machen, die ihm entspricht.
Gott, der Herr, formte aus dem Ackerboden alle Tiere des Feldes und alle Vögel des Himmels und führte sie dem Menschen zu, um zu sehen, wie er sie benennen würde. Und wie der Mensch jedes lebendige Wesen benannte, so sollte es heißen. Der Mensch gab Namen allem Vieh, den Vögeln des Himmels und allen Tieren des Feldes. Aber eine Hilfe, die dem Menschen entsprach, fand er nicht. Da ließ Gott, der Herr, einen tiefen Schlaf auf den Menschen fallen, sodass er einschlief, nahm eine seiner Rippen und verschloss ihre Stelle mit Fleisch. Gott, der Herr, baute aus der Rippe, die er vom Menschen genommen hatte, eine Frau und führte sie dem Menschen zu. Und der Mensch sprach: Das endlich ist Bein von meinem Bein und Fleisch von meinem Fleisch. Frau* soll sie heißen, denn vom Mann ist sie genommen.

Gen 2,7.18-33

* Das klingt etwas merkwürdig. Im hebräischen Urtext ist das ein Wortspiel, das wir am ehesten mit »Männin soll sie heißen, denn vom Mann ist sie genommen« wiedergeben können.

Wenn Du ganz allein bist

Wenn du ganz allein bist,
zwingt dich niemand
zu irgendetwas.
Keiner weiß
immer alles besser.
Wenn du ganz allein bist,
gehört jeder Kühlschrank
dir,
jede Blume,
jede Straßenecke,
jeder Eissalon.
Wenn du ganz allein bist,
bist du König.
Aber leider ohne Reich.

Klaus Kordon

Marc Chagall, 1911/12

■ **König im Paradies.** Welche Vorteile des Alleinseins nennt Klaus Kordon?
Schreibe das Gedicht weiter: Wenn du nicht allein bist … (vgl. S. 52f.)

■ **Mann und Frau.** Betrachte das Bild von Marc Chagall. Achte besonders auf die Farben und Formen. Was möchte der Maler über das Verhältnis von Mann und Frau aussagen?

Gebet

Märchen

■ **Texte.** Du hast nun zwei »Erzählungen vom Anfang« kennengelernt. Überlege, welche Begriffe zu den Texten passen und welche nicht. Begründe deine Meinung.

Reportage

Zeitungsbericht

Lied oder Gedicht

Der Garten

Als der Hund den Garten von G. Ott betritt, staunt er:

Ich denke, ich spinne. Scheint plötzlich die Sonne im Garten von G. Ott. Ist plötzlich gar nicht mehr dunkel. Obwohl draußen Nacht ist.
Und überhaupt: alles wie gemalt. Blumen: rote, blaue, weiße, gelbe und alle Sorten. Das war so bunt, das tat den Augen weh ...
Aber dann kam die Obstwiese. Und da dachte ich: Das kommt vom Hunger. Da waren nämlich Apfelbäume, die blühten und trugen gleichzeitig reife Äpfel. Und bei den Birnen, Kirschen und Pflaumen war es genauso.
Also, wer immer G. Ott ist, dachte ich, vom Gartenbau versteht der was.
Dann führte der Weg an Wasserfällen vorbei. Überall sprudelte und gurgelte es, und ich konnte mich endlich satt trinken. Und da waren Bäche und Flüsse und Teiche und Seen. Und ganz hinten stand eine Gartenlaube, die war von Weinreben überwuchert, und es sah aus, als würden die reifen Trauben zum Fenster reinwachsen. Dieser G. Ott musste nur seine Hand ausstrecken, schon konnte er Weintrauben essen.

S. 21f.

Im Haus von G. Ott sieht der Hund auf einer Schranktür das gemalte Bild von einer wunderschönen Kugel ...

Und je länger ich hinkuckte, desto vertrauter und bekannter kam mir die blaue Kugel vor. Ich fühlte plötzlich eine Sehnsucht in mir. Ich freute mich, dass es so etwas Schönes gab, aber es tat auch gleichzeitig weh.
Da musste ich weinen, nicht so, wie man weint, wenn man traurig ist, sondern so, wie man weint, wenn man sich riesig freut, so wie man weint, wenn man nach langer Zeit endlich nach Hause kommt.
Und dann begriff ich: Dies Bild war die Welt. Von ganz weit weg gesehen. Lobkowitz hatte hier seinen Traum gemalt, den Traum von der blauen Kugel, die in der schwarzen Unendlichkeit schwimmt: den einzigen freundlichen Ort in der Finsternis, den einzigen Ort, wo man immer sein und bleiben möchte ...
Und irgendwo auf dieser blauen Kugel war jetzt auch ich: in dem Haus, das in dem Garten stand, der G. Ott gehörte.

S. 46f.

- **Eine ideale Welt?** Schon immer haben Menschen Vorstellungen von einer paradiesischen Welt, einer Art Schlaraffenland gehabt. Sammelt Zeitschriften und erstellt in Kleingruppen Collagen von einer idealen Welt. Vergleicht eure Ergebnisse. Was gehört auf keinen Fall in solch eine Welt?

- **Gefährdete Welt.** Informiere dich über unseren Planeten und dessen ökologisches Gleichgewicht. Erarbeitet in Gruppen Kurzreferate zu folgenden Themen:
  - Unser Klima
  - Regenwälder
  - Das Ozonloch
  - Verteilung der Niederschlagsmengen/Trinkwasser

  Sicher hilft euch eure Lehrerin oder euer Lehrer für Biologie und Erdkunde.

- **Erfindungen.** Nenne nützliche Erfindungen der Menschen. Teile sie ein in solche, die unser ökologisches Gleichgewicht nicht stören, und solche, die schädlich für die Umwelt sind.

Die Linde

»Fährst du in den Wald?«, fragte Andreas seinen Vater, der die Motorsäge aus der Scheune holte. »Darf ich mit?«
»Heute fahr ich nicht in den Wald«, sagte der Vater. »Heute kommt die Linde dran.«
»Die Linde auf unserem Hof?«, fragte Andreas erschrocken. Der Vater sah den Jungen nicht an. »Sie muss weg«, sagte er und räusperte sich. »Sie macht der Mutter so viel Arbeit, vor allem im Herbst. Aber es sind nicht nur die Blätter. Auch wenn sie blüht, macht sie Dreck.«
»Blätter und Blüten sind doch kein Dreck«, sagte Andreas. »Nenn´s, wie du willst«, sagte der Vater. »Weggekehrt werden muss es so oder so. Die Mutter hat das Kehren satt. So viel Arbeit, die nichts bringt.«
»Aber die Linde ist doch so schön!«, rief Andreas. Der Vater warf einen Blick in den mächtigen Baum. »Für die Schönheit zahlt mir keiner was«, sagte er. »Außerdem steht sie an einer ungünstigen Stelle. Ich muss mit dem Traktor immer einen Bogen um sie fahren, wenn ich in den Schuppen will.«
»Ist das denn so schlimm?«, fragte Andreas. »Zwei Minuten Umweg?«
»Jeden Tag ein paar Mal rein und raus mit dem Traktor«, sagte der Vater, »das macht schon eine halbe Stunde pro Tag. Im Jahr summiert sich das. Und jetzt verzieh dich, Junge, du hältst mich auf.« Andreas lief neben dem Vater her, der im Schuppen die Axt holen ging. »Aber dein Urgroßvater hat sie doch gepflanzt«, rief er. »Das hast du mir erzählt!«
»Na und?«, brummte der Vater.
»Deinem Großvater hat der Dreck nichts ausgemacht und dein Vater hat sie auch nicht gefällt«, sagte Andreas.
»Die sind ja auch noch auf ein Plumpsklo gegangen, damals«, sagte der Vater. »Heute herrschen andere Sauberkeitsmaßstäbe. Also jetzt verschwinde.«
»Aber ich weiß von der Großmutter, dass der Großvater die Linde lieb hatte!«, rief Andreas. »Noch als er im Krieg auf Urlaub kam, hat er sich immer daruntergesetzt. Deshalb hat die Großmutter auch oft daruntergesessen, nachdem er gefallen war. Und sein Vater hat sie sicher auch lieb gehabt. Wozu hätte er sie sonst stehen lassen? Da gibt´s doch sicher noch ein altes Foto, wo er unter der Linde sitzt. Damals war sie aber noch längst nicht so dick wie jetzt.«
»Früher hatten die Leute eben noch Zeit, sich abends unter eine Linde zu setzen«, knurrte der Vater. »Sowas kann man sich heutzutage nicht mehr leisten, wenn der Schornstein rauchen soll.«
»Du sitzt doch auch eine Menge Zeit vor dem Fernseher«, sagte Andreas.
»Das ist was ganz anderes«, sagte der Vater ärgerlich. Er winkte dem Nachbarn, der gerade mit seinem Sohn, dem langen Bernd, zur Hofeinfahrt hereinkam und auch eine Axt in der Hand hielt. »Na, kann´s losgehen?«, rief er herüber.
»Auf geht´s!« rief der Vater zurück und zeigte zwischen Schuppen und Scheune. »Am besten, wir lassen sie dort hinüberfallen.«
»Nein!«, rief Andreas, lief zur Linde und versuchte, den dicken Stamm zu umklammern. »Ich hab sie doch auch lieb! Ich will auch drunter sitzen!«
»Jetzt mach keine Schau«, sagte der Vater zornig. »Der Baum ist ja kein Mensch.«
»Du willst doch, dass ich später mal hier Bauer bin«, rief Andreas. »Aber wenn du die Linde fällst, kannst du deinen Hof behalten!« Und er brach in Tränen aus.
Der Vater blieb unschlüssig stehen und sah den Jungen an. »Ich kann ihn verstehen«, sagte der Nachbar. »Ich würde sie auch nicht umlegen. Wär´ verdammt kahl hier ohne sie.«
»Und dann die vielen Vögel in den Zweigen«, sagte der lange Bernd. »Dann gäb´s im Frühling kein Gezwitscher mehr im Hof.«
»Ich kehr auch jeden Tag«, sagte Andreas und wischte sich die Tränen weg. »Und ich will zu meinem Geburtstag nichts geschenkt bekommen, damit das mit dem Umweg ausgeglichen wird.«
»Also so knapp geht´s ja bei uns doch nicht, dass wir das nicht verkraften könnten«, sagte der Vater. »Komm her, trag die Axt in den Schuppen. Aber wie bringen wir der Mutter bei, dass die Linde stehen bleibt?«

Gudrun Pausewang

■ **Die Schöpfung bewahren.** Stelle die Argumente, die für das Fällen der Linde sprechen, denen gegenüber, die dies ablehnen. Aus welchen Lebensbereichen (z. B. Sauberkeit) kommen sie?
Entwirf ein Gespräch, das Andreas und sein Vater mit der Mutter führen, um sie zu überzeugen. Informiere dich darüber, welchen Einfluss ein großer Baum auf unsere Luftqualität hat.

Wozu sind Tiere gut?

Was war am Anfang?

Wieso ist etwas und nicht nichts?

- **Fragen über Fragen.** Bildet Kleingruppen. Jede Gruppe ist »Pate« für eine dieser Fragen. Schreibt auf ein Poster eure Frage und beantwortet sie dann mit Bild und Text. Die »Werkzeugkiste für schlaue Denkerinnen und Denker« auf S. 26f. kann euch dabei behilflich sein. Stellt eure jeweilige Gruppenantwort vor und diskutiert. Am Ende habt ihr einen »Antwortfries« auf alle hier gestellten Fragen. Gibt es noch Ungefragtes?

Woher kommt der Mensch?

Welche Aufgaben hat er auf der Welt?

Und was hat Gott damit zu tun?

■ **Der Hund.** Wenn ihr in der Klasse das Buch »Der Hund mit dem gelben Herzen« gelesen habt, könnt ihr gemeinsam Rückschau halten.
Hier sind einige Ideen:
- ein Karten- oder Würfelspiel erfinden;
- ein Hörspiel machen;
- ein Poster zu jedem Kapitel gestalten;
- eine Buchbesprechung schreiben, z. B. für die Schülerzeitung;
- das Buch »vermarkten«, z. B. einen anderen Umschlag, eine Werbeanzeige oder ein Werbeplakat entwerfen;
- einen Brief an die Autorin schreiben.

GOTT GEHT MIT –

Die folgende Lernlandschaft führt uns in die Zeit, als es in Israel zwei Reiche gab und das Nordreich von der Großmacht Assyrien erobert und zerstört worden war (vgl. S. 151). Zu dieser Zeit soll ein frommer Israelit mit Namen Tobit gelebt haben, der während einer schweren Glaubensprüfung die Hilfe seines Gottes erfährt. Das Buch Tobit ist keine geschichtliche Erzählung, in der alles wortwörtlich zu verstehen ist, sondern eine sagenhafte Geschichte zum Nachdenken und Nacheifern.
Solche Lehr-Erzählungen nennen die Juden »Midrasch«.

Tob 1,1-2

Tob 1,3

Tob 4,3

■ **Bibelzitate.** Schlage die angegebenen Bibelstellen nach, schreibe sie auf und gib ihnen jeweils eine Überschrift.
Am Ende der Lernlandschaft kannst du sie den Plakatwänden auf der folgenden Doppelseite zuordnen.

DAS BUCH TOBIT

Eine Plakataktion planen. Auf den folgenden Seiten findet ihr Ideen, wie ihr eine Plakataktion zum Buch Tobit gestalten könnt. Folgende Hinweise helfen euch bei der Planung und Durchführung:
Überlegt, für wen die Aktion gedacht ist: Soll sie im Klassenzimmer stehen, im Flur, oder gar in einem eigenen Zimmer, z. B. am »Tag der offenen Tür«? Wen wollt ihr einladen? Die Parallelklasse? Die Eltern?
Besorgt genügend große Plakate und anderes Ausstellungsmaterial.
Überlegt, ob genügend Flächen vorhanden sind, um die Plakate aufzuhängen, z. B. an Tafeln, Stellwänden oder den Wänden im Klassenzimmer.
Teilt euch in sechs Arbeitsgruppen auf. Jede Gruppe übernimmt die Gestaltung eines Themas, das auf den Plakatwänden vorgeschlagen ist.

GOTT GEHT MIT – DAS BUCH TOBIT
Plakataktion

- **Gestaltung.** Achtet bei der Gestaltung der Plakate darauf, dass die Schrift groß genug und gut lesbar ist und die Plakate ansprechend und abwechslungsreich gestaltet sind; dazu gehören Bilder, Karten, Zeichnungen und anderes. Als Faustregel gilt: Wichtiges muss sich von weniger Wichtigem abheben!
Das Plakat darf nicht zu überladen sein: Mut zu Leerflächen, nicht zu bunt!
Benennt Verantwortliche für die Teilaufgaben.
Stellt einen genauen Zeitplan auf, wann was fertig sein muss.
Überlegt, wie ihr die Plakataktion mit kleinen Vorträgen »offiziell« eröffnen möchtet.

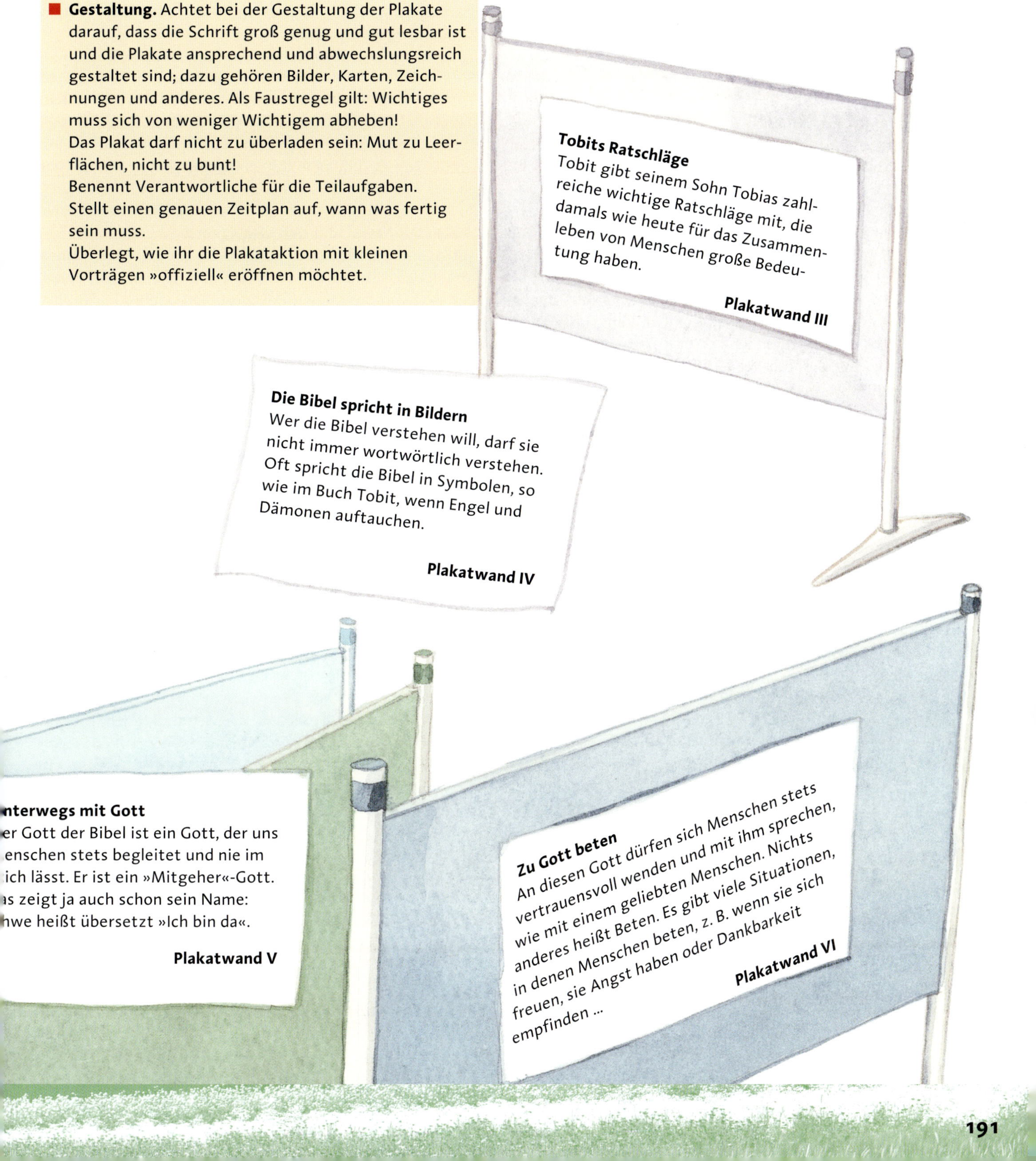

Die Geschichte von Tobit und Tobias

Tobit war ein frommer und gerechter Jude, der aus Tisbe in Galiläa zur Zeit des assyrischen Königs Salmanassar als Gefangener nach Assyrien in die Stadt Ninive verschleppt wurde. Für ihn war selbstverständlich, dass er auch in der Fremde die Gebote einhielt und die Pflichten erfüllte, die ihm seine Religion vorschrieb. Auf diese Weise erzog er auch seinen einzigen Sohn Tobias, der seine ganze Freude war.

Der König der Assyrer aber schikanierte die Juden und ließ viele aus reiner Willkür hinrichten. Tobit blieb zwar verschont, aber als er den Geboten seiner Religion folgen und die hingerichteten Juden heimlich in aller Stille begraben wollte, geriet der König in Wut. Tobit musste fliehen und verlor all sein Hab und Gut. Zum Glück starb der König schon kurz danach und dessen Nachfolger erlaubte Tobit die Rückkehr. Doch verbot auch er Tobit, weiterhin die Toten seines Volkes zu begraben. Tobit hielt sich wieder nicht daran. Einmal, als er spät nach Hause kam und die vorgeschriebenen Reinigungen vollzogen hatte, legte er sich an der Hofmauer zum Schlafen nieder. Da fiel ihm der Kot eines Spatzen in die Augen und Tobit erblindete. So musste von nun an seine Frau Hanna mit Webarbeiten den Unterhalt der Familie verdienen. Hanna verhöhnte Tobit oft und sagte: »Was hat es dir denn eingebracht, dass du die Gebote Gottes erfüllt hast? Blind bist du!« Tobit wurde immer trauriger und in seiner Trauer betete er zu Gott, er möge ihn doch sterben lassen.

Zur gleichen Zeit lebte weit entfernt in der Stadt Ekbatana eine Frau mit Namen Sara. Sie wollte ihrem Vater Raguel eine gute Tochter sein und heiraten. Doch immer, wenn sie einen Mann gefunden hatte, tötete der böse Dämon Aschmodai ihre Männer noch in der Hochzeitsnacht. Die Mägde Saras verlachten sie und sagten: »Du hast die Männer selbst getötet.« Auch Sara wurde traurig. So bat auch sie Gott im Gebet, dass sie lieber sterben möge, als weiterhin ihrem Vater so großen Kummer zu verursachen.

Tobit hatte sich inzwischen erinnert, dass er bei einem Freund in Medien Geld hinterlegt hatte. Er beauftragte Tobias, nach Medien zu gehen, um das Geld zu holen, damit dieser nach seinem Tod für Hanna und sich sorgen könne. Doch bevor Tobit seinen Sohn gehen lassen wollte, gab er ihm viele Ratschläge mit auf den Weg. Und da das Reisen in der damaligen Zeit sehr gefährlich war, suchte sich Tobias noch einen Reisegefährten und fand den Juden Asarja, der den Weg kannte.

Tobias und Asarja waren schon weit gereist, als sie eines Abends an die Ufer des Flusses Tigris kamen. Als Tobias, der sich von der langen Reise erholen und baden wollte, in den Fluss stieg, schoss ein riesiger Fisch daher und drohte ihn zu verschlingen. Doch Asarja, der vom Ufer aus den Fisch bemerkt hatte, rief Tobias zu: »Pack den Fisch!« Tobias tat, wie Asarja es gesagt hatte, und wie durch ein Wunder konnte er den Fisch an das Ufer werfen. Asarja sagte zu Tobias: »Schneide den Fisch auf, nimm Herz, Leber und Galle heraus und bewahre sie gut auf. Denn Herz und Leber des Fisches befreien einen Menschen von einem Dämonen, wenn man sie in seiner Gegenwart verbrennt, und Galle hilft gegen Blindheit, wenn man sie auf die Augen streicht.« Tobias hörte die Worte und merkte sie sich gut.

Die Reise der beiden Gefährten ging weiter und sie kamen in die Nähe von Ekbatana, wo Sara wohnte. Tobias hatte schon von der Schönheit und Klugheit Saras, aber auch von dem Schicksal der sieben Männer gehört, die der Dämon Aschmodai getötet hatte. Er hatte Angst, dass auch er selbst getötet würde, wenn er sich Sara näherte. Doch Asarja sagte zu Tobias: »Hör jetzt auf mich, Bruder! Sie wird deine Frau werden. Mach dir keine Sorgen wegen des Dämons. Denke an meine Worte und verbrenne ein Stück der Leber und des Herzens des Fisches. Der Dämon

Plakatwand I: Informiert die Besucherinnen und die Besucher auf dem ersten Plakat über die Geschichte, die das Buch Tobit erzählt. Wichtig ist dabei immer, dass sie die entscheidenden Inhalte verstehen können. Dazu einige Anregungen:

1. Teilt die Geschichte in einzelne Szenen. Sucht in der Bibel die entsprechende Geschichte. Malt dazu ein passendes Bild.
2. Stellt auf eigenen Plakaten alle in der Geschichte aufgetauchten Personen vor: Name, Wohnort, Familie, sonstige Eigenschaften.
3. Zeichnet den Weg des Tobit und des Tobias (Geburtsort, andere Aufenthaltsorte) mithilfe der Landkarte nach. Ordnet die einzelnen Kapitelüberschriften in die Landkarte ein.

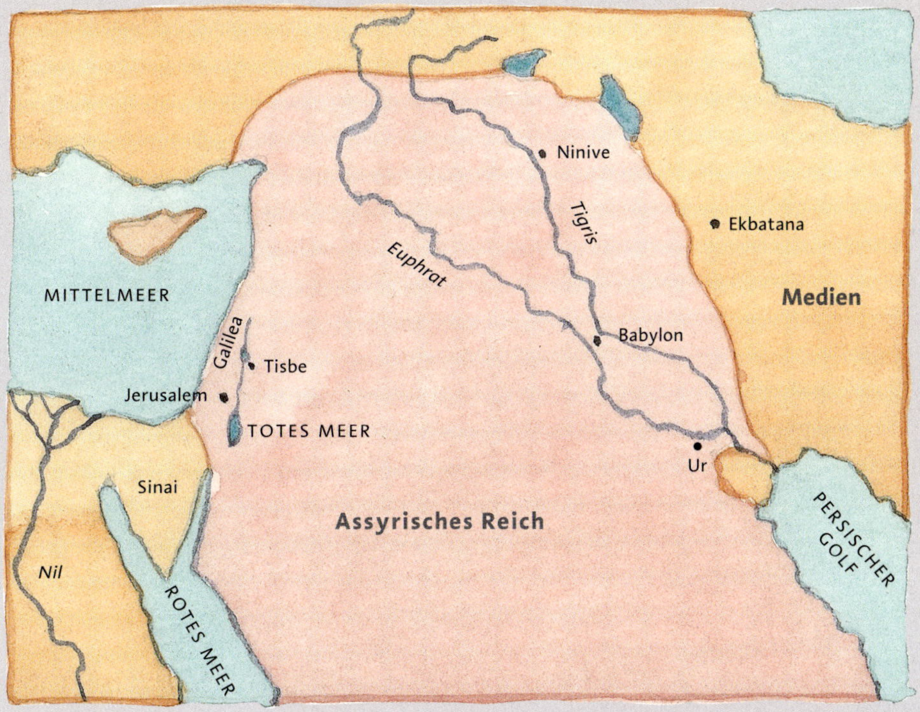

wird fliehen. Bete dann mit Sara zu Gott, er wird euch helfen.« Als Tobias das hörte, fasste er Zuneigung zu Sara und sein Herz gehörte ihr.

Tobias und Asarja wurden in dem Haus, in dem Sara wohnte, freundlich aufgenommen. Raguel, der Vater Saras, erkannte in Tobias den Sohn seines Freundes Tobit und freute sich über ihr Kommen. Tobias bat seinen Freund Asarja, für ihn bei Raguel um die Hand Saras zu bitten. Da wurde Raguel traurig und erzählte die Geschichte der sieben Männer, die bereits gestorben waren, doch Tobias weigerte sich das Essen auch nur zu berühren, bevor ihm Raguel nicht Sara zur Frau gegeben hätte. So willigte Raguel schweren Herzens schließlich ein.

Als Tobias mit Sara in der Nacht alleine war, erinnerte er sich der Worte Asarjas und verbrannte auf der Glut des Kohlebeckens etwas von Leber und Herz des Fisches. Als der Dämon Aschmodai diesen Geruch spürte, floh er für immer. Tobias und Sara aber beteten gemeinsam und dankten Gott, wie es Asarja gesagt hatte.

Am nächsten Morgen war Raguel voll Sorge, dass auch Tobias den Tod gefunden hätte. Zu seiner Freude fand er beide lebend. Jetzt wurde Hochzeit gefeiert, die vierzehn Tage dauerte. Inzwischen aber holte Asarja für Tobias das Vermögen bei dem Freund Tobits. Als er zurück war, erinnerte sich Tobias seiner Eltern und wollte ihnen seine Frau vorstellen. So machte er sich mit Sara und Asarja auf den Weg nach Hause.

In Ninive waren Tobit und Hanna in Sorge um ihren Sohn. Sara und Asarja waren in die Nähe von Ninive gekommen, da erinnerte Asarja Tobias an die Galle des Fisches: »Geh zu deinem Vater und nimm die Galle des Fisches mit.« Tobias eilte seinem Vater entgegen und sagte: »Hab keine Angst, mein Vater!« Er strich Tobit von der Galle des Fisches in die Augen und seine Blindheit begann sich zu lösen. Tobias erzählte Tobit alles, was sich ereignet hatte. Da ging Tobit zu Sara und segnete sie. Zu Hause feierten sie ein großes Fest, das sieben Tage dauerte.

Nun war es an der Zeit, Asarja seinen Lohn zu geben. Tobias wollte Asarja die Hälfte von allem geben, was er auf seiner Reise erworben hatte. Da nahm Asarja Tobit und Tobias zur Seite und sagte: »Preist Gott und lobt ihn! Gebt ihm die Ehre und bezeugt vor allen Menschen, was er für euch getan hat. Ihr sollt nun wissen: Als ihr zu Gott flehtet, du und deine Schwiegertochter Sara, da habe ich euer Gebet vor den heiligen Gott gebracht. Und ebenso bin ich in deiner Nähe gewesen, als du die Toten begraben hast. Deine gute Tat blieb nicht verborgen. Nun hat Gott mich gesandt, um dich und deine Schwiegertochter Sara zu heilen. Ich bin Rafael, einer von den sieben heiligen Engeln, die das Gebet der Heiligen emportragen zu Gott.« Nach diesen Worten war Rafael verschwunden. Tobit und Tobias verkündeten überall, welch große Dinge Gott getan hatte. Tobias und Sara, seine Eltern Tobit und Hanna lebten noch lange. Nach dem Tod seiner Eltern zog Tobias mit Sara und seinen Kindern weg von Ninive zu seinem Schwiegervater nach Ekbatana.

- **Briefwechsel.** Stelle dir vor, Tobias berichtet seinen Eltern von seinen Erlebnissen. Suche dir eines seiner Erlebnisse aus und erzähle davon in einem Brief.

- **Plakatwand II:** Auf diesem Plakat informiert ihr die Besucherinnen und Besucher über das Leben als Jude – damals, aber auch heute:
  Lest Tobit 1,3-22 aufmerksam durch. Übertragt die Zeichnung mit den Sprechblasen als Skizze auf ein großes Ausstellungsplakat. Tragt in die Sprechblasen dann die religiösen Bräuche und Pflichten ein, die Tobit erfüllt hat. Beginnt dabei mit den Worten »Ich habe immer ...«. Malt weitere Sprechblasen dazu, denn es sind mehr als nur vier Pflichten.
  Informiert euch genauer über die genannten religiösen Pflichten und Gebräuche, die Tobit erfüllt hat (Tob 1,3-22). Die Notizzettel geben euch erste Informationen. Weitere Hinweise findet ihr in der Lernlandschaft »Judentum«, aber auch in Lexika oder im Internet (z. B. www.hagalil.com; www.payer.de/judlink.htm). Fasst eure Recherchen auf kleinen Info-Blättern zusammen und ordnet sie den Sprechblasen zu. Macht deutlich, woher diese Vorschriften eigentlich stammen. Das Bild hilft euch dabei!

»Feste in Jerusalem«
- Pessach
- Sukkot
- Schawuot
- Fest der Erstlingsgaben (Lev 23,15ff.)

»Barmherzigkeit«
- vornehmste Pflicht der Juden
- jede Jüdin und jeder Jude ist je nach ihren Verhältnissen zur Barmherzigkeit verpflichtet
- Almosen

■ **Tun-Ergehen-Zusammenhang.** Tobit war überzeugt davon, dass er als frommer Mann von Gott gesegnet ist und er daher auch kein Leid erfahren müsse. Diskutiert: Stehen reiche und gesunde Menschen Gott besonders nahe? Welchen Zusammenhang gibt es zwischen Krankheit, Armut, Leid und der Nähe Gottes?

■ **Jüdische Bräuche.** Ergänze die Notizzettel durch weitere jüdische Bräuche, die du in Tob 1,3-22 bzw. in der Lernlandschaft »Judentum« oder im Internet gefunden hast.

Hast du wenig,
zögere nicht,
auch mit dem
Wenigen Gutes
zu tun.

Hast du viel,
so gib
reichlich.

Wende deinen
Blick niemals ab,
wenn du einen
Armen siehst.

Gib dem
Hungrigen
von deinem
Brot.

Wenn du
Überfluss hast,
tu damit
Gutes.

Sei nicht
kleinlich,
wenn du
Gutes tust.

Suche nur
bei Verständigen
Rat.

■ **Plakatwand III:** Auf diesem Plakat informiert ihr die Besucherinnen und Besucher über zentrale Regeln, die Tobias seinem Sohn Tobit mit auf die lange und gefährliche Reise gegeben hat und die auch für das Zusammenleben von Gemeinschaften bis heute Gültigkeit besitzen. Wählt aus den verschiedenen Kärtchen diejenigen aus, die euch besonders wichtig erscheinen, und gestaltet sie als großes Plakat besonders schön.

Tobits Ratschläge

Einen brauchbaren Ratschlag verachte nicht.

Handle gerecht, solange du lebst.

Denke alle Tage an den Herrn, unseren Gott.

Bitte Gott, dass dein Weg geradeaus führt und ein gutes Ende nimmt.

■ **Wichtige Regeln.** Schlage in der Bibel die Zehn Gebote nach (Ex 20,1-17) und ordne diese den Ratschlägen des Tobit zu. Vergleiche die Ratschläge des Tobit mit der Goldenen Regel (Mt 7,12, vgl. S. 59). Wo siehst du Gemeinsamkeiten?
Überlege dir selbst einmal weitere Ratschläge, die du deinen Kindern mitgeben würdest.

■ **Eine Rede halten.** Immer wieder werdet ihr in der Schule eine kleine Rede, ein Referat oder eine andere Art der Vorführung (»Präsentation«) geben müssen. Dafür kann man nicht oft genug üben, denn Übung macht den Meister! Alle können dazu die Gelegenheit erhalten. Wähle zunächst drei Regeln aus, die deiner Ansicht nach eine große Bedeutung für das Zusammenleben von Menschen haben.
Nun hast du drei Minuten Zeit, dir zu überlegen, was du vor der Klasse sagen wirst.
Halte dich bei deiner Rede an folgende Vorgehensweise:

1. Begrüßungssatz: Meine Damen und Herren!
2. Ich habe folgende Regeln ausgewählt: Regel 1, Regel 2, Regel 3.
3. Begründung:
   Regel 1 habe ich gewählt, weil …
   Regel 2 habe ich gewählt, weil …
   Regel 3 habe ich gewählt, weil …
4. Wiederholung: Ich denke, dass diese drei Regeln unverzichtbar sind, wenn man friedlich miteinander leben will.
5. Schluss-Satz: Vielen Dank! (Oder etwas Pfiffigeres)

Anschließend erfolgt die gemeinsame Auswertung: Was war gut? Und warum?
Was hat der Verständlichkeit gedient, was weniger …?

Die Bibel als Glaubensbuch

Biblische Geschichten kann man mitunter nur schwer verstehen. Was da geschrieben steht, klingt oft sehr unwahrscheinlich. Abraham soll 175 Jahre alt geworden sein und Methusalem sogar 969 Jahre. Unmöglich! Auch dass Gott die Welt in sieben Tagen erschaffen hat, lässt sich mit der Entwicklungsgeschichte der Menschen von den ersten Lebewesen über die Affen und Frühmenschen bis heute kaum vereinbaren.

Wer jedoch so denkt, hat die Bibel nur mit den »äußeren Augen« gelesen. Das heißt, er fragt sich, ob das, was auf dem Papier steht, so auch wirklich passiert ist. Wer aber die Bibel mit »äußeren Augen« liest, liest sie nur oberflächlich und wird sie ganz leicht missverstehen. Denn die Bibel ist kein Biologie- oder Geschichtsbuch, das beschreibt, wie und wann etwas entstanden bzw. geworden ist.

Die Bibel ist ein Glaubensbuch. In ihr schreiben Menschen von ihren ganz persönlichen Erfahrungen und Erlebnissen mit Gott. Und solche Erfahrungen können gar nicht richtig oder falsch sein. Sie sind mit »äußeren Augen« nicht zu verstehen. Wenn ich der Person, die sie mir berichtet, vertraue, glaube ich ihr und dass das, was sie sagt, auch stimmt. Ich spüre in meinem Herzen, dass sie recht hat. Meine »inneren Augen« sagen mir, dass es stimmt. Solche nur mit »inneren Augen« zu verstehenden Erfahrungen sind gerade besonders wichtig: Hoffnung, Vertrauen, Zuversicht, Liebe – und Gott. Alles das kann ich nicht sehen, aber ich kann spüren, dass es das gibt.

Um solche Erfahrungen dennoch »sichtbar« zu machen, verwendet die Bibel oft Bilder, die die »Welt hinter der Welt« sichtbar machen. Solche Bilder darf man nicht wortwörtlich verstehen. Man muss sie mit den »inneren Augen« übersetzen, d. h. fragen, was sie bedeuten sollen. Als am Anfang der Bibel die Schlange mit Eva spricht und sie verführt, vom Baum der Erkenntnis von Gut und Böse zu essen, wird mit »äußeren Augen« betrachtet jeder sagen, dass es keine sprechenden Schlangen gibt. Mit den »inneren Augen« aber wird klar, dass die Schlange ein Sprachbild für das Böse ist, das in jedem Menschen steckt. Ähnlich verhält es sich mit dem Dämon in der Tobit-Erzählung. Niemand kann ihn sehen, aber Menschen haben erfahren, dass ihnen Schaden zugefügt wurde – Sara verlor sieben Ehemänner und wäre fast unverheiratet geblieben. Übrigens – auch die Zahl »Sieben« ist mit »inneren Augen« zu lesen und gilt als Zahl der Vollkommenheit – mehr braucht es nicht. Und auch der Engel Rafael darf nicht mit »äußeren Augen« gesehen werden. Er verkörpert vielmehr den Beistand und den Schutz Gottes für alle Menschen, die in Not sind und dennoch auf Gott vertrauen. Als Bote Gottes ist er der Vermittler zwischen Mensch und Gott, ist er derjenige, der die Gebete und Sorgen vor Gott bringt, der alles zum Guten wenden wird.

■ **Was mich beschützt.** Male die Figur des Tobias auf der gegenüberliegenden Seite in dein Heft und notiere um ihn herum, wer und was dich in deinem Alltag beschützt, z. B. Eltern, Schirm, Segen.
Male die Figur des Engels auf ein weiteres Blatt Papier, schneide sie aus und klebe sie nur am linken Rand so in dein Heft, dass er sich aufklappen lässt und gleichzeitig deine Notizen überdeckt. So erhältst du eine äußere Seite – den Engel – und eine innere Seite – deine Notizen!

■ **Plakatwand IV:** Auf diesem Plakat informiert ihr die Besucherinnen und Besucher über »Sprachbilder«.
Sucht nach solchen »Sprachbildern« und stellt sie aus. Ein kleiner Tipp: sprichwörtliche Redensarten sind voll davon, z. B. »Er ist ein Schatz«; »Sie ist ein Fels in der Brandung«; »Der Teufel ist los«; »Du bist das Licht der Welt«.
Ein ganz zentrales Sprachbild in der Bibel sind »Engel«. Tragt zusammen, was Engel alles tun. Dazu könnt ihr in Tob 12,12-15 nachlesen, was der Erzengel Rafael getan hat. Auch hilft euch dabei das Gedicht von Rudolf Otto Wiemer.
Ein Sprachbild, das das Böse umschreibt, ist »Dämon«. Trage zusammen, was er alles bewirkt hat (vgl. Tob 3,7-9 und 6,15-17).

Es müssen nicht Männer mit Flügeln sein

Es müssen nicht Männer
mit Flügeln sein,
die Engel.
Sie gehen leise, sie müssen nicht schrein,
oft sind sie alt und hässlich und klein,
die Engel.

Sie haben kein Schwert,
kein weißes Gewand,
die Engel.
Vielleicht ist einer, der gibt dir die Hand,
oder er wohnt neben dir, Wand an Wand,
der Engel.

Dem Hungernden hat er das Brot gebracht
der Engel.
Dem Kranken hat er das Bett gemacht,
und er hört, wenn du ihn rufst in der Nacht,
der Engel.

Er steht im Weg und er sagt: Nein,
der Engel,
groß wie ein Pfahl und hart wie ein Stein,
es müssen nicht Männer mit Flügeln sein,
die Engel.

Rudolf Otto Wiemer

Bild und Vergleich

In unserer Sprache gibt es viele bildhafte Ausdrücke und Umschreibungen. Dabei werden Vorstellungen aus zwei unterschiedlichen Bereichen, die eigentlich nicht zusammengehören, verbunden. Eine solche Verbindung von einem Bereich in den anderen nennt man nach dem griechischen Wort für »Übertragen« auch Metapher. Metaphern finden sich in Sprichwörtern und Redensarten, aber auch in der Bibel.

Beispiele:

Er ist ein Schatz.

Sie ist ein Fels in der Brandung.

Der Teufel ist los.

Du bist das Licht der Welt.

Geh mit uns

Text: Norbert Weidinger
Musik: Ludger Edelkötter

2. Alle: *Reiß uns mit, Schritt für Schritt!*
Vorsänger/in:
Wenn allen uns die Sicht genommen:
Musste das geschehn?
Wenn Hoffnung, Mut und Kraft zerronnen:
Wie soll s weitergehn?

3. Alle: *Wer dich erkennt, ganz neu entbrennt!*
Vorsänger/in:
Wenn Nacht auf uns hereingebrochen:
Brich mit uns das Brot!
Bis das letzte Wort gesprochen,
bis zum Abendrot.

■ **Plakatwand V:** Auf diesem Plakat informiert ihr die Besucherinnen und Besucher darüber, was es heißt, »unterwegs mit Gott zu sein« – so wie es Tobit war. Dazu einige Anregungen:
Schreibt auf ein Plakat alle Worte und Begriffe, die euch zum Thema »Weg« einfallen, z. B. Raststätte, Anstieg, Sackgasse usw.
Erzählt, malt, nennt verschiedene biblische Weggeschichten – der nebenstehende Auftrag hilft und ihr könnt die Grafik für eure Ausstellung noch ergänzen.
Auch heute noch sind Menschen unterwegs, um Gott näherzukommen: Man nennt sie Pilger. Kennt ihr Pilgerziele? Gibt es welche in eurer Umgebung? Stellt verschiedene Pilgerorte und ihre Bedeutung vor.

Unterwegs. Betrachte den Weg in aller Stille. Je genauer du ihn betrachtest, desto mehr wird dir auffallen. Geh folgenden Fragen in deinen Gedanken nach: Woher kommt dieser Weg und wohin wird er dich führen? Was begegnet dir unterwegs? Was erwartet dich am Ende des Weges? Wer sollte dich unterwegs begleiten? Welche Empfindungen hast du, wenn du in Gedanken den Weg gehst? Schreibe deine Gedanken auf und erzählt sie euch dann gegenseitig.

Gebete in der Bibel

In der Bibel findet ihr zahlreiche Gebete von Menschen zu Gott. Das bekannteste spricht Jesus in Mt 6,9-13: das Vaterunser. Auch im Alten Testament finden sich viele Gebete. Die meisten stehen im Buch der Psalmen, das ein einziges Gebetbuch ist. Aber auch in anderen biblischen Büchern finden sich schöne Gebete, auch im Buch Tobit. Beten kann man ja auf ganz unterschiedliche Weise (siehe Lernlandschaft »Menschen suchen Gott«, Ausstellungsraum 7) und aus ganz unterschiedlichen Gründen. Es gibt verschiedene »Gebetsarten«: Manche bitten um etwas, andere klagen, dritte danken, andere loben oder suchen einfach nur Nähe und Geborgenheit. Allen Betenden ist aber die Hoffnung gemeinsam, dass ihre Gebete »vor Gott getragen«, also gehört werden. Und dass dies geschieht, davon zeugt die Tobiterzählung in höchst eindrucksvoller Weise.

■ **Plakatwand VI:** Im Buch Tobit findet ihr zahlreiche Gebete. Hier einige Ideen für eure Plakate:
Schreibt die oben angegebenen Gebete schön ab.
Ein ganz zentrales, aber sehr langes Gebet ist das Kapitel 13 des Tobit-Buches. Verteilt die einzelnen Verse untereinander, schreibt sie ab und gestaltet sie schön.
Formuliert eigene Gebete von Menschen, die sich in ähnlichen Situationen – ob Not, Freude oder was auch immer – befunden haben wie Tobias und Sara.
Ordnet die Gebete nach verschiedenen »Gebetsarten«. Wo handelt es sich um ein Dankgebet? Wo um eine Klage? Wo um eine Bitte? Wo um ein Lob?

Gebetshaltungen. Beschreibe die Gebetshaltungen der beiden Personen auf dem Bild. Um welche »Gebetsart« dürfte es sich dabei handeln? Versuche, die beiden Personen zu bestimmen und den Ort ihrer Gebete in die Handlung der Tobitgeschichte einzuordnen.
Wenn du herausgefunden hast, wer sie sind, suche ihre Gebete und vergleiche sie.

Beten. Beten heißt zu Gott sprechen wie zu einem geliebten Menschen. Dass man zu Gott auf ganz unterschiedliche Weise sprechen kann, davon habt ihr schon in der Lernlandschaft »Menschen suchen Gott« im Ausstellungsraum 7 (S. 42f.) erfahren.
Beten kann man nicht lernen wie Vokabeln oder andere Sachinhalte in der Schule. Beten lernt man nur durch Beten. Beten muss man einfach ausprobieren. Beten ist eine Antwort auf etwas, das viele Menschen erfahren haben, nämlich dass Gott bei uns ist – auch in scheinbar aussichtslosen Lagen – und letztlich alles zum Guten wenden wird.

Abendmahl
Das letzte gemeinsame Mahl → Jesu mit den Jüngern am Abend vor seinem Tod wird bei den ersten drei Evangelisten und von → Paulus überliefert. Es ist der Ausgangspunkt für die sakramentale → Eucharistiefeier. Die reformatorischen Kirchen und kirchlichen Gemeinschaften bezeichnen ihre entsprechenden Feiern bis heute als Abendmahl.

Ägypten
Ägypten zur Zeit des → Alten Testaments ist ein mächtiges Reich. Sein König ist der → Pharao. Der Nil ist die Lebensader des Landes. Er ist mit 6 700 km einer der längsten Flüsse der Erde. Im sogenannten Nildelta mündet er mit zahlreichen Flussarmen ins Meer. Noch heute stehen in Ägypten die Ruinen großartiger Bauten, die mehrere Tausend Jahre alt sind: Pyramiden, Königsgräber und Tempel.

Altar
Ursprünglich bezeichnete man eine erhöhte Opferstätte im Freien oder in einem Tempel als Altar. Im Jerusalemer → Tempel gab es einen prachtvollen Brandopferaltar, an dem täglich Tieropfer dargebracht wurden, um sich der Nähe → Gottes bei seinem Volk → Israel zu vergewissern.
In den christlichen Kirchen werden unter Berufung auf → Jesus keine solchen Opfer dargebracht. Deshalb gab es bei den ersten Christen auch keinen Brandopferaltar, sondern nur einen hölzernen »Tisch des Herrn«, an dem sie sich bei Brot und Wein zusammensetzten, um nach dem Vorbild Jesu und seiner Jünger gemeinsam → Abendmahl zu feiern. Dieser Tisch wurde zum Mittelpunkt der Kirche. Erst später nannte man ihn Altar. Es ist der Ort, an dem die Christen Leiden, Tod und Auferstehung Christi feiern und der → Priester die Wandlung von Brot und Wein in Leib und Blut Christi vollzieht. In → katholischen Kirchen sind die Altäre geweiht und es sind in ihnen Reliquien eingelassen, z. B. Knochenstücke von Heiligen.

Alter Orient
Der Alte Orient umfasst die Kulturen und Länder an den Flüssen Eufrat und Tigris und im östlichen Mittelmeer. Die Zeit des Alten Orients reicht von 3000 v. Chr. bis ca. 300 v. Chr. In diesen Ländern entstanden große Stadtstaaten (z. B. Babel, Assur, Ur), weil sich immer mehr Menschen zusammenschlossen, die allein nicht genügend Nahrung sammeln und Felder bestellen konnten, um sich zu ernähren. In gemeinsamer Arbeit machte man sich die Natur nutzbar und sicherte so das eigene Überleben. Die Stadtstaaten entwickelten sich später zu großen Reichen mit blühendem Handel und großartiger Kultur. Das Land Mesopotamien (wörtlich: das Land zwischen den Flüssen Eufrat und Tigris) wurde im Laufe der Geschichte von Sumerern, Babyloniern, Assyrern, Chaldäern, Neubabyloniern und Persern beherrscht. Im Alten Orient entwickelten die Phönikier, die im heutigen Libanon lebten, eine Schrift, die die Grundlage aller europäischen Schriften bildet. Der südliche Teil Mesopotamiens am Unterlauf der Flüsse hieß Chaldäa. Aus dieser Region stammt Abraham nach biblischer Überlieferung. Die → Israeliten bildeten im Vergleich zu den übrigen Völkern des Alten Orients erst spät und nur vorübergehend ein größeres Reich.

Altes Testament (AT)
Das AT ist der erste Teil der → Bibel. Die → katholische Kirche anerkennt 46 Bücher des AT als »heilig und kanonisch«. Sie werden in Geschichts-, Weisheits- und Prophetenbücher ein-

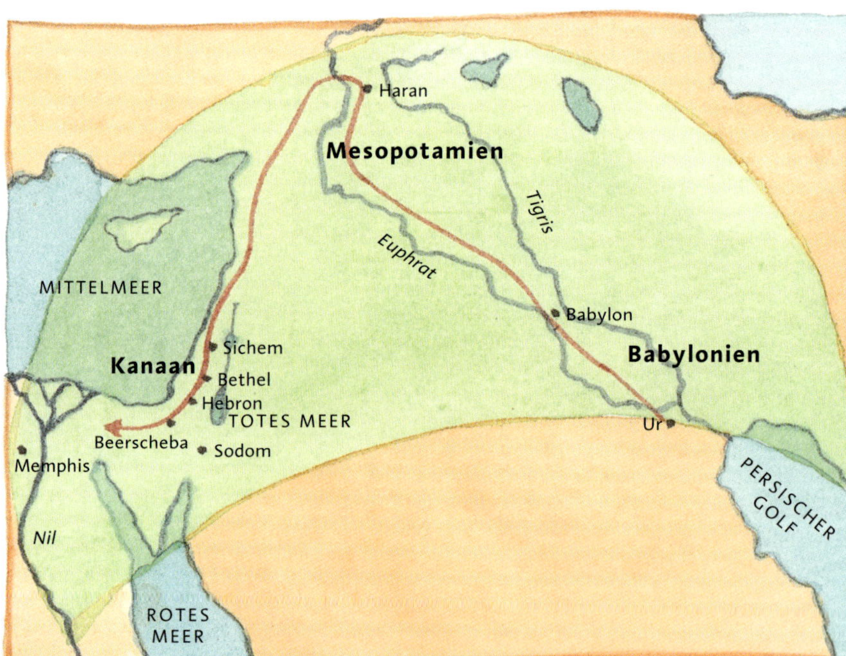

Die Hochkulturen des → Alten Orients erstreckten sich zwischen Nil und Tigris, dem sogenannten »fruchtbaren Halbmond«.

Bibelstelle: Lk 9,3

Die Aussendung der zwölf Jünger: 9,1–6

9 Dann rief er die Zwölf zu sich und
gab ihnen die Kraft und die Voll-
macht, alle Dämonen auszutreiben und
die Kranken gesund zu machen. 2 Und er
sandte sie aus mit dem Auftrag, das Reich
Gottes zu verkünden und zu heilen. 3 Er
sagte zu ihnen: Nehmt nichts mit auf den
Weg, keinen Wanderstab und keine Vor-
ratstasche, kein Brot, kein Geld und kein
zweites Hemd. 4 Bleibt in dem Haus, in
dem ihr einkehrt, bis ihr den Ort wieder
verlasst. 5 Wenn euch aber die Leute in
einer Stadt nicht aufnehmen wollen, dann
geht weg und schüttelt den Staub von eu-
ren Füßen, zum Zeugnis gegen sie. 6 Die
Zwölf machten sich auf den Weg und
wanderten von Dorf zu Dorf. Sie verkün-
deten das Evangelium und heilten überall
die Kranken.

1–6 || Mt 10,1.5–14; Mk 6,7–13 / 1–6: 10,1–12 / 3: 22,35

Jedes Buch bekommt eine eigene Abkürzung. (Ein Verzeichnis der Abkürzungen und viele andere Informationen gibt es im Anhang der Bibel.)

Jedes Buch wird in größere Abschnitte (Kapitel) unterteilt. Das sind die großen Ziffern im Text.

Jeder Satz in einem Kapitel bekommt eine eigene Nummer (Vers). Das sind die kleinen Ziffern im Text.

Außerdem finden sich am Rand oder Ende eines Textabschnitts Querverweise zu anderen Stellen der Bibel, die mit diesem Text zusammenhängen.

So gliedern sich die Kapitel der → Bibel

geteilt und erzählen für Juden und Christen von Erfahrungen mit → Gott. Daher gelten sie in beiden Religionen als Wort Gottes. Die ersten fünf Bücher des Alten Testaments nennen die Juden → Tora.

Ambo (griech. = erhöhte Stelle)
Ambo bezeichnet das Lesepult, von dem aus der Lektor oder die Lektorin die alt- und neutestamentlichen Lesungen im Gottesdienst vorliest.

Beschneidung
Am achten Tag nach der Geburt werden die jüdischen Jungen beschnitten. Es wird ein Stück von der Vorhaut ihres Glieds entfernt. Die Beschneidung war bei den alten Völkern → Ägyptens und Vorderasiens weit verbreitet. Im Volk → Israel ist die Beschneidung das Zeichen des → Bundes mit → Gott (vgl. Gen 17). Heute wird die Beschneidung auch bei Nichtjuden manchmal aus Hygienegründen durchgeführt.

Beten, Gebet
Wann immer Menschen sich und ihr Leben in Beziehung zu → Gott sehen, beten sie. Dies kann durch Worte und Taten geschehen. Gebetshaltungen bringen zum Ausdruck, dass Menschen der Gegenwart Gottes Raum geben wollen. Feste Gebete (z. B. das Vaterunser), freie Gebete mit eigenen Worten oder das Stillwerden vor Gott haben zum Ziel, mit Gott in Kontakt zu kommen und zu erfahren, was Gott will.

Betlehem (hebr. = »Haus des Brotes«)
Betlehem ist eine Stadt auf einem Bergrücken sieben Kilometer südlich von → Jerusalem. Dort gibt es viele Felsenhöhlen, die als Wohnungen und Ställe benutzt wurden. Betlehem war die Heimatstadt → Davids und gilt in den → Evangelien von Lukas und Matthäus als Geburtsort → Jesu.

Bibel
»Bibel« kommt aus dem → Griechischen und bedeutet eigentlich »die Bücher«. Im ersten Teil der Bibel (→ Altes Testament) sind die Erfahrungen des Volkes → Israel mit → Gott aufgezeichnet, im zweiten Teil (→ Neues Testament) die Worte und Taten → Jesu und die Erlebnisse der Apostel.
Die Bibel ist im Laufe vieler Jahrhunderte entstanden. Zunächst hatten sich Menschen ihre Erlebnisse mit Gott erzählt, später wurden diese Erzählungen dann aufgeschrieben und immer wieder ergänzt. Das Alte Testament wurde um 100 n. Chr. abgeschlossen, das Neue Testament bald darauf.
Da die Bibel Texte ganz unterschiedlicher Zeiten und Menschen enthält, finden sich in ihr auch ganz verschiedene Erzählweisen und Sprachformen, z. B. → Psalmen, → Sagen, Reden, geschichtliche Berichte, Briefe, → Gleichnisse.
Damit jede Bibelstelle sofort auffindbar ist, hat man sich auf eine bestimmte Einteilung geeinigt (siehe Kasten oben).

Buchrolle
Wichtige Texte wurden in biblischer Zeit auf Streifen aus → Papyrus oder Leder geschrieben. Diese Streifen waren etwa 25 Zentimeter breit und konnten bis zu zehn Meter lang sein. Sie wurden normalerweise nur auf einer Seite beschrieben. Der Text war in senkrechten Spalten angeordnet. Die Enden der Streifen wurden auf zwei Stäben zu einer Rolle gewickelt.

Bund
Das mit »Bund« übersetzte hebräische Wort *berit* bedeutet »Vertrag«. In einem Vertrag versprechen sich die beiden Partner, so zu handeln, wie sie es vereinbart haben. Sie verpflichten sich gegenseitig, dem Bund treu zu bleiben. Die → Bibel erzählt, wie → Gott einen Bund mit den Menschen schließt (z. B. mit Noah: Gen 9; mit Abraham: Gen 15 und 17). Als Bundeszeichen gilt bis auf den heutigen Tag die → Beschneidung.

David
König David war die Identifikationsfigur des Volkes → Israel (vgl. 1 Kön 2). Er hatte die Philister besiegt (vgl. 1 Sam 17), → Jerusalem erobert und zur Hauptstadt gemacht (vgl. 2 Sam 5,6-12). Er war der größte König Israels.

Darum wurde David für Israel das Vorbild für den → Messias (vgl. 2 Sam 7). Viele Juden hofften, dass der Messias sie von ihren Feinden befreien und Israel wieder groß und mächtig machen werde. Deshalb wurde der Messias »Sohn Davids« genannt.
Und diesen Titel erhält auch → Jesus im → Neuen Testament (vgl. Mk 10,48; Mt 21,9; Lk 20,41 u. ö.): Für Christen ist → Jesus Christus der Messias, der »Sohn Davids«.

Dekalog
→ Zehn Gebote (Dekalog)

Dom
Die Abkürzung von lat. *domus dei* (= Haus Gottes) bezeichnet die bischöfliche Hauptkirche in einem Bistum. In Deutschland wird manchmal auch die Hauptkirche einer Stadt ohne Bischof Dom, in Süddeutschland Münster genannt.

Das Freiburger Münster (→ Dom)

Doppelgebot der Liebe
→ Jesus von Nazaret hat in dem Doppelgebot der Liebe (Mt 22,37-40) zwei Weisungen aus dem → Alten Testament miteinander verknüpft: die Gottesliebe (Dtn 6) und die Nächstenliebe (Lev 19). Das Christentum betont, dass beide Haltungen stets zusammengehören. Wie bei den → Zehn Geboten geht es um die Beziehung zu → Gott und um die zu den Menschen.

Eucharistiefeier
Die Eucharistiefeier ist die zentrale Lob- und Dankfeier des → katholischen Glaubens. Die → Gemeinde versammelt sich, um Gottes Wort zu hören und den Tod und die Auferstehung Christi zu feiern. Die → Evangelien berichten, dass → Jesus von Nazaret selbst den Auftrag dazu gegeben hat. Im Wort → Gottes und in den Zeichen von Brot und Wein bekennt die Gemeinde die Gegenwart Jesu.

Evangelium/Evangelien
»Evangelium« stammt aus dem Griechischen und bedeutet »gute Botschaft« oder »eine Botschaft, die froh macht (Frohe Botschaft)«. → Jesus verkündet die gute Botschaft, dass das → Reich Gottes nahegekommen ist. Die Christen sind davon überzeugt, dass mit Jesus Christus diese Zeit des Heils angefangen hat. Später werden auch die vier biblischen Schriften des → Neuen Testaments, die das Leben Jesu erzählen, »Evangelien« genannt (Evangelium nach Matthäus, Markus, Lukas und Johannes). In der Messe wird als Höhepunkt des Wortgottesdienstes aus dem Evangelium vorgelesen.

Evangelisch
Die Kirchen der Reformation bezeichnen sich als evangelisch, da sie ihr Bekenntnis vor allem und zuerst auf das → Evangelium gründen. Der Reformator → Martin Luther hat die Merkmale genannt, die für evangelische Christen zentral sind: allein die Schrift, allein der Glaube, allein die Gnade. Diese drei sind zusammengefasst in dem Bekenntnis »allein Christus«. Im Mittelpunkt des evangelischen Glaubens steht die Überzeugung, dass jeder Mensch von → Gott vorbehaltlos angenommen und geliebt ist, ohne dass er dafür etwas leisten müsste. Aus dieser individuellen und unmittelbaren Beziehung zu Gott leitet sich auch das allgemeine Priestertum (→ Priester) aller Gläubigen ab. Die Evangelischen Kirchen sind daher auch synodal und damit demokratisch verfasst.

Galiläa
Galiläa bezeichnet den fruchtbaren Landstrich westlich des Sees Gennesaret. Diese Landschaft ist die Heimat Jesu. In ihr befindet sich Nazaret. Hier hat Jesus zuerst die Botschaft vom nahenden → Reich Gottes verkündet.

Gebet
→ Beten/Gebet

Gemeinde/Pfarrgemeinde
Schon im Althochdeutschen bezeichnet *pfarra* oder *pfarre* das Gebiet, für das ein → Priester im Auftrag des Bischofs zuständig ist. Daher nennt man einen Priester im Gemeindedienst auch »Pfarrer«. Gemeinsam mit vielen anderen haupt- und ehrenamtlichen Mitarbeiter/innen gestaltet er das Gemeindeleben.
Es ist die Aufgabe der Mitarbeiter/innen, in der Pfarrgemeinde zusammen mit den Gemeindemitgliedern den Glauben zu erfahren und zu bezeugen. Dies geschieht in den vier Grundvollzügen christlichen Lebens.
Darunter versteht man das Mit-Suchen und Mit-Deuten des Willens → Gottes, den man bezeugt (*martyria*), die Erfahrung und das aktive Gestalten von Gemeinschaft (*koinonia*), das gemeinsame Feiern des Glaubens (*leiturgia*) und den Dienst am Mitmenschen (*diakonia*).

AUFBAU DER PFARRGEMEINDE

Pfarrgemeinderat
Ist tätig in der Gemeindearbeit.
Bildet »Ausschüsse«, z. B. Jugendarbeit, Erwachsenenbildung, Liturgie und Gottesdienst, Altenseelsorge, Öffentlichkeitsarbeit.

Kirchenverwaltung
Trägt die Verantwortung für Bau- und Finanzfragen.

Pfarrer
Koordiniert die Gemeindearbeit, feiert die Eucharistie, spendet die Sakramente, verkündet das Evangelium.

Gemeindemitglieder
Durch die Taufe ist jeder zu Gottesdienst und Weltdienst berufen.

Hauptamtliche Mitarbeiter/innen
Z. B. Diakon, Kaplan, Gemeindereferent/in.

Nebenamtliche Mitarbeiter/innen
Leisten spezielle Dienste, z. B. Messner/in, Ministrant(inn)en, Lektor/in, Kommunionhelfer/innen, Kirchenchor, Organist/in.

Gleichnis
Ein Gleichnis ist eine Erzählung, mit der → Jesus seine Botschaft vom → Reich Gottes den Menschen nahebringen wollte. Er greift in seinen Gleichnissen alltägliche Situationen auf und gibt ihnen eine überraschende Wendung. So konnten die Zuhörenden erfahren, dass das Reich Gottes mit ihrem alltäglichen Leben zu tun hat und trotzdem ganz anders ist. In der Form des Gleichnisses wirbt Jesus um Zustimmung zu seiner Botschaft.

Goldene Regel
In der Bergpredigt → Jesu (Mt 5 – 7) findet sich die sogenannte Goldene Regel: *Alles, was ihr also von anderen erwartet, das tut auch ihnen!* (Mt 7,12). Sie bringt das richtige Verhältnis von Selbstliebe und Nächstenliebe auf den Punkt. In vielen anderen Religionen gibt es ähnlich lautende Regeln (vgl. S. 59).

Gott
Nach dem Bekenntnis der alten abrahamitischen Religionen (Judentum, Christentum, Islam) hat sich der Eine Gott den Menschen im Laufe der Geschichte immer wieder als der Allmächtige und Barmherzige offenbart. Der biblische Glaube bekennt: Gott ist Ursprung, Erhalter und Vollendung der → Schöpfung (Gen 1). Gott ist mit den Menschen unterwegs (Ex 3). Gott ist die Quelle des Lebens (Ps 36). Gott ist die Liebe (1 Joh 4). Gott ist das Heil aller Menschen (Offb 21). Grundsätzlich gilt: Gott ist und bleibt das große Geheimnis des Lebens, dem es immer wieder nachzuspüren gilt (→ Beten).

Griechisch
Zur Zeit Jesu war Griechisch die wichtigste Sprache im östlichen Mittelmeerraum. Einige Teile des → Alten Testaments und das ganze → Neue Testament sind in dieser Sprache geschrieben.

Hebräer/hebräisch
Die → Israeliten wurden von den Nachbarvölkern »Hebräer« genannt. Die hebräische Sprache ist die alte Sprache des Volkes Israel. In ihr sind viele Bücher des → Alten Testaments verfasst.

Heil/Schalom
Heil bezeichnet all das, wonach sich der Mensch in seinem Leben sehnt: Frieden, Gerechtigkeit, Gesundheit und Leben für alle. In der Welt ist dagegen vieles »unheil«: Krankheiten, Kriege, Ungerechtigkeit, Hunger, Leid und Tod belasten und zerstören das Leben der Menschen und ihrer Umwelt. → Gott will aber nicht das Unheil, sondern das Heil. Die → Bibel berichtet davon: Das Volk → Israel hat in seiner Geschichte erfahren, dass Gott rettet und neues Heil schenkt. In der Begegnung mit → Jesus haben die Menschen erfahren: Dort, wo das → Reich Gottes beginnt, werden die Menschen »geheilt« und

finden zu einer neuen Gemeinschaft. Das vollkommene Heil steht aber noch aus. Gott hat es versprochen, und wir Menschen können darauf hoffen. Wenn wir aus dieser Hoffnung leben und handeln, kann das schon heute unsere unheile Welt »heilsam« verändern.

Herrschaft Gottes
→ Reich Gottes/Herrschaft Gottes

Israel/Israeliten
Jakob, der Sohn Isaaks, erhielt später den Namen »Israel« (= der mit → Gott kämpft/ringt). Das Volk Israel sah in ihm seinen Stammvater, daher der Name »Israeliten«. Auch das Land → Kanaan wurde später »Land Israel« genannt. Als das Reich des Königs Salomo nach seinem Tod auseinanderbrach, nannte sich das Nordreich »Israel«. Seine Hauptstadt war Samaria. Das Nordreich wurde später von den Assyrern (→ Alter Orient) erobert und zerstört. Erst seit 1948 gibt es wieder einen Staat Israel. Seine Bewohner nennen sich heute »Israelis«.

Jahwe
Die vier Konsonanten JHWH bezeichnen den biblischen Namen → Gottes. Die genaue Aussprache ist unsicher. Nach Ex 3 hat Gott sich → Mose mit diesem Namen offenbart. Heute wird der Name Gottes mit »ich bin der ich bin da« übersetzt. Darin kommt zum Ausdruck, dass Gott stets gegenwärtig ist.

Jerusalem
Jerusalem ist eine Stadt im Bergland von → Judäa, die etwa 800 Meter hoch liegt. Die Stadt war zur Zeit → Davids noch sehr klein. Sie ist im Lauf der Jahrhunderte gewachsen, mehrmals mussten ihre Stadtmauern erweitert werden. König Salomo, der Sohn des Königs David, erbaute in Jerusalem den → Tempel und einen Königspalast. Nach Salomos Tod wurde das Reich geteilt. Jerusalem blieb die Hauptstadt des Südreiches → Juda, bis dieses 586 v. Chr. durch die Babylonier (→ Alter Orient) zerstört wurde. Nach der Rückkehr des Volkes aus der babylonischen Gefangenschaft (534 v. Chr.) wurde der Tempel wieder aufgebaut. Während der Regierungszeit Königs Herodes des Großen (37-4 v. Chr.) war die Bevölkerungszahl auf etwa 60 000 angewachsen. Der Tempel in Jerusalem war das Ziel der jährlichen Wallfahrten, besonders an den drei großen Festen Pascha, Schawuot und Laubhüttenfest.

Jesus von Nazaret
Jesus wurde vermutlich zwischen sieben und vier v. Chr. in → Nazaret geboren. Er verbrachte seine Kindheit und Jugend in → Galiläa, wo er als junger Mann wahrscheinlich ein Jünger Johannes' des Täufers wurde. Nach einer persönlichen Berufungserfahrung sammelte er Jüngerinnen und Jünger um sich und zog in Galiläa umher. Dort predigte er die Botschaft vom nahenden → Reich Gottes. Er heilte viele Menschen. Seine eigenständige Auslegung der → Tora brachte ihn in Konflikt mit den → Schriftgelehrten. Auf dem Weg nach → Jerusalem spitzte sich dieser Konflikt zu. Dort wurde Jesus schließlich verhaftet, nachdem er die Händler aus dem → Tempel verjagt hatte. Von den religiösen und politischen Machthabern wurde er vor dem römischen Statthalter angeklagt und von diesem in einem Schnellgerichtsverfahren als Rebell zum Tode verurteilt. Jesus wurde vor dem → Pessachfest 30/33 am Kreuz hingerichtet. Seine Jüngerschaft löste sich zunächst auf. Dann jedoch bezeugten sie öffentlich und überraschenderweise, Jesus sei ihnen erschienen, er lebe.

Juda/Judäa
Juda hieß einer der zwölf → Söhne Jakobs. Nach ihm trägt einer der Stämme → Israels diesen Namen. Der Stamm Juda bewohnte den gebirgigen Süden des Landes, das Land Judäa. Nach dem Tod Salomos und der Teilung des Landes bekam das Südreich den Namen »Juda«. Seine Hauptstadt war → Jerusalem. Die Bewohner des Südreichs Juda wurden auch »Juden« genannt. Dieser Name wurde später auf alle Angehörigen des Volkes Israel übertragen. Als das Südreich 586 v. Chr. von den Babyloniern (→ Alter Orient) erobert und zerstört wurde, geriet der größte Teil der Bewohner in Gefangenschaft und wurde ins Exil verschleppt. Ein Teil von ihnen kehrte 534 v. Chr. wieder nach Judäa und Jerusalem zurück.

Kanaan/Kanaaniter
Kanaan hieß früher das Land zwischen dem Mittelmeer und dem Jordan. Die Völker, die dort wohnten, nannte man Kanaaniter. Die → Israeliten erzählten: → Gott hat unseren Stammvätern versprochen (»gelobt«), dass dieses Land uns gehören soll. Deshalb nannten sie es auch das »Gelobte Land«.

Katholisch (griech. = allgemein, umfassend, die ganze Welt betreffend)
Die römisch-katholische Kirche versteht sich als Heilsgemeinschaft für die ganze Welt und alle Menschen. Der Begriff »katholisch« wird aber auch verwendet, um die Zugehörigkeit zur römisch-katholischen Kirche in Abgrenzung zu anderen christlichen → Konfessionen (z. B. evangelisch, orthodox, anglikanisch) auszudrücken.

Kirchenraum
Eine Kirche betritt man durch ein Portal. Damit bezeichnet man den besonders hervorgehobenen Haupteingang eines Gebäudes, der in allen Stilepochen prachtvoll gestaltet wurde. Die wichtigsten Bauelemente des Portals sind: der Türsturz, das Bogenfeld (Tympanon), Türpfeiler, Türpfosten, Gewände mit Figuren und der Giebel. Den lang gestreckten Innenraum einer Kirche bezeichnet man als Kirchenschiff oder Langhaus. Bei Kirchen, deren Räume durch Säulenreihen untergliedert sind, unterscheidet man

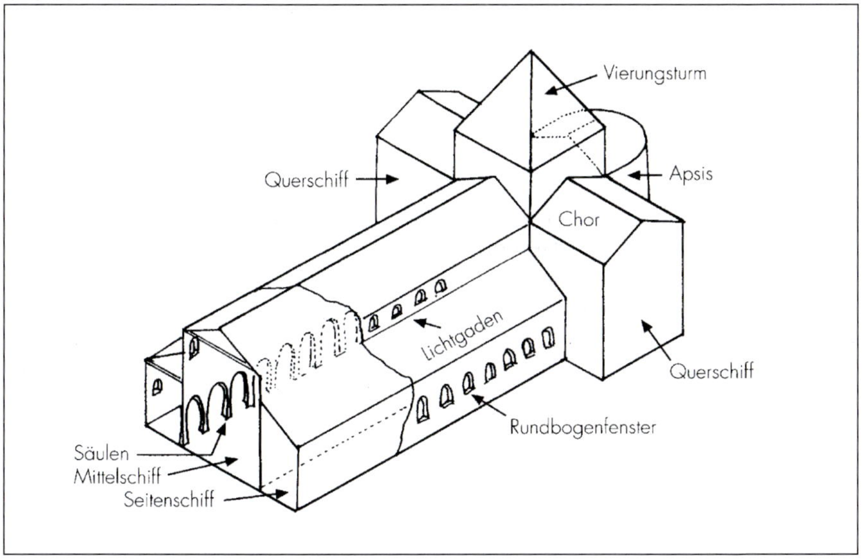

Schema einer einchörigen romanischen Basilika (→ Kirchenraum)

das mittlere Hauptschiff von den links und rechts davon angeordneten Neben- bzw. Seitenschiffen. Besonders bei älteren Kirchen (→ Basilika) wird das Langhaus im vorderen Drittel oft durch das Querschiff oder Querhaus unterbrochen. Dadurch erhält der Grundriss der Kirche die Form eines Kreuzes. Am Überkreuzungspunkt entsteht die Vierung. Der Kirchenraum wird durch den Chor mit Apsis abgeschlossen. Er ist meist um mehrere Stufen erhöht und nach Osten gerichtet. Diese »Ostung« beinhaltet eine tiefreligiöse, symbolische Bedeutung: Im Osten geht die Leben spendende Sonne auf. Wie das Licht von der Sonne ausgeht, so geht das Heilsgeschehen von Christus aus: *Ich bin das Licht der Welt. Wer mir nachfolgt, wird nicht in der Finsternis umhergehen, sondern wird das Licht des Lebens haben* (Joh. 8, 12). Im Chorraum steht der Hauptaltar (→ Altar), der früher oft durch Chorschranken vom übrigen Kirchenraum getrennt war. Ursprünglich war der Chor in den → Domen und Klosterkirchen ausschließlich dem Klerus vorbehalten.

Konfessionen (lat. *confessio* = Bekenntnis)
Im Laufe der über zweitausendjährigen Geschichte des Christentums hat es immer wieder Kirchenspaltungen gegeben. Die Anlässe dafür waren meist Fragen nach dem richtigen Weg der Glaubensgemeinschaft. Die aus den Spaltungen hervorgegangenen Konfessionen haben in ihrer Glaubenspraxis und -lehre sehr viele Gemeinsamkeiten, aber auch manche Unterschiede. Jede Konfession betont besondere Aspekte des christlichen Glaubens.

Legende
Die Legende ist eine Erzählung, die einen fiktiven Bericht zur frommen Erbauung und Belehrung des Lesers bzw. der Leserin schildert. Ursprünglich bestanden Legenden aus den Lebensbeschreibungen der Heiligen. Man unterscheidet Märtyrerlegenden, die nach dem Tod eines Märtyrers entstanden, sowie Heiligenviten, bei denen bereits zu Lebzeiten Stoff für eine künftige Legende gesammelt wurde.

Luther, Martin (1483-1546)
Luther war ein Mönch und Theologe. Am 31. Oktober 1517 veröffentlichte er in Wittenberg 95 Thesen zu den Missständen der damaligen Kirche. In der Folge der Auseinandersetzung kam es zur Kirchenspaltung und Entstehung der → evangelischen Kirchen. Kern der lutherischen Lehre ist die reformatorische Erkenntnis, dass der Mensch »allein aus Gnade« gerechtfertigt sei. Weil Luther die Worte der Bibel für alle Menschen verständlich machen wollte, übersetzte er die → Bibel, aus der in den Gottesdiensten immer nur in lateinischer Sprache vorgelesen wurde, ins Deutsche (vollendet 1534). Bis heute wird in evangelischen Gottesdiensten überwiegend eine sprachlich behutsam modernisierte Lutherübersetzung verwendet. Wegen ihrer sprachlichen Schönheit ist die Lutherbibel darüber hinaus eine der wichtigsten Übersetzungen im deutschen Sprachraum.

Märtyrer oder Märtyrin (griech. *martys* = [Blut-] Zeuge)
Ab dem ersten Jahrhundert bezeichnete man Christen, die trotz Verfolgung an ihrem Glauben festhielten, als Märtyrer. Ab dem zweiten Jahrhundert wird dies eingeschränkt auf solche, die deshalb den Tod erlitten. Unter den sogenannten Märtyrerakten versteht man die Erzählungen über die Märtyrer der Alten Kirche.

Mose
Mose gilt als Begründer des jüdischen Glaubens und wird im Judentum als Autorität hoch verehrt. Seine Aufgabe war es, das Volk → Israel aus der Gefangenschaft in → Ägypten durch die Wüste in das Land → Kanaan zu führen. → Gott hat den Bundesschluss am Sinai mit Mose stellvertretend für das ganze Volk Israel vollzogen. Die → Bibel berichtet davon vor allem in den ersten fünf Büchern, die in vielen Bibelausgaben nach Mose benannt sind.

Darstellung eines → Nomaden-Zeltes. Während der Regenzeit werden die Zeltdecken heruntergeschlagen. Manche Zelte sind in mehrere Räume eingeteilt (z. B. Männerraum und Frauenraum)

Mythos
Ein Mythos ist eine Erzählung, deren Absicht es ist, auf die Grundfragen des Lebens eine Antwort zu geben: Woher kommen wir? Wohin gehen wir? Was ist der Sinn des Lebens? Die mythischen Geschichten haben als Ereignisse so sicher nicht stattgefunden. Ihre Lebensweisheit beruht auf den jahrtausendealten Erfahrungen der Menschen.

Nazaret
Nazaret war zur Zeit → Jesu ein Bauerndorf im Süden von → Galiläa. Dort lebte nach Aussage der Evangelisten Jesus mit seinen Eltern. Die ersten Christen wurden deshalb auch »Nazoräer« genannt.

Neues Testament (NT)
Der zweite Hauptteil der → Bibel ist das NT. Es enthält die vier → Evangelien, die Apostelgeschichte, Briefe an die ersten Gemeinden und einzelne Personen sowie die Offenbarung des Johannes. Insgesamt sind dies 27 Bücher. Christen nennen das NT zusammen mit dem → Alten Testament die Heilige Schrift oder das Wort → Gottes.

Nomaden
Nomaden sind wandernde Stämme oder Sippen (Großfamilien), die mit ihrem Vieh (z. B. Schafen, Ziegen) unterwegs sind. In der Nähe einer Wasserstelle wird ein Lager mit Zelten errichtet. Während sich die Männer mit den Knechten und Hirten um die Herden kümmern, versorgen die Frauen mit den Mägden das Hauswesen und betreuen die Kinder. Die Herden weiden das Land ab und ziehen langsam weiter. Ist die Herde weit genug entfernt, bricht man die Zelte ab, überholt die Herden und baut das Lager erneut auf. Die Stammväter → Israels waren Halbnomaden: Sie wanderten nur am Rand der Wüste, weideten ihre Tiere in der winterlichen Regenperiode in der Steppe und zelteten dort. Im Sommer, nach dem Verdorren der Steppe, wechselten sie ihre Weideplätze und zogen auf die abgeernteten, ihnen dann zugänglichen Felder des Kulturlandes. Dadurch standen sie auch mit der sesshaften Landbevölkerung in regem Handelskontakt.

Ökumene
Der Begriff Ökumene bezeichnete ursprünglich den gesamten bewohnten Erdkreis (vgl. Lk 2,1). Heute bemühen sich die verschiedenen christlichen Konfessionen in der weltweiten Ökumene um eine Einheit im Glauben. Das Ziel ist eine versöhnte Verschiedenheit, in der die Gemeinsamkeiten gestärkt und das jeweils Eigene der → Konfessionen anerkannt und respektiert werden. Der Ökumenische Rat der Kirchen in Genf hat es sich zur Aufgabe gemacht, diesen Prozess zu fördern.

Orthodox (griech. = rechte Lehre)
»Orthodox« ist Griechisch und heißt »streng-« oder »rechtgläubig«. 1054 haben sich die Kirchen Osteuropas von der → katholischen Kirche des Abendlandes getrennt und tragen heute die Bezeichnung »orthodoxe Kirchen«. Die Heiligkeit → Gottes bestimmt die orthodoxe Lehre und den alltäglichen Glauben. Dies kommt auch in den sehr feierlichen Gottesdiensten zum Ausdruck. Diese betonen das Geheimnis (Mysterium) des Glaubens. Ein weiteres Merkmal ist die Verehrung der Ikonen, besonders von Christus,

→ **Papyrus-Staude**

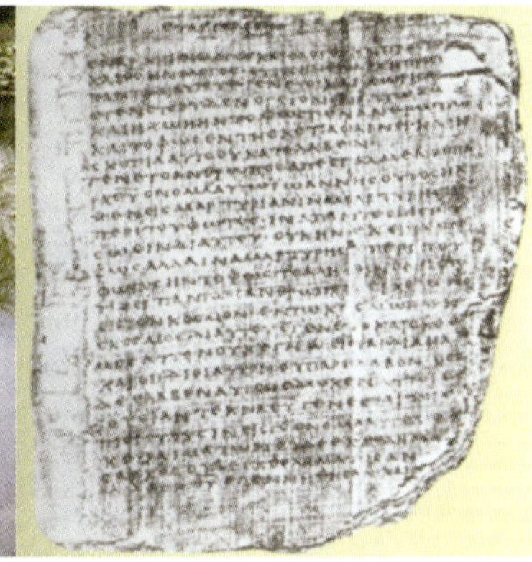

Eine der ältesten → Papyrus-Handschriften des Neuen Testaments (um 200 n. Chr.)

Maria und den Heiligen. Für orthodoxe Christinnen und Christen sind sie gleichsam Fenster zum Himmel.

Papyrus

Die Papyrusstaude gehört zu den tropischen Gräsern. Die Sumpfpflanze kann bis zu drei Meter hoch werden. Aus Teilen der Pflanze wurden Seile, Boote und Kisten hergestellt, die Wurzeln benutzte man als Heizmaterial. Das Mark der Stängel konnte man kochen und essen. Aber vor allen Dingen wurde daraus im Altertum der Vorläufer unseres Papiers. Man schnitt das Mark in dünne Streifen, legte diese nebeneinander und eine andere Schicht quer darüber. Da das Mark klebrig ist, klebten die Streifen zu einer festen Fläche zusammen, die gepresst, getrocknet und geglättet wurde. Dann konnte das Papyrus-Blatt beschrieben werden. Unser Wort »Papier« erinnert noch daran. Brauchte man eine größere Schreibfläche, klebte man mehrere Blätter zu einer Schriftrolle zusammen.

Paulus und Petrus

Petrus, der Erste unter den Aposteln, und Paulus, der Missionar der Völker, haben in den Kirchen zu allen Zeiten eine besondere Rolle gespielt. Sie stehen stellvertretend für alle Jüngerinnen und Jünger → Jesu Christi. Petrus verkörpert das Bewahren der Überlieferung, Paulus den Aufbruch und die Veränderung. Beides ist und bleibt in der Kirche wichtig. Ihre jeweiligen Kennzeichen (Attribute) sind der Schlüssel (Petrus) und das Schwert (Paulus).

Pfarrgemeinde

→ Gemeinde/Pfarrgemeinde

Pharao

Pharao bedeutet »Hohes Haus«. Das Wort meint aber nicht den Palast des ägyptischen Königs, sondern ihn selbst. Die Pharaonen wurden im Alten Ägypten als göttliche Wesen verehrt.

Pharisäer

Der Name bedeutet wahrscheinlich »Abgesonderter«. Pharisäer waren eine religiöse Gemeinschaft im Judentum zur Zeit→ Jesu. Von Beruf waren die Pharisäer vor allem Bauern, Kaufleute und kleine Gewerbetreibende. Weil sie nicht nur die Gebote der → Tora genau befolgten, sondern auch viele andere Vorschriften, die im Laufe der Zeit dazukamen, waren sie sehr hoch angesehen. Besonders streng achteten Pharisäer auf die vielen Reinheitsvorschriften und die Bestimmungen zum → Sabbat. Dadurch sonderten sie sich von der Menge ab. Jesus stand den Pharisäern in vielen Bereichen sehr nahe, doch gab es auch tiefe Konflikte.

Priester

Das Wort kommt aus dem → Griechischen und bedeutet »Ältester«. Nach der Lehre der → katholischen Kirche sind Priester von Christus zu einem besonderen Dienst an den Getauften erwählt. Ihren Auftrag erhalten sie im → Sakrament der Weihe durch den Bischof.
Zu den Aufgaben eines Priesters gehört es, das → Evangelium zu verkünden, mit der → Gemeinde Gottesdienst zu feiern und die Sakramente zu spenden, für die Sorgen der Menschen stets ein offenes Ohr zu haben und tatkräftig zu helfen. In einem feierlichen Gottesdienst wird er vom Bischof durch Handauflegung, → Gebet und Salbung zum Priester geweiht. Nach dieser Weihe ist ein Priester zunächst als Kaplan, später dann meist als Pfarrer in einer Pfarrgemeinde tätig.

Psalm (griech. = Loblied für Gott)

In der → Bibel besteht ein ganzes Buch des → Alten Testaments aus 150 Psalmen, die unterschiedliche Gefühle der Menschen vor → Gott zum Ausdruck bringen. Noch heute ist dieses Buch das wichtigste Gebetbuch der Juden und Christen.

Rabbi

Wörtlich heißt Rabbi »mein Herr«. Es ist die respektvolle Anrede für einen → Schriftgelehrten. Auch → Jesus wurde mit diesem Titel angeredet.

Reich Gottes/Herrschaft Gottes

Das Reich Gottes ist ein Geschenk: Wo → Gott regiert, wo sein Wille geschieht, da herrschen Gerechtigkeit, Frieden, Liebe und → Heil/Schalom, da gibt es weder Hass noch Streit noch Unrecht. Dafür setzte sich → Jesus ein. Er beschreibt das Reich Gottes in vielen → Gleichnissen.

Christinnen und Christen haben in der Nachfolge Jesu die Aufgabe, dem kommenden Reich Gottes den Weg zu bahnen. Sie sollen sich einsetzen für Gottes Heil.

Römer/Römisches Reich
Die Römer waren vor etwa 2000 Jahren das mächtigste Volk im Mittelmeerraum. Sie herrschten über ein riesiges Reich (*Imperium Romanum*). Zur Erleichterung der Verwaltung teilten sie ihr Weltreich in Provinzen ein. Unter der Oberherrschaft des Kaisers, der in Rom residierte, regierten zunächst Könige und Fürsten in den Provinzen. Später wurden auch Statthalter eingesetzt, die, unterstützt von mehreren Legionen von Soldaten, für Ruhe und Ordnung in den Provinzen sorgten. Zur Zeit → Jesu war Palästina eine römische Provinz.

Sabbat
Der Sabbat, der siebte und letzte Tag der Woche, ist der Ruhetag der Juden. Sie gedenken dabei der Erschaffung der Welt (→ Gott ruhte nach Gen 2,2 am siebten Tag) und des Exodus. Weil nach jüdischem Verständnis ein Tag von einem Sonnenuntergang zum anderen dauert (vgl. Gen 1,5), beginnt der Sabbat am Freitagabend und endet am Samstag. Der Sabbat als wöchentlicher Feiertag ist für Juden »Krone der Schöpfung« und »Vorwegnahme des Paradieses«, eine Zeit also, in der der Mensch wirklich Mensch sein kann. Daher soll an diesem Tag jede Form von Arbeit unterbrochen werden: ob daheim in der Küche, im Verkehr auf der Straße, in den Büros oder zu Hause. Strenggläubige Juden vermeiden selbst das Telefonieren, da sie dies als Arbeit ansehen.

Sadduzäer
Die Sadduzäer bildeten eine relativ kleine religiöse Gruppe in → Israel. Sie gehörten meist dem reichen und gebildeten Priesteradel an. Ihr wichtigstes Ziel war die buchstabengetreue Einhaltung der → Tora. Die Sadduzäer glaubten nicht an eine Auferstehung von den Toten. Zur Erhaltung ihrer Macht scheuten sie sich nicht, mit den → Römern zusammenzuarbeiten.

Sakrament
Sakramente sind heilige Zeichen der Gegenwart und der Liebe, die Gott den Menschen schenkt. Sie werden innerhalb von Gottesdiensten gefeiert und empfangen. Die → katholische Kirche kennt sieben Sakramente, die → evangelischen Kirchen zwei.

Schalom
→ Heil/Schalom

Schöpfung
Die Welt mit ihren vielfältigen Formen des Lebens wie der gesamte Kosmos sind nicht aus sich selbst heraus ins Dasein gekommen. Christinnen und Christen glauben: → Gott allein ist der Schöpfer, Gott ist Ursprung und Ziel des Lebens, Gott erhält die Schöpfung im Dasein. Dieses Glaubensbekenntnis ist keine naturwissenschaftliche Aussage, es deutet und interpretiert die Welt. Zugleich beinhaltet es die Verpflichtung zum sorgsamen Umgang mit der Schöpfung.

Schriftgelehrte
Schriftgelehrte waren Menschen, die die Heilige Schrift gut kannten und sie erklären konnten. Als die Juden aus der babylonischen Gefangenschaft heimkehrten, verpflichteten sie sich erneut, das Gesetz, die → Tora, zu befolgen. Weil es aber Meinungsverschiedenheiten über die richtige Auslegung der Gebote gab, brauchte man Schriftgelehrte, die als die Lehrer und Richter des Volkes hoch angesehen waren. Man gab ihnen den Ehrennamen → Rabbi. Viele Rabbiner waren → Pharisäer, aber nicht alle.

Segen (lat. *signum* = Zeichen)
In der → Bibel versteht man unter Segen ein Versprechen → Gottes an den Menschen, dass er ihn beschützen und ihm helfen wird. Der Segen kann vom Vater an seinen Erstgeborenen (Erstgeburtsrecht) weitergegeben werden. In der → katholischen Kirche segnet der → Priester zu bestimmten Anlässen Menschen. Das Segnen ist jedoch nicht ein Vorrecht des Priesters. Jeder, der für eine andere Person die Hilfe Gottes erbittet, kann sie segnen, z. B. Eltern ihre Kinder.

Söhne Jakobs
Jakob hatte zwölf Söhne: Ruben, Simeon, Levi, Juda, Dan, Naftali, Gad, Ascher, Issachar, Sebulon, Josef und Benjamin. Von ihnen leiten sich nach biblischer Überlieferung die 12 Stämme → Israels ab.

Solidarität
Menschen leben in Gemeinschaft. Keiner existiert für sich allein. Alle sind wir aufeinander angewiesen. Solidarität ist die Haltung, die diese Wahrheit zum Ausdruck bringt. Menschen übernehmen Verantwortung füreinander, indem sie sich helfen und beistehen. Besonders Menschen in Not sind auf Solidarität angewiesen.

Sonntag
Sonntag ist der erste Tag der Woche (Tag des Herrn). Christinnen und Christen feiern an diesem Tag das zentrale Geheimnis ihres Glaubens: → Jesus Christus ist gestorben und auferstanden. Zugleich nimmt der Sonntag die jüdische Tradition des → Sabbats auf, den Alltag zu unterbrechen, Ruhe zu suchen und frei von Arbeit das Leben (→ Gott) zu feiern.

Symbol
Symbole sind Zeichen, die eine tiefere Wirklichkeit zum Ausdruck bringen. Symbole machen deutlich: Da ist mehr, als wir messen, zählen oder wiegen können. Sie sind eine besondere Sprache und können helfen, die Welt und das Leben zu lesen und besser zu verstehen.

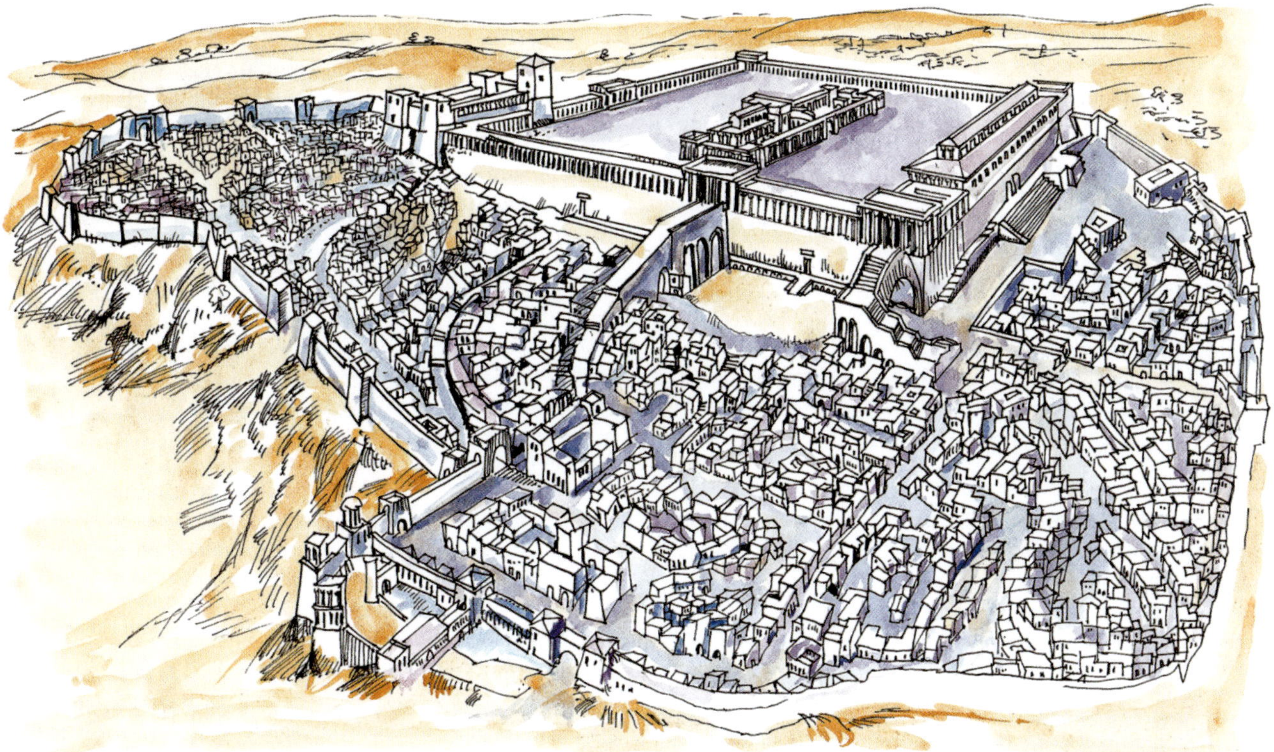

Das riesige → Tempel-Areal in Jerusalem (vor 70 n. Chr.)

Synagoge
Die Synagoge ist ein Raum zum Gebet, zum Lernen der → Tora und zur Versammlung. Opfer wurden nie in Synagogen, sondern nur im Jerusalemer → Tempel dargebracht. Jede größere jüdische Gemeinde auf der Welt besitzt solch einen Versammlungsraum.

Tempel
Tempel sind heilige Stätten, an denen seit alters her Götter verehrt werden. Im Unterschied zu den anderen Religionen hatten die Juden neben verschiedenen Kultstätten nur einen einzigen Tempel. Dieser Tempel wurde unter der Herrschaft des Königs Salomo (um 950 v. Chr.) in → Jerusalem erbaut. Er bestand aus drei Räumen: der »Vorhalle«, dem »Heiligtum« und dem »Allerheiligsten«. Im Allerheiligsten befand sich die Bundeslade. Im Jahr 586 v. Chr. wurde dieser Tempel von den Babyloniern (→ Alter Orient) zerstört.
Ein zweiter Tempel wurde nach dem Babylonischen Exil erbaut und 515 v. Chr. vollendet. Im Jahr 20 v. Chr. begann »Herodes der Große« einen gigantischen Neubau, der erst 64 n. Chr. fertiggestellt wurde. Der gesamte Tempelbezirk mit einer Fläche von 90 000 Quadratmetern nahm damals etwa ein Sechstel der gesamten Stadtfläche Jerusalems ein.
Dieser Tempel wurde im Jahr 70 n. Chr. – nur wenige Jahre nach seiner Fertigstellung – von den → Römern zerstört. Von ihm ist heute nur noch ein Teil der Westmauer zu sehen, die von den Juden Klagemauer genannt wird.
Heute stehen auf dem Tempelplatz die Al-Aksa-Moschee und der Felsendom, zwei Heiligtümer des Islam.

Tora (hebr. = Gesetz, Weisung oder Lehre)
Im Judentum ist Tora der Name der → Buchrolle, die in einer besonderen Nische oder einem Schrein in der → Synagoge aufbewahrt wird. Der Schrein ist nach Osten gerichtet und vor ihm brennt ein Ewiges Licht. Die Buchrolle enthält die ersten fünf Bücher der → Bibel. Aus ihnen wird in den Gottesdiensten am → Sabbat vorgelesen. Es ist eine Ehre, wenn jemand aufgerufen wird, daraus zu lesen. Auch → Jesus hat in der Synagoge aus der Tora gelesen (vgl. Lk 4,16f.).

Zehn Gebote (Dekalog)
Die Zehn Gebote sind Weisungen zum Leben. Sie werden auch als Dekalog bezeichnet. Das ist → griechisch und bedeutet wörtlich »Zehnwort«.
Die → Bibel erzählt, dass → Mose die Zehn Gebote von → Gott empfangen und dem → Volk Israel anvertraut hat. Die ersten drei Weisungen nehmen die Beziehung zu Gott, die weiteren sieben die Beziehung der Menschen untereinander in den Blick. Sie sind zur Grundlage unserer Gesellschaft geworden.

Alt, Ernst (geb. 1935)
In seinem Werk setzt sich Alt mit den Grunderfahrungen menschlicher Existenz auseinander. Bei aller Emotion und Spontaneität sind seine Bilder jedoch gekennzeichnet durch strenge Komposition und Genauigkeit in der Zeichnung.

Beckmann, Max (1884-1950)
Beckmann war einer der bedeutendsten Maler des 20. Jahrhunderts. Als Sanitätssoldat während des Ersten Weltkriegs wurde er mit für ihn unerträglichem Leid konfrontiert, das sich auch in seinem Werk widerspiegelt.

Caravaggio (1573-1610)
Der italienische Maler benannte sich nach seinem Geburtsort Caravaggio. Er wurde berühmt durch seine Hell-Dunkel-Malerei und dadurch, dass er auch in seinen Altarbildern Modelle aus dem Volk für seine Heiligendarstellungen nahm.

Chagall, Marc (1887-1985)
In vielen seiner Bilder geht es dem russisch-französischen Maler um die Geschichte des jüdischen Volkes, die er in sehr intensiven, leuchtenden Farben gestaltet hat.

Dürer, Albrecht (1471-1528)
Dürer ist einer der berühmtesten Künstler des 15./16. Jahrhunderts. In seinem Werk drückt sich die Liebe zum Detail und seine herausragende Beobachtungsgabe aus.

Evangeliar von Echternach (um 1040)
Das großformatige Evangeliar (44,0 x 30,5 cm) entstand in der Malerschule des Klosters Echternach (Luxemburg). Charakteristisch für diese Schule sind die etwas länglich geformten Gesichter der dargestellten Personen.

Fuchshuber, Annegert (1940-1998)
Die Kinderbuchillustratorin gestaltete u. a. eine berühmte Kinderbibel mit über 200 farbigen Bildern, die den Inhalt der zugrunde gelegten Texte ergänzen und vertiefen.

Grünewald, Matthias (1480-1528)
Das Hauptwerk Grünewalds ist der »Isenheimer Altar«. Charakteristisch ist die äußerst realistische Darstellung des Leidens Christi.

Haring, Keith (1958-1990)
Der US-amerikanische Künstler wurde durch seine Kreidezeichnungen auf den Werbetafeln der New-Yorker U-Bahn bekannt. Er erfand eine geistreiche, ausdrucksstarke Formensprache mit leicht verständlichen Symbolen.

Heisig, Bernhard (1925-2011)
Heisig hat am Zweiten Weltkrieg teilgenommen und geriet in Kriegsgefangenschaft. Immer wieder hat er Gewalt, Zerstörung und menschliche Wut und Aggression in seinen Bildern dargestellt.

Helnwein, Gottfried (geb. 1948)
Der österreichisch-irische Künstler wurde bekannt durch seine lebensnahen Bilder, die man kaum von Fotografien unterscheiden kann. Ein zentrales Thema seiner Arbeit ist die Darstellung von Kindern.

Köder, Sieger (1925-2015)
Der katholische Priester und Künstler gilt als kraftvoller und farbgewaltiger »Prediger mit Bildern«. Seine Gemälde, Altartafeln, Kreuzwegdarstellungen und Glasfenster sind gegenständlich gestaltet und stets engagierte Kunst.

Kurz, Rudolf (geb. 1952)
Der Bildhauer und Maler arbeitet mit unterschiedlichen Materialien und in unterschiedlichen Techniken. Er ist an vielen Kunstprojekten beteiligt und hat Bilder, Altäre, Plastiken auch für den kirchlichen Raum geschaffen.

Lamb, Matt (geb. 1932)
Lamb war zunächst ein erfolgreicher amerikanischer Unternehmer, bevor ihn eine schwere Krankheit zur Malerei führte. Seine großen Themen sind Toleranz, Liebe, Respekt und Hoffnung.

Mantegna, Andrea (1431-1506)
Der italienische Maler und Kupferstecher spielte besonders gerne mit unterschiedlichen Möglichkeiten der Perspektive.

Osnabrücker Altar (um 1375)
Das Pfingstbild des »Osnabrücker Altars« folgt strengen mittelalterlichen Kunstregeln. Alle Details, z. B. der Goldhintergrund, die Anordnung der Personen, die Symbole, Farben und Formen, haben eine tiefere Bedeutung.

Räderscheidt, Anton (1892-1970)
Der deutsche Maler emigrierte im »Dritten Reich« nach Frankreich und England. Schließlich ließ er sich in Frankreich nieder. In seinen Bildern thematisiert er immer wieder die Beziehungslosigkeit der Menschen untereinander.

Rainer, Arnulf (geb. 1929)
Der österreichische Maler und Zeichner schuf die Übermalung als eigene Kunstform. Rainer ging es bei seinen Übermalungen von bekannten Kunstwerken vor allem darum, eine neue Sichtweise auf angeblich so Bekanntes anzuregen.

Rembrandt van Rijn (1606-1669)
Der holländische Maler hat vor allem biblische, aber auch andere Motive dargestellt. Berühmt ist seine Hell-Dunkel-Technik und die genaue Beobachtungsgabe, mit der er Gegenstände, Einzelpersonen und Personengruppen dargestellt hat.

Reni, Guido (1575-1642)
Der italienische Maler und Radierer lernte bei flämischen Malern und arbeitete dann als selbstständiger Künstler in Bologna. Er schuf v. a. religiöse Gemälde und Radierungen.

Renoir, Auguste (1841-1919)
Der französische Maler hat Landschaften und Personen in leuchtenden Farben und in ganz besonderer Pinselführung, die sogenannte »Kommatechnik«, gemalt. Damit konnte er Stimmungen und Gefühle ganz besonders eindrücklich festhalten.

Romano, Guilio (1492-1546)
Der italienische Maler, Architekt und Baumeister war einer der engsten Schüler und Mitarbeiter Raffaels. Zusammen mit seinem Lehrer malte er Fresken im Vatikan.

6 Hannes Henz, Zürich © Stadt Zürich, Hochbauamt
8 Kolleg St. Blasien; www.kolleg-st-blasien.de
9 Grafik: Eva Amode, München
11 nach: Unterrichtsideen Religion 5, Calwer Verlag, Stuttgart 1996
12 Fotos: Paul Kleff, Friolzheim – Hans Thiel, Marsberg – X 17 Krebsnebel, Foto: © UC Regents/Lick Observatory – Evangelisch-Reformierte Landeskirche, Pädagogik und Animation, Zürich
13 Bernhard Schweßinger, Würzburg – Hans-Werner Kulinna, Paderborn – Foto: Rolf Hartmann, München
14/15 Günter Ullmann © Geest Verlag, Vechta – Foto: NASA
16/17 Andreas Tille, Wernigerode
18 Martin Auer, in: Hans-Joachim Gelberg (Hg.), Überall und neben dir. Gedichte in sieben Abteilungen, Beltz Verlag, Weinheim 1986
19 Foto: Karin Wintterle, Erdmannhausen – Rainer Oberthür, in: Neles Buch der großen Fragen. Eine Entdeckungsreise zu den Geheimnissen des Lebens, Kösel-Verlag in der Verlagsgruppe Random House GmbH, München 2002, S. 75; 122
20 Doris Weber, in: Publik Forum Nr. 24 v. 19.12.1997, S. 52
21 René Magritte (1898-1967), La reproduction interdite, 1937, Öl auf Leinwand, 81 x 65 cm © VG Bild-Kunst, Bonn 2015
22 Hans Manz, Rechte beim Autor
22/23 Grafik © Hildegard Wegner, Hannover
23 Gareth B. Matthews, in: Philosophische Gespräche mit Kindern, Freese Verlag, Berlin 1989
25 Gina Ruck-Pauquèt, Quelle unbekannt – Teresa von Avila (1515-1582) – T: © Wolfgang Longardt/M: Andreas Hantke, in: Andreas Ebert (Hg.), Das Kindergesangbuch © Claudius Verlag, München, S. 328
29 Andrea Mantegna (1431-1506), Kuppelrondell (1473), Camera degli Sposi, Palazzo Ducale, Mantua, Foto: AKG-Images – Foto: Kunsthalle Tübingen
33 Verfasser unbekannt
34 Rainer Oberthür, Kinder fragen nach Leid und Gott, Kösel-Verlag in der Verlagsgruppe Random House GmbH, München 1998, S. 127
35 in: Erik Emmanues Schmitt, Oskar und die Dame in Rosa, Amman Verlag, Zürich 2004 – Gottfried Helnwein (geb. 1948), Leid macht stark, 1974, Aquarell © VG Bild-Kunst, Bonn 2015
36 nach: Hubertus Halbfas (Hg.), Religionsbuch für das 7./8. Schuljahr, Patmos Verlag, Düsseldorf 1990, Copyright © 2010 by Bayerischer Schulbuch Verlag GmbH, München, S. 13
37 nach: Rudolf Kaiser, Indianischer Sonnengesang. Die Weisheit der Erde in der Spiritualität nordamerikanischer Indianer, Verlag Herder, Freiburg 1993
38 in: ru – ökumenische Zeitschrift für den RU 2/2003, S. 66
38/39 Marc Chagall (1887-1985), Mose vor dem brennenden Dornbusch, o. J., Öl auf Leinwand, 195 x 312 cm, Musée National Message Biblique © VG Bild-Kunst, Bonn 2015
40 Max Slevogt (1868-1932), Der verlorene Sohn, 1899,Triptychon, 110 x 98 cm, Öl auf Leinwand, Staatsgalerie Stuttgart
43 Fotos: S. Leutenegger © Ateliers et Presses de Taizé, 71250 Taizé, France – kathbild.de – Peter Wirtz, Dormagen – Kokugyo Kuwahara, Regensburg – Brigitte Zein-Schumacher, Arnsberg – KNA, Bonn – in: Heike Schottmüller/ Günter Siener, Thema »Gebet« in: Reli konkret, Deutscher Katecheten-Verein, München 2005, S. 169
46 Foto: Kunsthalle Tübingen
52 Astrid Lindgren, Ronja Räubertochter, Oetinger Verlag, Hamburg 1992, S. 36-40
52/53 Michelangelo Buonarroti (1475-1564), Die Schöpfung, 1510, Fresko, Sixtinische Kapelle, Vatikan, Foto: Artothek
54 Verfasser unbekannt
54/55 Auguste Renoir (1841-1919), Frühstück der Ruderer, 1881, Öl auf Leinwand, The Phillips Collection, Washington, D. C.
56 Hans Müskens, in: Cornelsen Copy Center, Miteinander leben – ich und die anderen. Religion für das 5./6. Schuljahr, Cornelsen Verlag Scriptor, Berlin 2002, Kopiervorlagen, S. 67
57 T: Hans Jürgen Netz/M: Peter Janssens © Peter Janssens Musikverlag, Telgte/Westfalen – Unterrichtsideen Religion 5, Calwer Verlag, Stuttgart 1996, S. 161
60 Unterrichtsideen Religion 5, Calwer Verlag, Stuttgart 1996, S. 161
61 Keith Haring (1958-1990), aus der Serie »The 10 Commandments«, Bordeaux, 1985, 770 x 500 cm, Acryl, Öl auf Leinwand, Sammlung The Estate of Keith Haring, New York
62 Unterrichtsideen Religion 5, Calwer Verlag, Stuttgart 1996, S. 175 – in: Zartbitter, Schülerzeitung des Gymnasiums Niedernberg, Passau
64 Unterrichtsideen Religion 5, Calwer Verlag, Stuttgart 1996, S. 163
65 Anton Räderscheidt (1891-1970), Begegnung II, 1921 © VG Bild-Kunst, Bonn 2015
66 Johann Peter Hebel, in: Kalendergeschichten, Stuttgart 1811
67 in: Wege der Freiheit 10, Katholisches Bibelwerk, Stuttgart 1996, S. 25 – in: Religionsbuch 5/6, Cornelsen Verlag, Berlin 2001, S. 105
68 Hermann Hochgürtel, Achern
70 Karte: Eva Amode, München
75 Fotos: Erich Weber, Regensburg (3) – Kösel-Archiv
77 Max Beckmann (1884-1950), Die Ehebrecherin, 1917, Öl auf Leinwand, 55,3 x 45,3 cm, St. Louis Art Museum © VG Bild-Kunst, Bonn 2015
79 Heilung des Bartimäus, Echternacher Codex, um 1050, Benediktinerabtei Echternach, Inv. Nr. Hs 156142 fol 52v, Abb.: Germanisches Nationalmuseum, Nürnberg
86 Quelle unbekannt
87 Westfälischer Meister (um 1370/80), Ausgießung des Heiligen Geistes (Pfingsten), um 1370/80, Triptychon, rechter Flügel
88 Kurt Rommel, Quelle unbekannt
89 Albrecht Dürer (1471-1528), Die Vier Evangelisten (Detail), 1526, Alte Pinakothek, München, Foto: Artothek
90 Jörg Zink, Rechte beim Autor
91 Arnulf Rainer (geb. 1929), Pfingsten, 1995/98, Leimfarbe auf Karton auf Holz, 60,5 x 46,5 cm, Sammlung Frieder Burda, Kunsthalle Baden-Baden © Atelier Arnulf Rainer
92 Gotteslob Nr. 244
93 Bernhard Heisig (1925–2011), Neues vom Turmbau, 1977 © VG Bild-Kunst, Bonn 2015
95 Michelangelo Merisi, gen. Caravaggio (1573-1610), Die Bekehrung des Paulus, 1601, 229 x 178 cm, Santa Maria del Popolo, Rom
96/97 Guido Reni (1575-1642), Hl. Petrus und Hl. Paulus, um 1605, 197 x 140 cm, Pinacoteca di Brera, Mailand
100 Rom, Pantheon (118-128 errichtet unter Hadrian; 609 zur Kirche S. Maria ad Martyres umgewidmet) – Innenansicht, Kupferstich von Müller nach einem Gemälde von Giovanni Paolo Pannini (1691/92-1765).
103 Giulio Romano, eigtl. Giulio Pippi (1499-1546), Kaiser Konstantin erscheint das Kreuz, um 1520/25, Fresko, Vatikan, Sala di Costantino, Rom, Foto: AKG, Berlin

Text- und Bildquellen

107 Reinhold Naegele (1884-1972), Poster zum Firmenjubiläum der Hamburg-Amerikanischen Uhrenfabrik, 1925 © VG Bild-Kunst, Bonn 2015
108 in: Einladung zu einer Zeit-Reise. Arbeitsheft für den RU der 8. Jahrgangsstufe, hg. von der Gymnasialpädagogischen Materialstelle der Ev.-lutherischen Kirche in Bayern, 1992, S. 6
109 T/M: Joachim Schwarz, in: Ev. Gesangbuch, Stuttgart, Nr. 175 © Mechthild-Schwarz-Verlag, Ditzingen
111 nach: www.kunstdirekt.net.symbole
112 © Caritas – nach: www.katholisch.de – Aktion des Bonifatiuswerks, Paderborn
113 Max Kruse, Quelle unbekannt
115 Rembrandt van Rijn (1606-1669), Anbetung der Hirten, 1646, 65 x 55 cm, Nationalgalerie, London
117 Matthias Grünewald (um 1470/80-1528), Isenheimer Altar, 1505-1516 für das Antoniterkloster in Isenheim, Museum Unterlinden, Colmar; Foto: Artothek
119 Rudolf Kurz (geb. 1952), Kreuz/Auferstehung, 1998, Stahl/Weißgold, H 561 cm, Kirche St. Maria Königin des Friedens, Sindelfingen, Foto: Matthias Kaiser, Esslingen
120 Allensbacher Archiv, IfD-Umfrage Nr. 7021 aus dem Jahr 2002
122 Bauer/Focus
124 Maria-Magdalena-Kirche, Freiburg, Fotos: Bild- und Filmstelle der Diözese Freiburg
126 Foto: Rolf Hartmann, München, s. zu S. 124
127 Foto: Wolfgang Michalke-Leicht, s. zu S. 124
128 s. zu S. 124
130 s. zu S. 124
131 Hubertus Halbfas, Quelle unbekannt – Matt Lamb (geb. 1932), o. T., 1996, Öl auf Holz
132 s. zu S. 127 – © Sieger Köder, Gebt Ihr ihnen zu essen (Mt 14)
133 s. zu S. 126 – T: Claus-Peter März/M: Kurt Grahl © 1981 bei den Urhebern
134 Foto: Hans Thiel, Marsberg
135 Foto: Hans Thiel, Marsberg
137 Aktion »Nacht der offenen Kirchen«, Esslingen, Plakat: Richard Metzger, Esslingen – Ökumenischer Kirchentag München 2010 – ACK Arbeitsgemeinschaft christlicher Kirchen in Deutschland – Ökumenische Aktion »miteinander teilen«, misereor/Brot für die Welt
140 J. K. Rowling, Harry Potter und der Orden des Phönix, Coverillustration von Sabine Wilharm © der deutschen Ausgabe: Carlsen Verlag GmbH, Hamburg 2003
142 Quelle unbekannt
145 Josef Krautwald (1914-2003), Der Hörende, Bronzeskulptur im Eingangsbereich des Herz-Jesu-Krankenhauses in Münster-Hiltrup, Foto: Christoph Holschbach, Münster
146 T/M: traditionell
147 Werner Laubi/Annegert Fuchshuber, Kinderbibel, Verlag Ernst Kaufmann, Lahr 1992, S. 74
150 Foto in: Martin Fuchs/Volker Göhrun, Dir zum Leben © Verlag Herder GmbH, Freiburg im Breisgau, [3]1988
151 Cover: Renate Wind, Dem Rad in die Speichen fallen, Beltz & Gelberg in der Verlagsgruppe Beltz, Weinheim & Basel
152 Foto: Ulrich Merkle, Villingen-Schwenningen
153 © Sieger Köder, Der verlorene Sohn
155 Kösel-Archiv – Quelle unbekannt (2) – © Verlag Katholisches Bibelwerk, Stuttgart
160 Fotos: Joachim Hahn, Plochingen , www.alemannia-judaica.de – Grundriss: Alfred Hagemann, Stuttgart
161 Fotos: Joachim Hahn, Plochingen, www.alemannia-judaica.de
162 Robert Harding Picture Library, London – Kösel-Archiv
163 © Ben Eden, BenEden.com – Foto: Claudia Hofrichter, Rottenburg
165 Ernst Alt (geb. 1935), Jude mit Torarolle, 1975
167 Foto in: Reinhold Then, Das Judentum. Farbbilder und Erläuterungen, hg. v. Religionspädagogischen Seminar der Diözese Regensburg 1994 © Auer Verlag, Donauwörth
170 Grafiken: Hartmut R. Berlincke
171 Frank Rosenzweig (1886-1939)
172 Brennende Synagoge in Eberswalde/Brandenburg, »Reichskristallnacht« 9./10. November 1938 © Bildarchiv Pisarek/AKG Berlin
173 Foto: Barbara Pinheiro, München – Kösel-Archiv – T/M: Aus Israel, dt. Text: nach Psalm 133,1, deutscher Text: Hilde-Luise Dieterich © Hänssler Verlag, Holzgerlingen
175 Jutta Richter, Der Hund mit dem gelben Herzen oder die Geschichte vom Gegenteil. Mit Vignetten von Susanne Janssen © 1998 Carl Hanser Verlag, München – Wien, Covergestaltung: Karin Engelking
176 in: Hubertus Halbfas, Religionsbuch für das 3. Schuljahr, S. 6. Zeichnungen von Annemarie und Josef Schelbert. Copyright © 2010 by Bayerischer Schulbuch Verlag, München.
177 Psalm 104, übersetzt von Rainer Oberthür, in: ders., Die Bibel für Kinder und alle im Haus, Kösel-Verlag in der Verlagsgruppe Random House GmbH, München 2004, S. 148f.
178 in: Jutta Richter, Der Hund mit dem Gelben Herzen, a. a. O., S. 16f.
180 Doris Friemel, Augsburg
181 in: Jutta Richter, Der Hund mit dem gelben Herzen, s. zu S. 175, S. 41ff. – Kösel-Archiv
183 Klaus Kordon, in: Ich möchte einfach alles sein. Gedichte, Geschichten und Bilder aus der Kindheit, ausgewählt von Uwe-Michael Gutzschhahn, dtv/Hanser Verlag, München 1999, S. 179 – Marc Chagall (1887-1985), Adam und Eva, 1911/12, 27,5 x 24 cm © VG Bild-Kunst, Bonn 2015
185 Gudrun Pausewang, Quelle unbekannt – Foto: Manfred Hornung, © Vier Türme-Verlag GmbH, Münsterschwarzach
186 Illustration: Karin Engelking, s. zu S. 175
188 Foto: Manfred Hornung, Abtei Münsterschwarzach
189 in: Eugen Drewermann, Voller Erbarmen rettet er uns. Batikbilder von Ingritt Neuhaus © Verlag Herder GmbH, Freiburg i. B. [6]1992 S. 47
199 Rudolf Otto Wiemer © Rudolf Otto Wiemer Erben, Hildesheim – in: Eugen Drewermann, s. zu S. 189
200 T: Norbert Weidinger/M: Ludger Edelkötter © KiMu Kinder Musik Verlag GmbH, 50259 Pulheim
201 Foto: Cornelia Hinse-Osthoff, Hamm
203 in: Eugen Drewermann, s. zu S. 189, S. 31
206 Hildegard Kronenberg-Lueg, Bochum
209 Kösel-Archiv
211 Kösel-Archiv (2)

Trotz intensiver Recherche konnten einzelne Rechtsinhaber nicht ermittelt werden. Für Hinweise sind wir dankbar. Sollte sich ein nachweisbarer Rechtsinhaber melden, bezahlen wir das übliche Honorar.